客艙安全管理

──理論實務與案例

Cabin Safety

五南圖書出版公司 印行

曾啟芝 著

推薦序一

　　飛航安全是航空業最重要的核心價值，無論再怎麼貼心、高級的服務，都必需植基在安全的基礎上——這就是航空業。在高度勞力、高度專業密集，且環環相扣的作業流程下，要滴水不漏零誤差的確保飛航安全，需要的是內化的態度養成，如同星宇航空飛行員的精神標語「Safety is our attitude」，航空從業人員對安全的重視與展現，就該是自然而然、毫無懸念的堅定遵循。

　　客艙安全是建構整體飛安不可或缺的一環。曾啟芝教官長年服務航空業，過去曾經在長榮航空擔任座艙長及訓練教官等職務，擔任訓練教官時，更將實務上的豐富經驗結合教範手冊，運用於教育訓練中，是一位值得信任的工作夥伴。曾教官畢業於臺灣大學中文系及臺灣師範大學運動休閒與餐旅管理研究所，在服務管理領域與人際互動關係有深入的研究與相關著作。此次再藉由其學養和豐富的經驗編寫本書，對於有心從事航空業的青年學子們，能夠更有系統並清楚地了解航空客艙安全的重要性，相信對於航空業界的人才培育也有更多助益。

星宇航空董事長

張國煒

推薦序二

　　曾啟芝老師畢業於臺灣大學中文學系及臺灣師範大學運動休閒與餐旅管理研究所，過去服務於長榮航空公司十九年，擔任資深座艙長，在航空專業領域資歷豐碩。自2012年迄今，屢獲聘本校「業界專家協同教學計畫」講師，講授客艙安全管理及國際禮儀相關議題，深獲學生佳評。曾老師教學經驗豐富且著作等身，具國際觀與人文素養，曾出版「國際禮儀」、「服務品質與管理」與「人際關係與溝通技巧」等書籍，嘉惠莘莘學子。

　　本書是曾啟芝老師將多年職場經驗與在客艙安全的實務與教學心得編纂而成的一本航空專業力作。眾所周知，安全是航空公司最重要的核心宗旨，飛機客艙則是一個人口高度密集與密閉之空間，飛行中的高風險環境又迥異於地面，因此「客艙安全」的重要性不言可喻。客艙安全管理之目標乃在藉由將客艙中之危險因子降至最低，以增進飛航安全，其要素包含客艙結構、適航、乘客、組員、訓練、設備、環境、醫療、法規、資訊、資源管理、緊急撤離、乘客滋擾及危險品偵搜等，許多問題往往具時效性，需在第一時間因應，否則容易造成飛航安全之威脅。

　　本書以客艙組員角度，對客艙安全領域做一系統性之歸納，收錄航空公司客艙作業議題、程序、實務、圖片及案例分析，是國內外有志成為航空公司客艙組員及民航從業人員研習客艙安全專業知識的必備書籍，亦是提升整體飛航安全管理的重要基石。正值此書付梓之際，有幸能為本書《客艙安全管理》為序，在此特予大力推薦，毋任感荷。

國立高雄餐旅大學航空暨運輸服務管理系副教授

王穎駿 謹識

2020年元月

推薦序二

(3)

前言

　　從交通意外事故分析的結果，飛機飛航的安全性遠遠高過其他的交通工具（Howstuffworks, 2012）。根據美國國家公路交通安全管理局2017年的統計（National Highway Traffic Safety Administration），全年汽車交通事故共32,166件，因為交通事故所造成的死亡人數超過37,000人，每1億汽車行駛里程事故致死率是1.16；而美國國家運輸安全委員會（National Transportation Safety Board）的統計，同年的飛行安全事故發生29件，但無人員死亡，每1百萬英哩飛行的事故率是0.0037、每100,000小時/0.16、每100,000萬次起飛/0.318。

　　雖然所有的統計料顯示，搭乘飛機比駕駛汽車要安全許多，但是仍有許多人害怕搭乘飛機，因為當飛機起飛、降落、或是飛行途中發生任何安全上的問題，就有可能造成嚴重的人員傷亡和財產損失。為了將造成飛行安全可能的威脅降低再降低，世界各國的官方或非官方專業級的飛航安全組織，無不卯足全力在致力建構一個安全飛行的環境。從八零年代波音廣體客機成為商用航空交通工具的主力後，加強飛航安全系統與人員訓練一直不斷地在改變和提升，而這樣的努力也從統計數據中被證實，最明顯的證據當然就是飛機失事率下降和安全性提高。

　　ASN（Aviation Safety Network）主席Harro Ranter 2018年1月表示，1997年開始，商用客機每年發生事故的統計數字正在逐年下降，當然這主要的原因，就是在國際民航組織（ICAO）、國際航空運輸協會（IATA），及各國的官方及非官方的飛航安全組織共同努力的結果。

　　飛航安全的研究多半著重在人為（Human Error）與自然因素兩大類：人為因素包括了飛行員的操作與訓練、機械製造與維修，自然因素則是指飛行時人為無法操控的自然狀況，像是起、降時遭遇鳥擊和飛行時的氣候變化等。不論自然或人為些因素都是影響飛機是否能夠安全起飛、平安降落重要關鍵，要維持良好的飛航安全紀錄，官方組織的監督責無旁貸，航空公司對於飛航安全文化的落實與否，也將直接影響飛航

行安全紀錄。飛行安全紀錄的好壞是人們選擇搭乘與否的重點，因為一般人是不會甘冒危險搭乘安全評價不佳的航空公司，如果這樣的觀念被強化，航空公司自我監督的飛行安全概念就會被落實，搭機旅客的安全就自然能有更多保障。

以往飛航安全大多著重在駕駛艙的飛行安全訓練，對於客艙內其他因素可能影響飛安的觀念卻並沒有等而視之，客艙駕駛的專業絕對是影響飛安的重要關鍵，但越來越多跡象顯示，客艙安全與否也會直接影響飛行的安全。

2001年美國發生911恐怖攻擊事件時，美國國內與國際航線因安全顧慮，取消幾千架次的起降，對於許多航空公司的經營直接受到衝擊。這個事件後改變了搭機安檢的方式，使人了解要安全的飛行，對於旅客托運行李的檢查、隨身行李的限制都必須要合乎安全的規範，除此之外，人員對於客艙安全的確實執行，也成為航空公司人員加強安全訓練重要課程。此一事件後安檢設備更加精密、檢查時間相對增加，人力、時間成本耗費確實更勝以往，對於可能造成的費用提升和乘客隱私的侵犯，立場不同者也許有其他意見。但是站在航機安全角度的考量，搭機時多一點的檢查、多一次安全的提醒、多一些對於異常狀況的警覺，讓每一次飛行都能平安地抵達目的地，如此對安全的要求和所有搭機乘客對於安全的想法應該是一致的。

CONTENTS
目　錄

目錄

(7)

第一章
客艙安全

第一節　何謂客艙安全

　　安全的定義是指降低可能造成災害或危險的因素，讓風險產生的機率低於安全可接受的要求，並透過不斷的追蹤、監督、執行、有效的管理，使安全能被確實執行。客艙安全的最重要的目的就是要提供搭機乘客一個安全的環境，消除客艙內任何可能造成危險的潛在因素，降低、減少或避免傷害及損害發生（ICAO，2006）。

　　客艙安全包含許多不同的科學領域，是一種安全系統有效管理的表現，為防止意外傷害，或異常及非預期的緊急狀況發生，以確保乘客搭機過程安全；因此，機上服務的人員的訓練及所有設施的設計，就必須符合最高安全標準。其中包含了安全訓練、安全檢查、疲勞風險管理和安全及緊急作業程序的制定等（IATA，2007）。

　　客艙安全包含的範圍很廣，安全的責任容易重疊不易清楚界定，包括操作、防撞、人因、心理學、動力學、人體工學、教育訓練等。客艙安全的定義就是要提供機、組人員，和搭機乘客從登機、起飛、降落到下機這段時間一個安全的環境，這個環境的建置是為了避免因為意外或人為疏失，造成機上人員可能的傷亡，就是客艙安全的最基本的定義（Transport Canada，2016）。

　　客艙安全是一個涵蓋範圍廣泛的議題，客艙內的裝備設計、配置、操作、維修，每一個細節都會直接、間接影響安全的維持。飛機硬體設計絕對是以飛行安全為最高指導原則，目的在減少意外可能發生的機會。但當意外發生影響安全時，機內設施設計的考量則是以降低機上人員傷害、增加生存機會為導向。這些設施的安全都能在有效的控制下被掌握，但更多影響客艙安全的因素，可能是接觸客艙會實際操作或使用的人，像是機

師、組員、機務、地勤。對於這些人員施予操作前必要的訓練外，訓練後實際執行安全觀念的建立，也絕對必要、不可缺少。

以往搭乘飛機對於一個航空公司的安全要求，著重在人員安全駕駛和機械維修，對於客艙內多半專注於設備舒適、人員服務品質，客艙內的安全向來不太被注重。從911事件劫機的調查報告中發現，客艙安全任務的確實被執行與安全觀念的落實，對防止可能造成飛行安全影響有一定的效果。因此大多數的航空公司，對於客艙組員的客艙安觀念與訓練也在持續加強中。不只為搭乘飛機的旅客提供服務，也能確保客艙環境安全，讓客艙內的人、事、物不會成為影響航機安全的因素，飛機能安全抵達目的地。若當緊急狀況發生時，也能有效的利用逃生設備，降低人員的傷害，這也是落實客艙安全最主要的目標。

第二節　客艙安全與人

飛機在飛行的過程中發生危險影響安全，可能是自然因素導致，也可能來自非自然因素。自然因素也就是人力無法掌控的狀況，各種天氣型態如颱風、地形產生的亂流，或是火山噴發後火山灰造成引擎運轉失效，會對飛行中的航機產生立即性的危險。非自然因素就是上述所提自然變化以外，造成危險原因的非自然因素，非自然因素也就是人為因素，多數飛機事故的發生原因是人為因素所致，因為在所有飛航事故統計數字中顯示，人為因素造成的意外比例幾乎佔去所有飛安事故的八成（BOEING，2007）。就是說飛機的安全與否，大部分的是取決於人的因素，這些人與客艙安全有著相互依存的緊密關係，這些實際影響客艙安全的人包括：

一、機師（Pilot）

飛機能否飛行得靠飛機駕駛，也就是一般人稱的飛行員或機師，也因為飛機的構造複雜，飛行要了解的事情非常多，進入這個領域的門檻也比較高，所以目前要成為一位合格的民航機師，必須經過一連串的考試才有可能達成。以往航空公司的規模不大、機師的需求不多，駕駛多半來自於

空軍退伍的飛行員，一部份由航空公司自訓養成。當天空開放後新的航空公司陸續成立，市場對於機師的需求突然大增，空軍退伍的飛行員轉換跑道的人數，遠遠不及線上實際需求，從國外航空公司招募就成為一個最快的方式。

符合航空公司要求通過考試後，還必須要完成許多項目的健康檢查，檢查報告合格後才算有機會拿到成為機師的入場券，身體狀況未達要求標準，就無法確保安全執行飛行任務。民航機的駕駛生理、心理一定要隨時維持在良好狀態，因為飛機上所有人包括駕駛自己的生命裡操縱在機師的手裡，誰也不敢拿這件事開玩笑。

2015年3月德國之翼航空的副駕駛，將正駕駛反鎖在駕駛艙外後，帶著整架飛機直接衝上山壁，造成全機無人生還的慘劇，據報導駕駛在出事前的心理狀態一直不穩定，可能是讓他做出錯誤致命行為的原因（Alexander C. Wu，2016）。

以往飛行員的視力要求極高，但民航機的輔助設施越來越好，機師有戴眼鏡或是視力矯正在標準以上都可以被接受。進入航空公司後必須先接受地面專業課程的學習，之後前往公司安排的飛行學校參與實際飛行訓練。訓練結束後還有一連串的模擬機飛行、實際機型的訓練飛行，期間大大小小必須通過的測驗，到正式成為一位合格飛行駕駛，沒有幾年的光景是無法完成的。這是一個需要不斷學習修正與時間累積經驗的工作，專業之外，執行者的抗壓性也要優於一般人，一切都是為了飛航安全考量，就是為什麼這個工作要求標準較高於一般職業的原因。

根據國際飛航安全的規定，飛機的駕駛員在未接受不同機型的轉型訓練前，只能操作原本受訓機型的飛機，接受不同機型的轉型訓練後，才能駕駛操作不同的機型。但是不論受過幾次不同機型的轉型訓練，同一時期只能操作同一種機型，原因是操作方式的不同，在緊急狀況發生的時候，有時判斷的時間僅僅只有幾秒鐘，如果同時有兩種不同操作模式的反應，會令駕駛產生遲疑影響判斷，對於飛安的絕對不利。

2011年9月一架雅客-42航班的客機，從雅羅斯拉夫爾的圖諾什納機場起飛，機身拉起後因為高度不夠，隨後撞到機場的信號裝置而墜毀。這起不幸事件的機型是蘇俄製雅客-42（YAK-42）型的客機，失事調查結果判定是人為操作疏失。原因是該航班的副駕駛原來所操作的機型是YAK-40，但當天任務的機型是YAK-42，按照飛行安全的規定，副駕駛是不可以擔任這次飛行的駕駛任務。雖然同為YAK的飛機，但是YAK-42和YAK-40的煞車踏板一個在左、一個在右，有許多跡象顯示，飛機爬升的高度不足是因煞車影響了速度。飛機在跑道上起飛是否成功，或是在期間決定要放棄起飛只有幾秒的時間，關鍵的機械操作決定飛機的安全，這就是機師未遵守同一時期只能操作一種機型的重大人為疏失。飛機是由機艙駕駛操控，駕駛的專業、規定的遵守、安全意識和技術訓練，與地勤、塔臺、客艙組員之間的溝通，或是身體、心理的狀態，都會影響飛行時判斷的重要原因，這許多因素影響著駕駛，一個不謹慎的人為疏失就可能釀成災害。

二、機務（Maintenance）

航空公司的機務負責飛機的養護與維修，讓飛機能隨時維持在最佳的安全狀態下起飛，每一次的維修任務都要非常小心謹慎，因為那關係著一趟飛行的安全。只要是人都會犯錯，但所有的錯誤都必須在起飛前發現、修正，機務檢查與修護故障需要在有限的時間下完成，若飛機起飛後機械故障造成的問題不大，飛機還能盡快降落檢修，但如果起飛後問題嚴重，不好的結果可能會發生，這也代表機務人員工作上有著不能出錯的壓力。

1985年8月12日日航波音747型123號班機，執行國內航線任務從東京飛往大阪的途中，飛機因突然減壓且駕駛在無法控制的狀況下，最後墜毀在群馬縣上野的山區，導致520人不幸罹難。

事故調查委員會的調查結果，指出造成減壓失控墜毀的原因，是因爲日航機務人員未遵守波音標準程序維修所致，事件後幾位負責機務維修人員也受不了壓力而負疚自殺。

三、地勤（Ground Stuff）

　　航空公司地勤性質的工作有許多種，會和機、組員在客艙因爲工作接觸的地勤人員有RC（Ramp Coordinator）、餐勤人員、客艙清潔人員，也就是除了機師、客艙組員、機務，會實際接觸客艙環境的地面工作人員。這些會實際上機作業的人員，在眞正上機工作前，都會接受可能接觸機型設施的操做訓練，像是機門開啟、關閉這種看似簡單卻疏忽不得的動作，每一次執行時動作都要確實、無誤。機坪作業協調人員（Ramp Coordinator）是航空公司在登機門，負責機組人員與地面協調任務，簡稱RC，負責機邊乘客登機作業，掌握所有旅客的訊息，也負責機上執勤組員和地面支援單位的訊息傳遞。RC可以在乘客登機前掌握狀況，旅客登機時若有異常情事，第一時間就可以讓客艙組員了解，若確認乘客異常行爲可能影響起飛後的安全，事先妥善處理也可以避免許多後續衍生的問題。

四、客艙組員（Cabin Crew）

　　一般人對於航空公司客艙服務人員有許多種的稱呼，你可以聽到空服員、空中小姐、空姐，男性空服員就會有空中少爺、空少的稱呼，但比較正式的名稱是客艙組員。國際民航組織（International Civil Aviation Organization）簡稱ICAO，在1998年將空服員的工作名稱正式訂定爲客艙組員（Cabin Crew）。（交通部運輸研究所，2008）。

　　根據主管機關及管理規則之規定，客艙組員是在客艙內維護安全職責的人員，且具備在緊急情況下能有效執行客艙逃生任務，確保在必要時能安全地疏散乘客（IATA，2017）。但多數人對於空服人員的刻版印象，

第一章　客艙安全

005

就是長相不錯、身高不矮，穿著合身、優雅制服在飛機上服務搭機乘客的人，也曾經有人說：「不過就是在機上端盤子的！」相信有這樣印象和會口出此言的人，多半不了解空服人員所受的訓練和最重要的目的為何？

航空公司的形象廣告都會以優質的服務和親切的組員做重點宣傳，這的確是吸引乘客選擇搭乘的原因之一。航空公司招募新進人員後，對於新進人員的培訓課程包含了客艙安全與服務，但訓練過程一定是以安全為優先的觀念視為執行重點。合格的客艙組員在飛行中提供搭機旅客所需的服務，在緊急狀況發生時被賦予權力執行疏散程序，協助乘客在有序的指示下，能迅速、安全離開發生緊急事故的現場。

成為一個合格的客艙組員後，每一年都會有年度安全複訓的檢測，如果未達檢測標準就有停飛的可能；客艙安全訓練的專業與知識，關乎緊急狀況發生時，是能否協助所有旅客安全逃生的重要能力。倘若組員本身的安全專業不足、緊急狀況反應不佳，如何能在狀況發生時發揮應有的功能？

組員每一次的飛行任務，在出發前都會執行任務前的安全簡報，安全簡報的目的是對組員當趟飛行的安全提醒，縱使有多年飛行經驗的組員，也不能自外於每一趟飛行前的安全簡報。一般國際航空公司會因為運量、距離的不同，使用超過兩種以上的機型，不同的機型來自於同一家的飛機製造商，機上緊急逃生設施（緊急逃生出口的位置、逃生門的操作），會因為需要的不同，操作或使用方法也有差異。如果不同機型是由不同飛機製造商所製造，使用的差異性就會更大，為此客艙組員的安全訓練也有相關的規定，同一時期可操作的機型不能超過三種以上，如此規範的原因也是基於安全的考量。

同一家飛機製造商如波音有737、767、747、777、787，逃生門的設計基於安全考量，有相似的操作動線與方式，但是767的Over Wing Door（機翼附近）的緊急逃生出口，和747 Upper Deck（上層客艙）的緊急逃生門的使用和操作方式卻迥然不同。組員每一次飛行任務前的安全簡報，最重要的目的是要了解此趟飛行所使用的機型，如果組員此趟任務被指派

的負責區域，不同於機上其他區域緊急逃生門的運作方式，就必須要了解這個位置的緊急逃生設施的使用，是否有別於其他緊急逃生出口操作方式與安全上的限制。航空公司同時擁有不同廠商的機型是很常見的，不同飛機製造商的機型，逃生系統的操作方式差異可能較大，如果沒有飛行前趑趑的提醒，和固定時間的複習訓練，讓一些安全的知識和行為藉著不斷的反覆練習成為一種習慣，在緊急狀況發生的短短瞬間，這些平日的訓練會變成下意識的即時反應，這樣直接毫不遲疑的動作養成，其目的就是要在緊急時刻能爭取更多時間協助旅客逃生（如圖1-1、圖1-2）。

圖1-1　Over Wing Exit (Boeing)　圖片來源：Aviation Safety Network/https://aviation-safety.net/photo/6668/Boeing-767-324ER-N394DL

圖1-2　Upper Deck Emergency Door Slide　圖片來源：FLIGHT SAFETY FOUNDATION/https://aviation-safety.net/photo/6668/Boeing-767-324ER-N394DL

有的飛機製造商緊急逃生門操作方式，是將操作把手向上Pull Up、向下Pull Down的方式開啟、關閉。有的則以向右、向左旋轉（Rotate）的方式操作（如圖1-3、圖1-4）。

客艙組員有資深組員（Senior Cabin Crew Member）與組員（Cabin Crew）的分別，資深組員也有座艙長、事務長、客艙經理等稱呼（Chief Purser、Purser、Senior Purser、Lead Flight Attendant、On-Board Leader），資深組員的職責是在領導所有組員，有效並順利的執行客艙安全勤務。每一次勤務職務執行項目有：

圖1-3　上、方向開啟（Pull Up、　圖1-4　旋轉開啟（Rotate）　圖片
Down）　圖片來源：WIKI-　　來源：Lufthansa Boeing 747-
MEDIA COMMONS/https://　　8I Arrives In Los Angeles Photo
commons.wikimedia.org/wiki/　　by Stephen Shrank/NYC AVIA-
File:A320_Door_2L.jpg　　TION http://www.nycaviation.
　　com/

(一)簡報任務的執行

　　主持每一次任務行前簡報，將飛行資訊（Flight Information）有效、明確的傳遞給同行組員，確認組員的隨行有效證件，身體狀態是否適合飛行，並檢視安全專業是否合格（緊急設施相關問題之問答）。每一趟任務前簡報的目的，就是要藉由相互提醒，確認組員勤務前的狀態與專業合乎標準，便於在提供服務、安全檢查或是緊急疏散時給予乘客必要的協助，藉著行前提醒減少執行任務可能造成的疏失。

(二)訊息的接收與傳遞

　　機長在駕駛艙執行飛行任務，若有訊息必須傳遞給組員知曉，實際狀況可能無法面對面讓所有組員同時接收訊息，機長就會將訊息告知資深組員請其代為轉達，但接收到的訊息必須清楚、明確，才能有效且正確地被接收。國際航空公司的機師、組員可能由多國國籍組成，共通的語言多半

是英文，溝通的雙方可能有一方或雙方母語皆非英文，必須使用英文作為中介語，要使用恰如其分的字句表達正確語意的確不太容易。為使訊息傳遞不失真，務必在接收訊息的當時，就要明白對方要表達的意思，若是不了解可以再問一次或是再次確認，避免訊息被錯誤傳遞造成困擾或是影響安全。

與機長訊息的接收與傳遞並非單向溝通，有許多時候事務長（Chief Purser）會接到來自組員、乘客、地勤必須傳遞給機長的訊息；例如機上乘客生病，機長獲知訊息就必須判斷情狀是否緊急，有無立即轉降備用機場的需要。當組員在飛行中發現異常狀況，在傳遞訊息給機長了解的過程時，務必將訊息正確傳遞，避免機長在不明確訊息下做出錯誤判斷。

地勤在登機門（Boarding Gate）會將最後的乘客訊息告訴事務長或資深組員（Chief Purser），例如乘客臨時有特別餐點的需求，或是特殊乘客的特別需求與最後人數，這些訊息都會在乘客辦理登機程序完成後，由地勤（RC）彙整後交給Purser。將訊息傳遞給所有組員後，責任區域的組員就會知道乘客登機後，必須執行正確的任務和提供適當的服務，或是在緊急狀況發生時提供必要的協助（輪椅乘客、視覺障礙乘客、擔架乘客……）。

㈢帶領組員有效執行任務

每一個航空公司對Purser的工作職掌，都有明確的條列與規範，但相同或類似的狀況被以不同方式處理，結果卻可能大大不同。因為成為一個Purser的條件，不會因為年資夠久、夠資深就能成為一個稱職的領導者；當面對不同狀況時，必須在最短時間做出最適當的判斷與決定，身體力行帶領組員，讓所有任務或命令下達時能被有效執行，這是每個事務長或是客艙Leader應該具備的條件。

㈣依照機長命令執行緊急任務

飛機安全出現問題，當機長做緊急迫降的決定，Purser就必須依照機長的指示，執行客艙必要的安全準備，如果時間允許就必須盡量做到每一

個能保護乘客的步驟。時間太短或狀況緊迫，Purser就必須執行重點保護措施，讓乘客在最短時間獲得最重要的安全資訊。

㈤隨時注意異常的人、事、物

資深組員擔任主要訊息傳遞或溝通、帶領組員執行機長命令，也和其他所有值勤的組員一樣要對不尋常的人、事、物保持一定的警覺，因為不留心、不在意、沒有警覺的人為疏失，就是給有心人士提供製造危險的機會。有時在機上會看見其他組員忙於乘客餐飲、免稅物品服務時，較資深的座艙長或事務長，會在客艙間來回穿梭，除了要確實掌握服務狀況，也是在注意客艙內是否有異常狀況出現，於第一時間掌握任何可能影響客艙安全的因素。

五、乘客

每一種搭載乘客的交通工具，都會針對緊急狀況可能發生時設計相應的安全措施，目的就是為了提供乘客危急時有一些自我保護不受傷害的方法。飛機較不同於一般交通運輸工具，速度與高度都是在發生狀況時，產生傷害的危險性高於其他交通工具的原因；因此飛機對於搭載乘客的安全係數考量，一定大於其他交通工具，相對的如果搭機乘客不遵守或忽視安全措施的內容，緊急狀況發生所造成的傷害當然也會相對嚴重。

㈠注意機上安全事項

乘客搭機的目的不外旅遊、探親、商務，搭機旅遊的旅客有許多人是第一次搭乘飛機，搭機的心情可能很興奮，對機上許多事物會感到好奇實屬難免；但在興奮、好奇之餘，多一些關注在搭機時應注意的安全事項上，搭機過程將會是愉悅、開心且安全的。

對於搭機如搭車一般頻繁的航空商務客，有可能對飛機的設施與服務流程，比新進的客艙組員還要熟悉；但緊急事故發生後的狀況向來沒有規則可循，這也是為什麼每一次起飛前，組員總是要對所有搭機乘客提醒注意安全指示，就是希望將搭機的安全意識傳遞給機上所有乘客，當不能預期的意外發生時，這些安全指示就能在危急時刻發揮降低傷害或保命的效果。

必須要知道離你最近的逃生出口

　　緊急狀況發生時，飛機迫降後必須立即疏散，此時電力系統可能會故障或失去功能，若在眾人驚恐急於逃離且光線不明慌亂的環境裡，如果能清楚知道離你最近逃生口的方向與距離，就能減少逃生時間的浪費、增加生存的機率。飛機遇到緊急狀況迫降地點不會僅限於迫降在陸地，發生迫降在水上的機率也不小，水上迫降後，飛機機身會因為撞擊造成機身破損，機艙可能進水影響逃生速度；或是迫降後機頭仰起機尾通常會沒入水中，飛機後方的逃生口無法使用時，此時清楚知道所在位置附近可供逃生的出口，也能減少浪費在慌亂中找尋出口的時間。

降落前的防撞姿勢

　　汽車不管是行駛在一般道路和高速公路上發生碰撞，會影響車內駕駛或乘客受傷害的程度一定是安全帶，當發生撞擊時，有按照規定繫上安全帶和未繫安全帶的結果一定不同，相同的撞擊力量，未繫安全帶的人，輕者頭部或顏面受到撞擊，重者可能被拋出車外；同樣地，當飛機發生緊急迫降時，其速度倍高於其他交通工具，撞擊時所產生的力量也必定更強大，所以防撞姿勢就是加強乘客遭受撞擊時的另一層保護。飛機撞擊產生的力量太大，座椅上的安全帶只有固定乘客不被強大力量拋出的功能，但卻無法保護乘客其他部位發生傷害（如：頸部固定），防撞姿勢就是因應不同搭機旅客的狀況（孕婦、小孩、嬰兒……），建議在撞擊發生時採取的最佳姿勢，讓可能的傷害在撞擊發生後降至最低。

(二)服從客艙組員的安全指示

　　利用飛機作為交通工具的人愈來愈多，照理說搭機乘客應該更瞭解搭機時必須遵守的安全規定，但奇怪的是旅客不遵守安全規定的狀況卻是層

出不窮。不遵守起飛降落電子產品使用規定、不依照客艙組員指示將手提物品放在行李箱或是前方座位下，或是氣流不穩定時也不願意將安全帶繫上；諸此種種，都是可能對安全造成不利影響的行為，為了維護其他人與自身的安全，搭機乘客有責任，也有義務服從機、組人員的安全指示。

　　一位女性乘客在降落前拒絕按照客艙組員的指示，將手提包放在行李箱和前方座位下，但她認為她的手提包是愛馬仕名牌包，如果放在行李箱或是前方座位下，包包若是有任何損壞組員是賠不起的；而降落前機長必須收到組員降落前任務檢查完成的訊息，飛機才能準備降落，幾番善意勸說仍然不見這位女士合作，組員無法順利執行客艙降落前安全檢查，並將完成的訊息傳遞給機長，導致飛機遲遲無法準備降落。直到事務長告知這位女性乘客，若不配合降落的安全規定，飛機降落時會請警察人員上機處理，這位眼中包包意義大於人命價值的自私女乘客，這才心不甘情不願地將包包收妥。飛行多年機上工作的忙碌，早已經不是客艙組員工作負荷的來源，最怕的就是遇上這種自以為是、認為花錢就是大爺，無止盡的將消費意識凌駕於飛航安全之上無理性的乘客。

(三)不違反搭機安全規定

　　搭機乘客有時對於安全規定並不了解，在Check-In櫃臺Check-In時才發現有一些物品是不符合搭機安全的限制與規定，此時就必須將收納完成的行李箱打開，把不符合規定的物品取出或丟棄，浪費時間也影響心情。現在網路如此發達，搭機旅客要了解相關搭機規定一點也不難，不要只會上網搜尋前往地點哪裡好吃？哪裡好玩？哪裡好買？對於自身該注意遵守規定的義務，卻推給航空公司地勤未事先告知，這樣的行為實在不太負責了！

搭機時托運行李要依據規定，登機的隨身行李物品也必須要遵守規範，一次從澳洲布里斯本回臺灣的海關檢查，看見一位女性乘客很懊惱地看著她才使用不到幾次的香水被海關沒收，氣嘟嘟的不斷嘟嚷著，但海關也沒得商量；原因是可攜帶上機的海關規定，香水量不可超過50ML，而這位臺灣女乘客的香水是100ML裝，依照規定就是無法讓她隨身上機，好笑的是在香水沒收前還要求海關讓她再噴兩下，最後才心不甘、情不願的將香水丟入垃圾桶。

第三節　客艙安全的重要性

　　現在商用飛機的舒適感更勝以往，更舒適的座椅、較寬敞的座位空間和個人娛樂系統，都是現在民航客機上的必備設施；這些看得到、感受得到的服務設施，可依照航空公司的需求增加或減少，但有關於乘客安全的所有設施，絕不會因為成本或其他因素降低標準。除了硬體設計上的安全考量，接受專業訓練的客艙機、組人員，也能在危險發生時提供逃生的協助，這都是為了提供每位搭機旅客能有一個安全的乘坐空間，在非預期的危險發生時，也能將傷害降到最低，就是客艙安全之所以重要的原因。

　　航空製造業在飛機安全性和飛機內部設施生存性方面的設計強調三個重點（Boeing，2011）：減緩或避免撞擊、防火和疏散；安全絕對是設計的主軸，除了要保證安全飛行外，所有設施還要能在緊急狀況發生後，發揮降低或減緩衝擊力，防火材質及警示系統能及早發現或增加逃生的時間，緊急疏散撤離時，所有協助設施（照明、指引），主要的目的就是要保障機上所有人員的安全、減少並降低傷害，而更積極目標則在預防意外發生。乘客座椅設計對事故發生後的存活率有極大的影響，座椅在撞擊過程中愈能維持穩定，吸收撞擊力量的能量越大，乘客存活的可能性就會增加；同時，座椅材質著重安全性選擇，在受到撞擊後也不會因為變形或斷裂，變成逃生阻礙或造成其他傷害。

　　而客艙座椅為保護乘客頭部，避免因為撞擊力受到傷害的設計也是重

要的環節，必須達到或符合美國聯邦航空管理局（FAA，2018）制定的頭部受傷標準HIC（Head Injury Criteria），這樣的座椅才能成為飛機上的標準裝置。

1930年代時的飛機客艙座的安全設計標準，每一個乘客座椅必須要能承受6G的重力。1950年代後的商用客機的機艙座椅，從原來的6G提高到9G，而今天的客艙座椅必需要承受16G的重力才算合格。飛機製造商模擬客艙座椅撞擊測試，必須符合可能事故中預期的承受撞擊力負載要達到16G。設計製造飛機座椅的廠商在FAA規範的標準下，模擬事故不同的兩種情況：一種主要是針對垂直向下、向上產生的力量，另一種則是縱向發生向前、向後的力量，測試的結果都必須符合HIC檢測標準規定。

一、保障人員安全

前面提到飛機的安全設計，在兼顧舒適的同時，安全的考量絕對不能馬虎，拿乘客座椅來說，如果遇到客艙失火燃燒，座椅座墊、椅背的防火耐燃材質，能讓乘客座椅不易燃燒造成立即傷害，也能爭取更多滅火或逃生的時間。火勢無法控制的情況下，乘客座椅可能起火燃燒，燃燒後產生的濃煙是否會阻斷逃生視線，濃煙中釋放出的有毒物質吸入過量是否致命，都必須通過所有安全檢驗測試才能裝置在飛機上。當有可能的撞擊意外發生時，乘客座位的向前與向後衝擊力的測試也必須符合標準，讓坐在椅子上的乘客能在受到衝擊時，吸收撞擊時產生的能量保護座位上的乘客。

飛機發生水上迫降，來不及穿上救生衣時，可拆卸的乘客座墊就是一個很好的漂浮工具，讓來不及穿上救生衣的人能利用它漂浮在水上。僅僅一個乘客座椅就會發現許多細節都與安全息息相關，確實達到意外發生時所需要的防護，對於客艙裡其他設施在此不一一贅述，見微知著就不難理解客艙安全觀念的重要了！

二、減少和降低傷害

客艙組員所接受的安全訓練，有很大的比例放在緊急狀況時的處理，包括逃生門的操作、緊急裝備的使用、不同緊急狀況時的應變和處置，學

習到的專業知識與技能，就是為在危險情況發生時能降低人員的傷害。因為緊急狀況常常是來得突然，在沒有心理準備的狀況下發生，一般人多半因受到驚嚇會無法冷靜判斷，在混亂的環境中不易順利逃生，許多傷害就會在驚慌推、擠、踩、踏中造成。發生緊急狀況需要立即將機上乘客疏散，客艙組員依照緊急操作程序開啟艙門後，還必須要有組織的指引乘客逃生，就是要避免爭先恐後、驚慌失措者，在逃生過程中造成推擠而導致更多的傷害發生。

　　乘客逃生時必須使用機門或緊急出口處裝置的逃生梯（Evacuation Slide、Escape slide）、筏（Slide Raft、Life Raft），若此時無人在逃生門前協助與指揮，互相推擠衝撞可能會有人從機門跌旁落地面，一般較大民航客機機門到地面，約有3～4層樓的高度，從這樣的高度墜落必定會造成受傷甚至死亡，組員所受的相關緊急安全訓練，目的就是要降低和減少傷害（如圖1-5、圖1-6）。

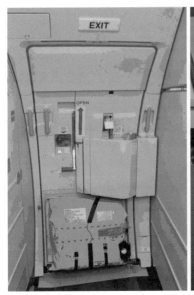

圖1-5　圖片來源：The Airbus Safety First Magazine/ https://safetyfirst.airbus. com/correct-escape-slides- maintenance-for- successful- slides-deployment/

圖1-6　圖片來源：WIKIMEDIA COMMONS/https://commons. wikimedia.org/wiki/File:A320_ Door_2L.jpg

三、預防意外的發生

Prevention is better than cure「預防勝於治療」，這句話在生活中可能聽了不下百遍，但仍有許多錯誤不斷的發生，就是因為疏忽這句話的重要性所導致。安全是一種觀念，不能像口號一樣放在嘴邊唸過即忘，既然是安全觀念就必須深化，也就是務必確實執行，所有違反或影響飛機飛行安全的人、事、物絕對零容忍。這樣的安全觀念不是只有機艙駕駛、客艙組員或相關地勤作業人員要遵守，搭乘飛機的旅客也不能自外於飛行安全的規範。國人搭機的次數雖然增加，還是常常有人對於安全輕忽而破壞客艙應遵守的安全規範，像飛行中遇到亂流，機長將繫緊安全帶的燈打亮，組員執行安全檢查，但還是有人覺得麻煩或自覺不會有事，檢查後就將安全帶解開。沒有意外發生還好，若是因為解開安全帶後遭較大亂流影響後受傷，就會後悔當初沒依規定繫上安全帶。

組員起飛、降落前客艙內的安全檢查，必須要確認每一個設施都符合標準安全起、降的狀態後，才能將客艙準備好起飛（Cabin ready）的訊號傳遞給機長。如果沒有仔細確認或是因為疏忽、大意或不在意，行李箱很有可能因為安全檢查不確實，在起飛、降落時突然打開，讓乘客物品或行李等重物掉落砸傷乘客。類似這些意外在發生之前，只要多一點注意就可以避免，所以一再強調客艙安全文化的重要，讓安全的觀念成為一種生活態度，相信九成以上的人為意外是可以被預防、避免的。

第二章
設施

世界知名的飛機製造商不少，但能在航空市場成爲主流的卻只有一、兩家，既然是主流就代表飛機的設計是符合市場需求，接下來我們將就市場常見機型的機內設施一一說明。

第一節　常見機型

大部分搭過飛機的人都有在候機室等待登機的經驗，這個時候就有機會坐在候機室中隔著大片落地玻璃窗，看著不同航空公司及各異其趣的機身塗裝，也可以看到因應不同需求所使用的各種機型。可能是國籍或外籍航空公司客機，在國內最常見到的多屬於美國波音（Boeing）和法國空中巴士（Air Bus）兩大飛機製造商所製造的飛機機型。

一、波音（Boeing）

波音現有服役的機型737、767、747、777、787等系列，波音747是在1970年開始被航空公司使用的機型，因爲機身是採廣體設計，有別於其他機型一個走道的設計（One Aisle），747有兩個走道（Two Aisles）、客艙有上下兩層（Double-Deck: Main Deck & Upper Deck）（如圖2-1）。客艙的長度、寬度和高度在推出的當時都是最長、最高也最廣，所以又有空中巨無霸的稱呼（Jumbo Jet）。747的載客人數約在350-380左右，可以因各航空公司的客艙等級或安排需求的不同會有些許變化。下層（Main Deck）經濟艙座位安排可能爲3-4-3，也就是兩條走道的左、右每排有三個位子，而兩條走道間每排有四個位子。頭等或商務艙座位因有舒適及寬敞的需求，所以是2-2-2或2-3-2的配置，但靠近機頭的區域（包括Upper Deck），因爲空間限縮只有一個走道座位的安排爲2-2或3-3。不論是按照什麼樣的需求安排座位，所有相應的安全逃生設施（如氧氣面罩、救生衣），也都必須做適當的調整設置。

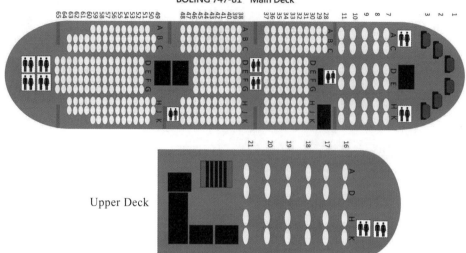

BOEING 747-81 Main Deck

Upper Deck

圖2-1　圖片來源：Fleet Information - Korean Air https://www.koreanair.com/global/en/traveling/aircraft-info/details.html?fleetCode=b747-8i

現在許多長程型的飛機大多只有兩具引擎，而747有4具引擎，多了兩具引擎相對耗油。近年來因為石油能源危機的影響、環保意識觀念的被注意，以往具規模的航空公司以747作為長程或跨洋飛行為主力的機隊，也漸漸被省油和強調環保材質的長程機型所取代。但為提升747的競爭力，波音採用新的合金材質引擎，減少機身重量並提高燃油效率降低油耗，除了能降低購油成本也能降低二氧化碳的排放量；並針對起飛、降落時造成周遭環境噪音污染的問題做了修正，修正後的數據也低於ICAO規定的標準15分貝。

波音777符合ETOPS（Extended-range Twin-engine Operational Performance Standards）、運量和超長程的飛行優勢，許多航空公司的航點拓展，更能因為機型本身的長時間、距離的飛行，增加更多直飛航點的可能性。以往臺北飛往美國東岸紐約因飛機的飛行距離的限制，必須在美國西岸的城市先落地加油，才能繼續飛到紐約。一趟臺北飛紐約的實際飛時，加上地面加油轉機等待的時間，17、8個小時的折騰是跑不掉的，但是因為777的問世，從臺北直飛紐約約13個小時30分鐘，超越747飛行距

離和時間的優勢，讓航空公司直飛紐約的航線陸續使用777做為長程直飛航線的主力。

波音787是波音目前最新型的民航客機，又有一個夢幻客機的稱呼（Dreamliner），787的特色是非常符合現代環保的觀念，機身許多的材質使用碳纖維，讓重量更輕減少油耗，除了環保還能降低航空公司的購油成本，也是符合ETOPS認證的機型。787的照明設施使用LED照明，比原有機艙內照明設備的耗電量減少許多，在飛行時所產生的噪音也較傳統材質的製造的機型為低。整體而言飛機的設計就是以降低燃油和電力的消耗、減少二氧化碳排放量為導向的設計，是非常符合現代環保要求的一款機型。

ETOPS的全文是Extended-range Twin-engine Operational Performance Standards，雙渦輪引擎操作延展航程標準，ICAO也稱它為延程飛行（Extended Operations），由FAA和EASA為符合標準者認證，這個標準提升了雙渦輪引擎飛機在執行跨洲、跨洋航線時的安全係數，當一具引擎故障，剩下的一具引擎仍然正常運作，在符合飛行分鐘數的級距規範下，讓飛機能轉降至最適合的備降機場，維持人、機安全（FAA，2008）。

二、空中巴士（Air Bus）

空中巴士是法國最大的飛機製造商，從波音獨佔市場鰲頭的局面，變化至今成為波音與空中巴士的勢力在伯仲之間，就代表空中巴士的商用客機在市場上也極具競爭力。空中巴士現在普遍被航空公司使用的機型有A320、A330、A340、A350、A380。

A320、330是屬於中長程行的廣體飛行客機，其中320、330、350因為符合中、長程飛行，國籍的航空公司使用較多，所以跑道上常出現320、330、350的蹤跡。而空中巴士引以為傲的豪華機型380，除非是在新加坡、澳洲、杜拜、巴黎或其他歐洲較大機場的轉機航點，可能有機會一賭空中巴士380的風采，想要在臺灣看到這種機型的起降，目前還不太容易。因為空中巴士A380是現今民航客機載客量最大（載客數約525

人），滿載起飛重量高達570噸，這樣的重量要起飛除了要有更大的引擎製造動力外，機場的跑道距離的設計也必須夠長，來製造足夠的升力才能讓這巨大的A380順利起飛。

A350目前是唯一已達ETOPS-370備降機場飛行時間上限認證的機型，也就是說，當飛機一具引擎故障，在剩下一具引擎正常運轉的狀況下，能維持飛機在370分鐘內找到備降機場降落做必要的檢修。A350除了採較先進鈦、鋁合金、碳複合材料打造機身，讓重量更輕，油耗及碳排放量降低25%，是目前市場777、787的強力的競爭對手。

客艙雙層設計雖然波音747已開先例，但747上層客艙空間只有部分被利用，所以上層客艙載客人數不多，上層客艙乘客從主客艙艙門登機後，使用客艙內的樓梯到達上層客艙位置。人數不多的上層旅客，可以使用客艙內的樓梯到達座位，並不會占去太多登機時間。A380上層客艙空間是從機頭到機尾且載客人數多，若是沒有相應雙層空橋設施，光是乘客登機、下機就得耗去不少時間。如果要能讓這樣的客機起降，按照以往許多國家的機場硬體標準，是沒有辦法滿足這種機型讓乘客登機、飛機加油及補給的條件需求。所以航空公司在購置新機時，如果這個必要條件無法被滿足，這個機種就不太可能成為航空公司的購買選擇。從2014年起就有因為購機成本與購油成本導致高居不下的高運輸成本，讓A380購機訂單未見成長時而有停產的傳言，2019年2月Airbus便正式宣布A380將在2021年結束生產，代表未來所有機型的設計，將朝成本、環保兼具的概念，才能符合未來航空市場的發展。

三、龐巴迪CRJ系列（Bombardier CRJ Series）

龐巴迪是加拿大的飛機製造商，目前生產的飛機以區域型運量機型為主，包含CRJ 550、CRJ 700、CRJ 900、CRJ 1000，CRJ系列的主要市場為區域性的航線或航空公司支線航為主，相對於競爭者較大機型，飛機能在更短距離起、降，是CRJ系列設計最大特點；這個特點解決區域性傳統或較小型機場跑道長度限制，能提供相對較低的運營成本，也在區域航空

市場佔有一定的優勢。

　　CRJ這一系列機型均屬窄體單走道噴射引擎客機，4～6個緊急逃生出口（Doors ＆ Exits），可載乘客數約在50～100人，配置機艙駕駛2名，客艙組員2～3名。

四、巴西航空工業E-Jet系列（Embraer E-Jet Family）

　　巴西Embraer飛機製造商E-Jet系列，與龐巴迪CRJ系列性質相同，也是以區域航線載客為主發展的機型，這個系列包括ERJ170、ERJ175、ERJ190、ERJ195，4～6個緊急逃生出口（Doors ＆ Exits），同屬窄體單走道噴射引擎客機，乘客座位數約70～120，配置機艙駕駛2名，客艙組員2～3名。

五、ATR72 系列（ATR-72 Series）

　　ATR是由法國與義大利航太科技合資的飛機製造商，ATR72系列的民航機型，也是屬於區域運量機型，窄體單走道雙螺旋槳引擎飛機，有4個緊急逃生出口，乘客座位數約70，配置2名機艙駕駛、2～3名客艙組員。

第二節　客艙配置與設施

一、駕駛艙安全設施

　　駕駛艙是每一架飛機的靈魂，操縱飛機起降的所有儀器，都在這個範圍不大的駕駛空間裡，除了具備駕駛應有的操控裝置，當緊急狀況發生，是保護駕駛的安全絕對少不了的設施。飛機的駕駛肩負飛行時的安全重任，緊急狀況發生時駕駛的安全必須首先被考慮，若駕駛安全無法被保護，要將飛機安全降落如緣木求魚，駕駛艙所有安全設施裝置的目的，就是當緊急狀況發生時，能發揮維護駕駛生命安全的功能。

㈠駕駛員安全座椅

　　機上所有乘客座椅都有一條安全帶，可以將乘客固定在座位上，避

免在氣流不穩定時受到意外傷害。機艙、客艙組員接受的專業訓練，在緊急狀況時，有協助乘客疏散避免傷害的能力，所以組員座位上除了腰間安全帶，還有加裝肩式安全帶（Shoulder Harness），希望提供客艙組員更多的保護，才有能力在危急狀況下為需要幫助的乘客提供更多安全協助。

民航客機上的座椅安全係數，駕駛艙座椅的要求比乘客的更為嚴格，設計為四點或五點式安全帶，為固定肩膀、腰部；機艙駕駛座椅的安全帶，提供機艙駕駛（Pilot）更多的保護，座椅上的安全帶可以固定肩部、腰部外，由下往上從跨下延伸到中央環扣的安全帶，也能加強遭撞擊時腹部到雙腿間的穩定（如圖2-2、圖2-3）。

駕駛艙安全帶如此設計，其目的是要將飛行員穩穩固定在適當位置，避免在飛行中突然發生不可預期的亂流擾動，在沒有肩部束縛的情況下向前衝出，則可能會撞擊操縱桿影響飛機的穩定狀態並帶來難以預料的後果。

除了航機在起飛和降落，不論什麼時候，依照飛航安全規定，只要駕駛坐在駕駛座上，全程必須繫上安全帶。

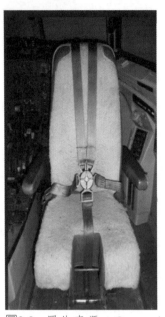

圖2-2　圖片來源：Quora/
https://www.quora.com/
Do-commercial-airline-
pilots-wear-seatbelts

圖2-3　圖片來源：IPOC/
https://www.ipeco.com/

（二）駕駛艙門（Cockpit Door）

911之後美國FAA要求所有飛進美國領土與在美註冊的所有民航客機，必須將進入駕駛艙的艙門，全部改裝成加強型駕駛艙門（Armed Cockpit Door），也就是比原有駕駛

艙門的設計結構更為堅固、安全的艙門。因為以往的駕駛艙艙門很容易被破壞，也沒有防彈的功能，為避免相同的悲劇再度發生，FAA認為將進入駕駛艙門安全的最後一道防線加強防禦是有必要的。

時任美國運輸部長Norman Y. Mineta認為：「強化駕駛艙門是確保航空系統安全的關鍵因素。」美國交通部聯邦航空管理局FAA在2002年1月11日因應911事件後，針對民用飛行器駕駛艙門發布了新的安全標準。授權美國聯邦航空局發布的最終規範「航空和運輸安全法」，為保障駕駛艙免受入侵者和小型射擊武器或爆裂裝置攻擊，要求航空公司所屬飛行器在2003年4月9日之前完成所有駕駛艙門的加固。美國聯邦航空局的新標準為現有和未來的飛機制定了新的安全設計和標準。其具體的規範有：

除人員入侵防護外，也有防彈及防止小型爆裂物穿透的功能，加固、加強的駕駛艙門，艙門本身的材質與周圍結構的連接，設計強度必須符合FAA規範標準。

駕駛艙門隨時保持鎖定狀態，在沒有機艙駕駛許可的情況下，防止所有可能危及飛行安全的闖入者，艙門內部鎖定裝置只能從駕駛艙內部解鎖。

嚴格管制駕駛艙進入權限，制定更嚴格的審查程序和更好的鑑別方法，以有效安全識別使用Jump Seat人員身分，避免過程疏失危及飛航安全。

除執行駕駛艙操作機、組人員外，不得持有開啟駕駛艙門的鑰匙。

在交通部航空器飛航作業管理規則第十二節的193條載明：「客運航空器之駕駛艙門，於飛航中應予關妥並上鎖……駕駛艙門應於乘客登機完畢艙門關妥後至艙門開啟乘客下機前之期間，保持關妥及上鎖位置。」

強化後的駕駛艙門（Cockpit Door）除了比以往更堅固外，為清楚了解門外的狀況（確定開門前是否有可疑人物），193條同時規定：「裝置第二項規定駕駛艙門之航空器，應有由任一駕駛員座椅上即可監看駕駛艙門外部情況之方法，以辨識欲進入駕駛艙之人員及察覺可疑行為與潛在威脅。」，因此在較新的商用客機的駕駛艙，門上除了有貓眼裝置，駕駛艙

前包含1號登機門前的區域，均安裝監視廣角系統。除了可以在開啟駕駛艙門前，知道來者是誰，也能一併了解附近區域的狀況，讓保護駕駛艙的安全更多了些屏障（如圖2-4）。

圖2-4　圖片來源：Cockpit Door Surveillance System - Lat-vision by LATECOERE/https://www.youtube.com/watch?v=L7v9ZtwA5_w

(三)氧氣面罩（Oxygen Mask）

飛機飛行中發生失壓狀況，不單會影響客艙組員和乘客的安全，也一樣會讓駕駛艙的駕駛有缺氧的可能，駕駛艙內的緊急供氧系統是絕對不可少的安全設施（如圖2-5、圖2-6）。駕駛艙提供給駕駛的氧氣面罩不同於客艙的氧氣面罩，駕駛艙的氧氣面罩是全罩式設計，當駕駛因失壓使用氧氣面罩時，面罩設計會依每個使用者頭部大小完全貼合。氧氣面罩不但能供應氧氣還能防煙（如客艙失火產生的有毒煙霧從縫隙中進入駕駛艙），駕駛戴上氧氣面罩仍然必須操作飛機，與塔臺或通訊地點聯絡，為不影響駕駛的通話，氧氣罩有可通話的麥克風裝置，讓駕駛員不會因為罩上氧氣面罩而無法正常通話。

客艙裡的氧氣面罩裝置，位在每一位乘客、組員座位、每一間洗手間上

圖2-5

方的天花板中，當客艙壓力高度超過
14,000英呎，客艙內的氧氣面罩就會自
動地從上方落下，這時從氧氣面罩掉落
處將面罩拉至面部，拉取氧氣面罩時氧
氣就會從連接的管線中流出，此時戴上
面罩就能得到正常的供氧。

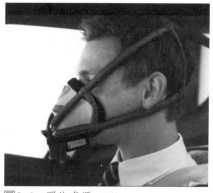

如果客艙高度壓力超過14,000英
呎，氧氣面罩沒有自動掉落或是掉落
不完全，駕駛艙內有手動控制氧氣面
罩放下的裝置可以輔助。而氧氣的供
應量依據機型不同，時間長短也有些
許差異，大約在15鐘左右的使用量，
這樣的用量足以維持機艙駕駛在正常供氧情況下，將飛機降至安全高度。

圖2-6　圖片來源：Pilot emergency oxy-gen mask deployment demonstra-tion on MPS Boeing/737-800 flight simulator./https://www.youtube.com/watch?v=k1jIjMIikF4

㈣滅火器（Fire Extinguisher）

　　駕駛艙內空間雖然狹小，但裡面有許多的機電設施，2013全日空
航空曾發生駕駛艙內鋰電池過熱起火，緊急轉降的飛安事件（JTSB，
2014），所以滅火器是駕駛艙內必備的緊急安全裝置，當駕駛艙內失火
可以立即取用，不致浪費時間讓火勢變得難以控制。而駕駛艙可能引起火
源的物質也大多是機電設施，所以駕駛艙內配置的滅火器大多是海龍滅火
器，這也是根據需求和安全考量下的選擇。在一般民航客機上的滅火裝置
大約分爲四種：

1. 可攜式滅火器（Portable Fire Extinguishers）：裝置在駕駛艙和客艙各
   區域的指定位置（如圖2-7）。
2. 廁所中的滅火系統裝置（Toilet waste bin bottle extinguishing
   systems）：一般安裝在廁所垃圾桶上方，當垃圾桶內有易燃物起火，
   就能啟動發揮滅火功能。
3. 固定裝置滅火系統（Hold fire extinguishing systems）：多半具有自動
   檢測功能在人員無法觀察的區域及範圍，像在人員無法觀察的區域及

圖2-7　圖片來源：LIFE SUPPORT INTERNATIONAL/
https://lifesupportintl.com/products/res-9025-00

範圍（如貨艙），這樣的滅火系統都具備自動感應檢測的功能。

4. 引擎滅火系統（Engine fire bottle extinguishing system）：此一系統針
對引擎狀況有自動檢測的功能，當引擎起火時，駕駛艙的引擎偵測系
統會顯示警告，機長或駕駛便會依據標準程序啟動裝置進行滅火。

（五）防火手套、防火衣（Protective Breathing Equipment PBE）

　　機上會在滅火器安裝位置的附近區域配置防火手套，當有必要在機艙
內進行滅火時，防火手套就能保護操作者的手部避免燙傷（如圖2-8）。

　　電器類失火多半會產生濃煙，燃燒的煙霧會讓人嗆傷、窒息，駕駛艙
失火穿戴防火防煙的安全設施滅火也是絕對必要。這種提供氧氣的滅火穿
戴設備，是為了在煙霧瀰漫的環境，不被濃煙高溫所傷，讓滅火者迅速有
效地將火勢撲滅。PBE依需求不同有頭罩式、半身式，功能都是在濃煙的
滅火環境中提供氧氣。不同的是頭罩式僅提供頭部的保護，而半身式PBE
則能提供頭部與腰部以上部位的保護（如圖2-9）。

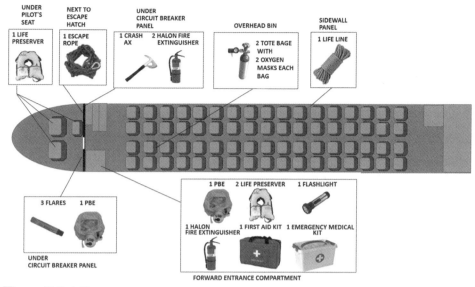

圖2-8　圖片來源：AVSOFT INTERNATIONAL/https://www.avsoft.com/product/bombardier-crj-200-emergency-equipment-locations/

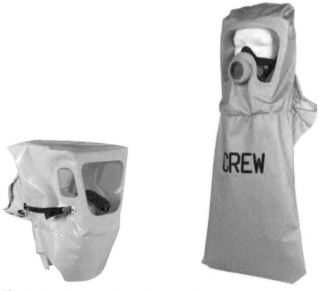

圖2-9　圖片來源：Collins Aerospace/https://www.collinsaerospace.com/what-we-do/Commercial- Aviation/Cabin/Oxygen-And-PSU-Systems/Portable-Oxygen-Systems/Protective-Breathing-Equipment/OXYCREW-Protective-Breathing-Hood

(六)斧頭（Fire Axe）

駕駛艙內機電設施的線路都在隔板下，大部分發現失火時會先發現煙霧從縫隙中竄出，煙霧從多處縫隙中竄出，無法判斷起火點的確切位置，或是起火點在隔板下，滅火器的噴嘴無法接近火點滅火。斧頭的作用就是將隔板鑿一個小洞，確認火點的位置，也能將滅火器的噴嘴，從鑿出的小洞噴灑滅火。駕駛艙內滅火相關設備會放在一起，讓處理失火的速度更快，爭取航機安全降落的時間。

(七)救生衣（Life Vest）

駕駛艙內正駕駛和副駕駛的位子都配備有救生衣，是當飛機發生緊急水上迫降時，提供給駕駛艙的組員使用。如果機型有觀察座椅（Observer Seat）的設置，觀察椅的下方或是座椅附近隨手可得之處，也一定會有救生衣的配置（如圖2-10、圖2-11）。

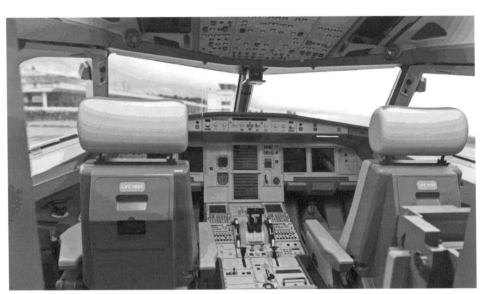

圖2-10　Bit Barrel Media/https://bitbarrelmedia.wordpress.com/2016/10/27/a320-cockpit-cad-model- renders/

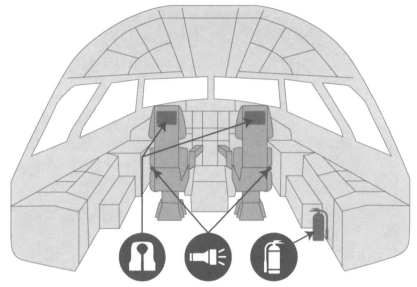

圖2-11　救生衣配置圖

㈧手電筒（Flash Light）（如圖2-12）

圖2-12　圖片來源：Airliners.net/https://www.airliners.net/
photo/Sukhoi/Sukhoi-SSJ-100-95B-Superjet-100-RRJ-
95B/1796481/L

㈨駕駛艙緊急逃生口（Emergency Exit、Emergency Egress）

　　飛機發生緊急迫降之後的狀況，機身會因爲強大的撞擊，造成結構扭曲變形，駕駛艙門可能在這樣的狀況下無法開啟，駕駛如果要逃離機生，就可以利用駕駛艙內的緊急逃生口（Emergency Escape Devices、Emergency Hatch）逃離機艙。駕駛艙內的緊急逃生口位在正駕駛座的右後上方、副駕駛座的左後上方，也就是進入駕駛艙後上方的位置（如圖2-13、圖2-14）。

圖2-13　圖片來源：Luf-than-sa magazin/https://magazin.lufthansa.com/xx/en/fleet/bombardier-crj900-en/german-canadian-cooperation/

圖2-14　圖片來源：Bombardier Dash-8 Q400 FD Escape Hatch / https://www.youtube.com/watch?v=vD4oH87nilM

　　當駕駛艙門無法開啟而有逃生之必要時，將緊急逃生口依操作方式開啟後，逃生口旁有配置逃生索供駕駛使用。因爲一般商用民航機有一定的高度，大型飛機的雙層設計讓位在機頭的駕駛艙高度更高，如果有必要從緊急逃生口撤離，若沒有輔助設施勢必會造成傷害。駕駛從逃生口緊急撤離時，雙手要抓緊逃生索上的把手，逃生索的設計會讓使用者向下滑時，降低下墜的速度，讓使用者能安全的從駕駛艙高處抵達地面。

　　Cockpit Exit因機型的設計有所不同，除了上述駕駛艙緊急逃生口外，另外一種逃生口的設計，利用機艙正、副駕駛邊的窗戶（Window

Egress），做為緊急逃生時撤離的出口。當緊急狀況發生且無法開啟駕駛艙門時，機艙駕駛可以利用逃生窗離開飛機，依據操作方式將逃生窗打開，使用固定好的逃生索輔助逃離機艙（如圖2-15）。

圖2-15　圖片來源：ETPHONTOS/https://www.jetphotos.com/photo/7389569

　　客艙的安排在飛機製造商交機前就會依據航空公司的需求設計做區隔，像是艙等的需求、座位的安排，一般航空公司的艙等不管名稱為何，國際跨洋航線大概分成經濟艙、商務艙、頭等艙，中、短程航線分為經濟艙、商務艙，而國內航線可能有商務艙和經濟艙之分，但也有些是單一艙等的設置。不同的艙等代表著不同的價位，不同的價位提供不同的乘坐空間與服務，經濟艙和頭等艙的座位從寬度、座位與座位的間距、座位的傾斜度（頭等艙在飛行時椅背可以從90度傾斜至將近180度，讓長途飛行時座椅可以改變功能，使旅客平躺像在床上，提供搭機者更舒適及安穩的睡眠品質），都會因為票價的關係設計也會不一樣。這些屬於乘客感受與舒適的設計，雖然隨著科技進步、消費者要求提升，會不斷的更新以符合市場需求，但是所有的設計都無法在違反安全的前提下進行，機上的設施只要細心觀察，不難發現所有的設計都與安全有關，因為只要沒有了安全，

設備再好也不具任何意義，安全之所以成爲航空業核心文化的原因亦不證自明。

　　機型大小決定客艙內的空間，但不論空間或大、或小都會有乘客座位、廚房、廁所、行李箱和必要的緊急逃生設施，以下就客艙空間的硬體設施來說明這些設施與客艙安全的關係（如圖2-16）。

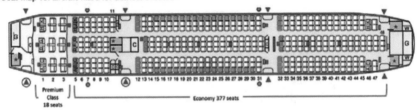

圖2-16　圖片來源：ANA 787-9 layout/https://www.airliners.net/forum/viewtopic.php?t=575121

三、機門（Door）

　　所有的飛機都有機門的設計，商用客機的機門提供乘客在登機、下機時的正常使用，被稱作登機門（Boarding Door、Passenger Door）（如圖2-17），機場旅客登機，登機門通常會是飛機左側的1或2號門（國內線較小型的飛機，如ATR72、MD-80機尾後方也提供乘客上、下機。）爲不影響左側空橋作業，當機門提供空廚裝卸乘客餐飲或機上物品時，多半會使用飛機右側的機門，這種機門所使用的目的與登機門不同，此時機門稱爲服務門（Service Door）（如圖2-18）。

　　機門在緊急狀況發生時，其功能就轉變成提供乘客逃生疏散的出口，這時機門被稱爲緊急逃生門（Emergency Door）或是緊急逃生出口（Emergency Exit），每一位組員也都必須瞭解、並熟練，機門在正常和緊急狀況時的操作與使用方法。不同時期的機型，機門設計會跟著時代改

圖2-17　Boarding Door　圖片來源：
thyssenkrupp/https://www.thys-
senkrupp-elevator.com/airport-
solutions/

圖2-18　Service Door　圖片來源：Lufthansa LH711
Tokyo Narita to Frankfurt *Full Flight*/https://
www.youtube.com/watch?v=ooYjG9UK--E

變對安全的要求提升，機門的使用與操作也會隨之更新，機門的操作模式可能根據飛機製造商的不同設計有不一樣的使用方法，同一家的飛機製造商，有可能因為機型的不同、位置相異，機門的操作方式也會有區別，例如747Main Deck 和Upper Deck的緊急逃生門使用方法就不一樣；但當緊急狀況發生時，在分秒必爭的安全要求下，所有飛機製造商考量緊急逃生時的設計，都必須以最快的方式完成操作，力求減少時間浪費，不會影響逃生的速度。

　　飛機載客量較大的機型，飛機的緊急逃生出口就會相對增加，波音767約200位乘客的搭載量，設計有8個緊急逃生出口，波音747載客量約380有12個緊急逃生出口；Airbus 320約250乘客搭載量，有8個緊急逃生出口，Airbus 380最大載客人數可達800人（設置一般三艙設計載客約560人），提供16個緊急逃生出口，載客量越多緊急逃生出口就必須增加，如此的設計就是為了減少時間的浪費、增加逃生的機會（如圖2-19）。

四、廚房（Galley）

　　飛機上有一些區域被規劃加熱、冷藏食物的地方，這些地方我們稱之為Galley，當班機起飛到達安全高度後，為乘客準備餐食、飲品的區域。Galley的設施裝置有烤箱（Oven）、冷藏室（Chiller）、咖啡/茶（Coffee/Tea Brewer）、升降機（Cart Lift）、垃圾壓縮機（Trash

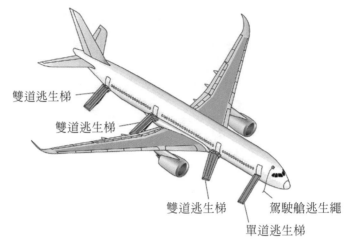

雙道逃生梯

雙道逃生梯

雙道逃生梯 　　　　駕駛艙逃生繩

單道逃生梯

圖2-19　圖片來源：Great bustard's flight/https://greatbustardsflight.blogspot.com/2015/06/cuantas-puertas-tiene-que-tener-un-avion.html

Compactor）、供水系統（Water System）、照明（Lighting System）、通話設施（Interphone）等。

　　當服務餐點的時間開始，部分組員會在廚房（Galley）中作業，此時組員會將區隔Galley和客艙（Cabin）的布簾（Curtain）拉起，讓組員和乘客都能不受到干擾。

　　機上的Galley簡單來說就是機上處理乘客飲食的地方，不是一般人觀念中將食料處理烹煮後，將食物送上桌的餐廳廚房，是儲存、冷藏乘客餐飲的地方。空廚將調理完成後的乘客餐點經過急速冷藏（為保持食物的新鮮、衛生與安全），機上組員必需使用機上加熱設備處理後，才能將熱騰騰的餐食送到乘客的餐桌上。機上的負責廚房（Galley）的組員，會在服務乘客餐點前，在廚房裡（Galley）將空廚送上來的餐點加熱，或是先冷藏一些佐餐需要的香檳、白酒、啤酒或冷飲，做好所有服務前的準備，提供乘客用餐所需。

　　商用客機的機型大小不同，機型的大小也決定著載客人數的多寡，國內航線機型MD-90、ATR、Boeing737，乘客載客數量在80到100不等。國際亞洲航線或跨洋航線的機型使用，大部分的機型有Airbus 320、

330、Boeing747、777，載客數量在200-300之間。新近的AIR-BUS 380、Boeing 787 Dream Liner等大型客機的載客人數更增加到500到600之譜。當然：載客人數越多需要的Galley硬體設施也就會增加，起飛、降落、亂流安全檢查就必須更細心避免疏失。

(一)垃圾壓縮機（Trash Compactor）

機上可利用空間有限，即便是大型客機，也不會有太多閒置或浪費的空間，一般飛機載客量約1～2百人，2、3個小時的航程就能製造不少垃圾，更遑論一趟十幾個小時的飛行，要找出空間放置機上乘客使用過後的垃圾，並不符合機上實際的工作需求。Trash Compactor，垃圾壓縮就可以解決長途飛行部分垃圾空間的問題。壓縮機的功能是將乘客使用後可壓縮的垃圾（紙杯、塑膠杯、紙盒、錫箔盒等），收回後直接丟入壓縮機內，壓縮後可以大大減少空間的占用。使用垃圾壓縮機時要確實將門關上外，也要注意將安全栓扣上，避免機器操作中開啟導致被壓縮的物品因擠壓噴出，可能讓近距離的機器使用者受傷。較新跨洋航線長程機型的Trash Compactor，以眞空高壓方式壓縮垃圾，比以往的Trash Compactor的效能好（如圖2-20）。

圖2-20　圖片來源：AERTCE GROUP/http://www.groupe-aertec.com/uk/aertec.asp?Id=11

(二)升降機（Cart Lift）

升降機一般是大型雙層客機上會有的設施，餐飲裝載可利用升降機運送至上層客艙廚房，減少樓梯下時間和人力的浪費。機上升降梯的設施可以提供運送物品之用，操作時Lift Door沒有確實關閉，升降機上的安全裝置就會作用讓動作無法執行。而這個提供雙層客艙裝卸物品的裝置，雖然空間大到可容人，但是絕對禁止人員搭乘，氣流不穩定的狀況下，也不要

使用升降機運送餐車或飲料車等重物，有可能會因為機身搖晃會讓餐車無法控制導致傷害（如圖2-21）。

圖2-21　圖片來源：Pinterest/https://i.pinimg.com/originals/7d/c0/52/7dc0520327452b8ceb5df46a5118e8ba.png　圖片來源：Exploring United's 747-400 https://www.youtube.com/watch?v=kn1ymMOw_xE

(三)餐車（Meal Cart）、飲料車（Beverage Cart）

搭過飛機的人應該都知道，起飛後飛機到達安全高度後，機長會作致意廣播，此時客艙組員就已經在廚房忙著準備乘客餐飲了。不一會兒就會發現組員推著一臺長方形有輪子的臺車出現在客艙走道間，這個用來裝載乘客餐的臺車機上稱為餐車（Meal Cart）（如圖2-22）。裝上輪子是為方便移動，餐車兩側有門均可開啟、關閉，門上有安全栓可以確保關閉時，不會因為飛機晃動產生角度傾斜而開啟，讓置於車內的物品或餐盤滑落。餐車下方有剎車（Breaker），顧名思義就是剎車、固定、停止的意思，其功能就是當餐車於走道上提供服務時，為維持餐車的穩定，踩下這個裝置（踏板）就能固定，不會因為飛機飛行斜度

圖2-22　圖片來源：Direct air Flow/https://www.directaviation.aero/airflow/galley-inserts/trolleys/alu-flite-full-size- trolley

而滑動。有輪子方便移動，但飛機除起飛、降落時會有較大角度的傾斜外，在巡航中也有可能因為遭遇亂流機身搖晃產生傾斜角度，若此時餐車停留在走道上沒有這樣的剎車裝置，餐車就有可能滑動造成危險。一臺未裝載任何物品的餐車約重25公斤，當餐車裝滿提供乘客食用餐點的餐盤時，這臺餐車的重量可能高達80公斤以上（還未包含餐車上放置的飲料重量），若是沒有剎車固定的安全裝置，機身搖晃傾斜加上餐車重力作用，除了可能會衝撞座位在走道上的旅客，對於正在服務的客艙組員安全也會有危害。

㈣置物箱（Standard Unit）

Galley中有許多裝載物品的置物箱（Standard Unit）（如圖2-23、圖2-24）和餐車（Meal Cart）。每一個置物箱和餐車都會按照既定的地方放置，這些規格標準的置物箱，起飛及降落都要被安全固定。用來固定這些設備的安全栓（Latch），可以將之穩定避免飛機在起飛、降落或氣流不穩定時，因晃動而掉落造成人員和飛機的損害。客艙組員在執行登機檢查時，若負責區域包含Galley的組員，不但要檢查裝備裝載是否齊全，對於固定這些可移動的設施的Latch，一定要檢查是否鬆脫、故障？是否無法有效安全的將設備固定？如果發現上述的狀況，一定要請機務立即修復。

餐車為能方便組員在機上使用，每個餐車都有輪子，餐車的重量也不

圖2-23　圖片來源：aeroexpo.online/
　　　　https://www.aeroexpo.online/
　　　　es/prod/aim-altitude/prod-
　　　　uct-171574-14398.html

圖2-24　圖片來源：Brownley Engineering/http://
　　　　brownleyengineering.com/

輕，一臺滿載的餐車約在80～100公斤左右，餐車開啟的門片上也有類似的安全栓，是為了防止餐車因起、降機身傾斜而開啟，不會讓餐車內的物品滑出。固定餐車除了Latch外，因為餐車設計為移動方便而有輪子，所以當停止時為加強安全，餐車也有煞車的設計。起飛、降落時，為了固定有重量的餐車，設計Latch和防止

圖2-25　圖片來源：AIRBUS A380 GAL-LEYS/http://www.air-works.eu/portfo-lio/airbus-a380-galleys/

滑動的煞車（Breaker），為加強更安全的保障，在放置這些餐車的外部再加上可以開關的門片，除了讓保存食物的冷空氣循環不易流失，還能對餐車的固定有更多的防護（如圖2-25）。

　　多年前同事的一趟飛行，組員因為起飛前的安全檢查不確實，一臺餐車因為沒有將Latch鎖上，飛機起飛時因為爬升產生傾斜，讓餐車滑出原來的收納固定的位置，而衝出撞到對面的餐車；雖然沒有造成人員受傷，但碰撞的聲響著實引起乘客一陣虛驚，但是如果餐車滑到客艙，很有可能損壞其他設施或撞傷乘客。

　　設備是否能夠正常使用，不僅對乘客的服務會有影響，設備的正確使用更關乎機上的安全，更因為Galley使用時用電量大，這個區域也包含了許多電線管路，一有不慎引起火源就可能釀災。

　　上機檢查時，負責此一區域的客艙組員除了檢查該上的餐點是否齊備，最重要的是要檢查此區域的硬體設施是否故障待修復，如果有類似的狀況一定要請機務檢修。飛航安全造成的事故，有不少例子是因為廚房內設施使用不當引發火勢，組員在廚房使用所有機電設施，依照正確的操作外，異常狀況出現時有適當反應的警覺也不可少。

美國聯合航空2014年一班從紐約飛往布魯塞爾的飛機，起飛因為靠近機尾的Galley失火（Galley Fire），雖然組員在緊急降落之前，就已經使用滅火器將火勢撲滅，但為了安全起見機長決定緊急降落在最近的地點（加拿大的哈利法克斯）。

五、廁所（Lavatory）

　　機上的廁所因飛機大小、載客量多寡，設置的數量也會有不同，廁所內除了沖水馬桶、洗手臺、照明、鏡子、置物櫃的設置外，會依照服務需求裝設尿布置換臺、輪椅乘客使用輔助設施。安全裝置的設施則包含了回座指示標誌（Return to Seat）、煙霧警示的煙霧偵測器。

㈠廁所門板

　　機上廁所設計的門板有一片式門板（Panel Door）和雙摺式門板（Bi-fold Door）；一片式門板開啟的方向是由內向外，開門時需要留有門寬旋轉幅度，所以這樣形式的廁所多半設置在開門空間較大的區域。進出使用不會壓縮內部使用空間，使用一片式門板的廁所，也會特定提供給需要協助的輪椅乘客使用（如圖2-26）。

圖2-26　一片式門板
圖片來源：The Travel Insider/https://blog.thetravelinsider.info/2012/11/how-many-restrooms-are-enough-on-a- plane.html

圖片來源：READER'S DIGEST/https://www.rd.com/culture/airplane-myths/

折疊式門板開啟的方向是由外向內推，會使用這種形式的門板，是因為廁所設置位置，不夠有空間提供一片門板的開關幅度，所以進出使用時開門的方向就會擠壓一些內部空間（如圖2-27）。

圖2-27　折疊式門　圖片來源：　圖片來源：Norwegian flight carrying 60 This airplane lavatory door plumbers turns back due to broken toilets/File has a 'no smoking' sign and photo: Heiko Junge / NTB scanpix /https:// an ash tray./https://www.red-　www.thelocal.no/20180130/norwegian-flight-dit.com/r/mildlyinteresting/　carrying-60-plumbers-turns- back-due-to-comments/90xbts/this_air-　broken-toilets plane_lavator y_door_has_a_ no_smoking_sign/

　　而機上的廁所都會有Lavatory的標示，所以應該不會不容易識別，有些機型的廁所會靠近駕駛艙的旁邊，當要進入廁所敲門前，要先注意敲的不是駕駛艙門，別讓人誤會有影響駕駛安全的行為。

　　在2014的一架從澳洲飛往峇里島的班機，機長回報機上發生劫機行為，劫機嫌疑犯是一位澳洲籍男子，回報狀況時已被機組人員制服，原因是他不斷敲打駕駛門且不聽制止，組員認為他意圖劫機。當飛機降落當地警察將嫌疑犯帶回偵訊，但這位被帶下

機的乘客卻強調：「我只想上廁所！」事後也對這位旅客也做了相關血液、尿液的檢查，發現這位澳洲男子並沒有喝酒，但因為情緒問題服用了一些藥物，可能誤將駕駛艙當成廁所門，加上心情不好而導致這烏龍的飛安事件（BBC，2014）。組員登機後乘客登機前的安全檢查，如果檢查區域包含廁所，就必須依照安全檢查標準一一確認。檢查水龍頭、馬桶沖水功能、衛生紙、擦手紙、坐墊紙是否齊備是屬於服務項目的檢查。對於執行安全檢查時必須確認廁所內，所有可收納空間是否有任何不屬於飛機上的物品（危險品），一有發現必須反應給事務長、機長作後續處理。

(二)廁所照明與標示

廁所的光源來自上方，光源的亮度也能自動調整，廁所門打開時的亮度較低（Dim），當使用者進入將廁所門栓扣上時，廁所照明的亮度較會明顯提高（Bright），也就是說由廁所門栓的開啟、關閉來調整廁所照明的亮度。當廁所有人使用（Occupied），廁所門上會有紅色及使用中（Occupied）顯示，無人使用狀態會是綠色與無人（Vacant）顯示（如圖2-28）。

圖2-28　圖片來源：IRISH MIRROR/https://www.irishmirror.ie/news/weird-news/toilet-waste-go-plane-what-7581638

在客艙裡如果有想要使用廁所的乘客，也能從客艙裡的抬頭標示得知，知道現在廁所是無人或使用狀態中，不會到了廁所門口仍然要花時間等待。（紅色顯示廁所目前使用中，綠色則是代表無人使用）起飛、降落前和亂流時，組員從標示中確認如果廁所有人（紅色標示），就必須要給予正在使用洗手間的乘客安全提醒。相同的情況以綠色標示顯示也並不代表廁所裡沒有人（忘記鎖門的乘客），組員仍必須敲門確認廁所內真的無人，安全檢查任務的執行才能算是確實完成（如圖2-29）。

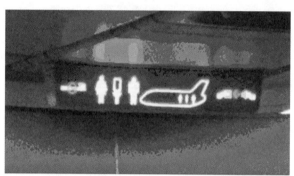

圖2-29　圖片來源：作者提供

㈢廁所鏡子

廁所裡的鏡子提供使用者整理儀容，若是一般玻璃材質可能會因為碰撞碎裂造成傷害，因為機上非預期的亂流發生時，有可能讓正在使用乘客身體搖晃，撞擊點可能是廁所的任一處。基於安全的考量，機上廁所內使用的鏡子有別於一般玻璃材質碰撞容易破碎造成危險，採用FAA認證輕質、抗衝擊和阻燃的材質製造。

㈣氧氣面罩（Oxygen Mask）

每一間廁所上方都有氧氣面罩裝置，裝置的數量是兩個，提供乘客緊急狀況下使用。飛機失壓可能緩慢進行或瞬間發生，當瞬間施壓發生時，廁所可能有人正在使用，此時在廁所裡的人是無法立即回到座位上使用氧氣面罩。如果此時在廁所中遭遇瞬間失壓，就能使用廁所上方掉落的氧氣

面罩，避免施壓造成缺氧窒息。也有可能使用洗手間的是帶著小朋友如廁，或是使用尿布置換臺的照顧者，廁所內2個氧氣面罩就能提供照顧者和被照顧者同時使用（如圖2-30）。

圖2-30　圖片來源：Newser.com/By Evann Gastaldo, Newser Staff/https://www.newser.com/story/113916/this-new-faa-rule-could-kill-you.html

六、置物間（Closet）

飛機上的置物間多半為機上服務備品擺放所設置，也具有提供乘客外衣吊掛收納的功能，如果有乘客的行李廂不敷使時，也會在置物間找出一些空間放置乘客的行李。當許多物品放在這狹小的空間時，飛行過程中客艙組員在使用這些空間沒有留意觀察，這些置物空間都可能是有心人士放置危險物品的地點。組員在利用這些空間時（例如：放置乘客的物品或行李時），務必告知其他組員（放置物品的位置、件數、物品是屬於哪位乘客？）等相關訊息，以避免在溝通不良的情形下造成安全與服務上的疏失（如圖2-31）。

置物間多半是正方或長方形的立體空間，可以放置機上物品，有時因為行李廂空間不敷使用，也會將多餘的空間拿來利用。放置在置物櫃裡的物品不會完全貼合在空間內，如果沒有安全繩或安全網固定，起飛、降落時就要依據慣性將物品或行李貼牆放置。起飛時因為衝力會將人或物品向後拉，降落時因為刹車的力量將其向前推，所以依照起、降狀況，執行起飛、降落前的安全檢查時，務必將置物櫃的行李或物品調整至適當的位置，避免過大的力量產生碰撞造成破壞。

圖2-31　圖片來源：AIM Altitude AIX 2018 FRM Under-bin closet + branding panel/BY ADAM GAVINE ON MAY 3, 2018/https://www.aircraftinteriorsinternational.com/image-galleries/front-row-monument-innovation.html/attachment/aim-altitude-aix-2018-frm-under-bin-closet-branding-panel

七、行李廂（Overhead Comportment、Overhead Stowage Bin）

　　飛機不論機型大小都會有行李廂的設置，但是因爲空間有限，乘客座位的安排已占去大部分的空間，所以爲在有限的空間找出可以安置乘客手提行李的地方，搭乘飛機時都不難發現，放置手提行李的位置大多爲乘客座的上方，也稱Over Head Bin或是Overhead Comportment。行李廂的設計依行李廂蓋開啟方式的不同，常見的有兩種形式。

(一)上掀式行李廂（Outboard Overhead Shelf Bin）

　　行李箱的打開的方式有上掀式，就是將行李箱打開時，行李廂的門片會向上掀起，關上行李廂時將門片向下壓，確定門片上的開關（Latch）裝置與卡榫密合就是關閉完全的狀態。如果卡榫沒有密合或關閉動作不確實，上掀式的行李廂門片會向上彈起成爲開啟的狀態。如果行李箱無法正常關閉，一定要請人員檢修，以避免飛機在起降或遭遇亂流，行李箱突然

開啟，行李或重物因此掉落而導致人員受傷（如圖2-32）。

在每一個行李廂空間內的上方，會有一塊反射行李箱內部全景的小型凸透鏡面，因為飛機行李廂的設計高度，多半高於大多數人的視覺高度，每一位乘客的手提行李有大、有小，放置的位置也不會非常整齊的排列；如果沒有這個鏡面的設計對於搭機乘客而言，飛行途中或下機時要在多個行李中找尋自己的物品，就得要踮著腳或是踩著座椅扶手下的踏板，才能清楚看到想要尋找的東西，的確是飛機製造商對乘客貼心的小服務。

圖2-32　圖片來源：Boeing's new overhead bin design brilliantly fits 50% more carry-ons/By Brad Reed @bwreedbgr/October 9th, 2015 at 10:32 AM/https://bgr.com/2015/10/09/boeing-overhead-bins-50-percent-more-bags/

這面小小的鏡面對客艙組員而言，安全的意義絕對大過服務的心意。因為在每一次飛行乘客登機前，基於安全都會待地面準備工作完成，所有的清潔、裝載的地勤人員下機後，客艙組員會執行一次全機客艙安全的檢視。飛機空間說大不大，但檢查所有空間、角落也得花上一些時間，加上對於安全的要求，更是邊邊角角也都不能輕忽的。安全檢查主要是檢查機上有沒有可疑物品（不屬於飛機上的任何物品），可能是危險品、爆裂物。在有限的時間檢查每一個行李箱，如果沒有這小小的鏡面，組員就必須踩著座椅扶手下的腳踏板一個個檢查，都是時間與體力的浪費，對安全也絕對是有幫助的。

㈡下引式行李廂（Outboard Pivot Bin）

下引式的行李廂的操作方式與上掀式相反，欲打開行李廂時鬆開門上的卡榫順勢向下拉，如果行李廂內有重量，只要鬆開Latch油壓式的設計會使行李箱慢慢向下開啟。關閉下引式的行李廂時，只需要將其向上推

升直到底部與卡榫處密合即可（如圖
2-33）。

　　機上一些緊急逃生使用的設備，
可能會因為需要被放置在行李廂，像
是防煙罩（Smoke Hood）、氧氣瓶
（Oxygen bottle）、醫藥箱（Medical
Kit）、緊急發報器（E.L.T）、救生艇
（Life Raft）等等……。若有必要放置
在行李箱內的緊急設備，一定會與乘
客放置行李的空間有明顯區隔，不會
讓這些緊急設施被乘客行李或其他物
品遮蔽或掩蓋，一旦緊急情況發生需
要使用這些設備時，可以維持在能力
即取用的最佳狀態。這些被放置在行
李箱中的緊急設備，附近若仍有其他
空間，也絕對禁止任何人將行李或個人
物品放置其中，如有乘客違反為維護客
艙安全必須立即制止，並協助其尋找其
他可以置物的空間（如圖2-34）。

　　搭機乘客手提行李的重量會有限
制，但對於代買客或是喜歡到日本購
買藥妝的國人，重量限制常常是機場
報到櫃臺（Check in Counter）的地勤
人員，和買得太多、太開心的乘客發
生爭執或不愉快的原因，為回應搭機
旅客要求，許多航空公司都放寬了行
李重量的限制。澳洲航空在放寬行李重量的限制後（登機行李重量重7公
斤增加為10公斤），2019年3月也做出客艙組員機上任務執行的相關規定

圖2-33　圖片來源：The Verge/United's overhead bin charge is confusing, probably on purpose/*Traveling is so glamorous*/By Natt Garun@nattgarun Dec 7, 2016, 3:26pm EST https://www.theverge.com/2016/12/7/13875048/united-basic-economy-charging-extra-overhead-bin

圖2-34　圖片來源：Airbus and Lufthansa Have Ideas to Free up Overhead Bins for Passengers/By:JT Genter Apr 12, 2018/https://thepointsguy.com/news/airbus-lufthansa-ceiling-stowage-bins/

因應：新規定表明，2019年3月25號起，一般搭機旅客必須自行放置登機行李，客艙組員將不會提供服務，對於年長、行動不便者，客艙組員仍會協助登機行李的放置。

澳洲客艙組員協會（FAAA）主席Teri O'Toole表示，這項新規定是為保護客艙組員降低工作傷害，也說：希望所有人認知，客艙組員也必須有一個安全的工作環境。以往有些乘客上機後，會叫客艙組員幫他們放行李，基於服務組員多半不會拒絕要求，尤其是老、弱、婦、孺絕對會盡量提供服務，但這樣的要求不乏身強體健的大男人。對乘客而言是一件行李，但對於客艙組員來說卻是整架飛機客人的行李，也希望國人搭機時，對所有的客艙組員多一些體貼，相信他們會非常開心的。

當然也希望所有搭機的乘客，開心旅遊之餘，搭機前養成查詢所要搭乘航空公司的相關規定，以免到了機場因為疏忽或不了解，造成自己與他人的困擾。不過最重要的是必須要有安全的觀念，要知道一切規定不會有針對性，一切規定皆是以安全為考量，相信快快樂樂出遊，平平安安返家，應該是每一個搭機乘客都樂見的。

八、客艙乘客座位（Passenger Seat）

客艙的座椅會因艙等的不同，其空間、距離和舒適度的要求會有所區別，搭機時飛機機型較小只有一個走道，你可能會看見2-2、3-2、3-3方式座位的安排，較大飛機有兩個走道，會有3-4-3、3-3-3、2-4-2的座位形式。客艙座椅在登機前要確認是否清潔外，還要確認功能是否完好（椅背、腳踏墊能否正常收起），若椅背傾斜、腳踏墊升起後無法正常收起，當緊急逃生狀況發生時，就會影響其他乘客逃生的動線。不論是何種座位排列安排，每一個座位都會有相同且必須的安全配備，如安全帶、安全說明卡、救生衣、座位上方的氧氣面罩等，每一種安全設備缺一不可（如圖2-35）。

航空公司為吸引消費者，多半會強調座位的舒適度，座位寬度及入座後腿部可容伸展的空間，所有的空間設計、安排，都會遵守航空安全的規定，但由於搭機人次呈倍數增長，且相較20年以前，人們的飲食習慣改

圖2-35　圖片來源：AIRLINEREPORTER/AN A-LISTER'S PER-SPECTIVE ON SOUTHWEST'S NEW MERIDIAN SEATS/ BY JL JOHNSON/Cabin mockup of the 737 MAX 8 with the new Meridian seats – Image: Southwest Airlines/https://www. airlinereporter.com/2015/10/listers-perspective-southwests-new-meridian-seats/

變，肥胖率較2000年時期增加了9%，為此FAA將在2019年11月開始，對現行客艙座椅間距標準重新審視，確認是否有修改之必要，以符合實際安全的需要（CNN，2019.10.02）。

緊急事故發生，飛機上有許多裝備是設計當緊急狀況發生時使用，在正常狀況下的飛行，也都要確保這些緊急安全設備沒有損壞是隨時可用的狀態。當然不會有人希望真的使用這些緊急裝備，若一旦發生，這些裝備就絕對是救人保命的重要工具。

(一)座位椅袋（Seat Pocket）

不論機上有幾種艙等，每一個座位前一定會有一個Seat Pocket，會裝設在前一排座位椅背後方，第一排座位的Seat pocket則會裝設在前方或側面隔板上。每一個座位椅袋內都會放置安全說明卡，說明卡上也一定會標示緊急逃生出口，和緊急逃生狀況發生時的應注意事項（如圖2-36、圖2-37）。

Seat Pocket被設計承裝的重量約3磅、大約1.3公斤，當每一個Seat

圖2-36　圖片來源：Upgrade: Travel Better/
Huh?? FAA rule bans storing any-
thing in seatback pockets/https://
www.upgradetravelbetter.com/huh-
faa-rule-bans-storing-anything-in-
seatback-pockets

圖2-37　圖片來源：RENE'S POINTS/Did
a Delta Flight Attendant Overreact
with Exit Row Passengers? Or Was
She in the Right?/FEBRUARY 13,
2020/https://renespoints.boardingarea.
com/2020/02/13/delta-flight-attendant-
overreact-exit-row-passengers-or-was-
she-right/

Pocket放進了機上雜誌和安全說明卡後，所能承裝的重量也就不多了，最多不過再放一些乘客的手機、眼鏡或隨身使用的小物。根據FAA的Seat Pocket使用規範，其設計的主要目的並不適合放置較大及私人物品，尤其經濟艙座位間距有限的狀況下，放置較大物品在Seat Pocket內，可能讓壓縮進出空間，在緊急狀況發生時成為影響逃生的障礙（FAA，2009）。

　　此外，安全說明卡對每一位乘客都非常重要，放置的地方必須是讓乘客能一眼就看到的明顯區域，通常會放置在座位前方的位置；也就是前排椅背的座位袋內，坐在第一排的乘客的安全卡，會放置在前方隔板設置的袋中。每一趟飛行每一個座位都會被要求放置安全說明卡，如果有一個位置沒有這樣的說明卡，就一定要立刻補充。有許多搭機經驗較多的乘客容易忽視這一點，但是逃生的出口的動線與方向，都會因為不同機型、不同艙等和不同的座位會有改變，所以當搭乘飛機時請務必花些時間讀一下安全說明卡的內容，讓自己能更清楚的掌握安全狀況。

(二)安全帶（Seat Belt）

　　座椅大小和間距當然在不同的艙等就會有不同的規劃，但是對於安全

要求都是一致的，每一個座位一
定有安全帶，任何一個座位的安
全帶，若有損壞或不堪使用的情
形（扣把鬆脫），一定要立即修
復。繫上安全帶時帶面必須平整
浮貼在下腹部，沒有旋轉扭曲的
狀態（Twist）也不會太鬆或太
緊，如此才能發揮安全帶應有的
功能（如圖2-38）。

圖2-38　圖片來源：Aircraft Seatbelt https://com-
mons.wikimedia.org/wiki/File:Aircraft_
Seatbelt.jpg

　　座位上的安全帶是提供乘客
安全的必要裝置，在起飛、降落和飛行途中遭遇非預期的亂流時，有固定
與保護的功能，不過仍有很多人在搭機時，只有在繫緊安全帶的燈號亮起
時，才會將安全帶繫上。但是如果以安全的角度考量，航空公司都會建議
乘客，只要就坐時就務必繫上安全帶。因為根據許多飛航安全調查的數據
顯示，當非預期亂流發生時，服勤的客艙組員除外，受傷的都是沒有繫上
安全帶的乘客（IATA，2013）。

　　2015國內某航空公司的飛機失事意外的搜救打撈現場，發現
許多罹難者是綁著安全帶的，便引起一些飛機起降是否要繫安全
帶的討論，或是在知道緊急狀況發生前先將安全帶解開，以便飛
機在發生迫降在水上或海上時，就不會有類似此次空難乘客因安
全帶無法解開逃生的狀況發生。看到這樣的討論實在讓人擔心，
因為如果飛機發生迫降的狀況，飛機本身的速度加上撞擊力，沒
有安全帶的保護，坐在位子上的乘客一定會先受到撞擊而無法有
更多機會逃生。許多高速公路車禍意外，未繫緊安全帶的乘客會
因為撞擊力被拋出車外，何況是速度更快的飛機，不繫安全帶或
是提前解開後果都是難以想像的。

(三)乘客救生衣（Life Vest）

　　機上不論何種艙等，每一位乘客的座位都會配置一個符合標準的救生衣，多半安裝在乘客座位下方的位置（客艙空間有限），也有較大機型艙等座位的救生衣裝置在扶手下方；但不論放置救生衣的位置是在座位下或座位扶手下方的空間，都會是在乘客隨手可及的範圍，以便在發生水上緊急迫降時能立即拿取，增加可能入水後的安全保護（如圖2-39）。

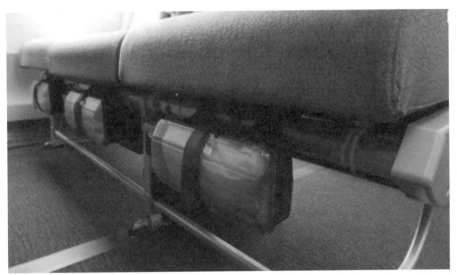

圖2-39　圖片來源：Travel Stack Exchange/http://main.victorofrank.com/wp-content/
uploads/2015/12/140730105130-airbus- a350-14-horizontal-large-gallery.jpg

(四)氧氣面罩（Oxygen Mask）

　　每位乘客座椅上方都會設置一個氧氣面罩（Oxygen Mask），這個氧氣面罩於正常飛行狀態下不會出現在客艙，當發生客艙失壓（Decompression）的狀況時，乘客座位上方的氧氣面罩裝置在客艙壓力超過14000英呎的時候會自動落下。有一些機型的設計在氧氣面罩落下後，使用氧氣面罩時必須先將氧氣面罩向下拉，機上緊急的供氧系統才會釋出氧氣，另一種設計則是當氧氣面罩落下時，機上的緊急供氧系統便會開始自動供應氧氣（如圖2-40、圖2-41）。

此時每一位乘客一定要按照客艙組員的指示，將氧氣面罩戴上，如果隨行者有小孩，要自己將氧氣面罩帶妥後，再立即為隨行的小孩戴上氧氣面罩（如圖2-40）。當戴上氧氣面罩時要確認氧氣是否正常流出，可以從氧氣面罩的前端連結的透明袋檢視，如果有氧氣流出透明袋會因為氧氣進入而膨脹，透明袋沒有明顯氣體流入的狀態，就代表氧氣沒有正常供應。若未依照指示立即戴上氧氣面罩，可能會因為缺氧造成失能狀態，或是腦部永久性的傷害；當機長將飛機降至安全高度後，指示組員可以將氧氣面罩取下時，才能將之移除。

圖2-40

　　氧氣面罩的數量每一個位子配置一個氧氣面罩，但客艙裡每一個艙等第一排的位置上方，都會額外增加一個氧氣面罩的配置，這一個額外氧氣面罩是提供給可能帶著會在飛行當中使用嬰兒床的寶寶。目前所有航空公司，可以依照旅客需求使用嬰兒床的位置，就是在每一個艙等的第一排，所以氧氣面罩數量的配置，會在每一艙等的第一排增加一個的原因為此（如圖2-42）。

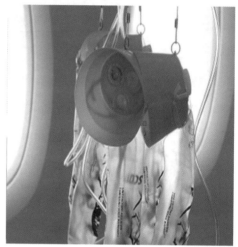

圖2-41　　圖片來源：Getaway/Oxygen masks deploy on flight terrifying passengers/ Posted by Elise Kirsten on 9 April 2019/https://www.getaway.co.za/ travel-news/oxygen-masks-deploy- on-flight-terrifying- passengers/

九、組員安全座椅 （Crew Seat）

　　組員座椅會依照機型的不同，數量和位置也會有些許的變化，但不變的是，組員座位設計一定是靠近緊急逃生門的位置，就是為在發生緊急迫降狀況發生時，當飛機停妥後

圖2-42　圖片來源：What is an In Flight Bassinet/https://www.youtube.com/watch?v=hQqnHWzT7bc

能在第一時間將艙門打開，指引並協助乘客在最短時間逃出客艙。組員安全座椅有雙座（Double Seat）與單座（Single Seat）的區別，顧名思義，雙座就是可以提供兩位組員在飛機起飛和降落前使用，而單座組員座椅則是在起、降時僅提供一名組員使用。

　　組員安全已在有限的客艙環境下的設計是非常節省空間的，與一般乘客座椅不同，椅子是貼地靠牆安裝，大部分機型的組員座位面向設計，除了最後一個艙門的組員座位面向與乘客相同，其他艙門組員的位置面向大多與乘客相反。例如波音777有十個逃生門（左、右各五），第一、第二、第三、第四號逃生門旁的組員座位都和乘客相對，只有第五號的組員安全座椅的面向與乘客相同。緊急狀況迫降的準備姿勢，坐在第五號門的組員必須將下巴壓低緊貼胸前，而其他逃生門的組員必須將頭緊貼頭墊。這是因為飛機在緊急迫降產生衝撞時的力量非常大，面向機頭和面向機尾的組員，也必須因為方向的不同使用不同的姿勢，相應的姿勢能緩衝強大的衝擊力道，達到保護頸部的安全的效果。

　　組員座椅設計是採折疊回彈設計（Fold Down Seat/Raise Backrest Seat），當就坐時壓下坐墊就能入座，而起身離座時，坐墊就會自動回彈，也就是當組員起身離開位子時，座椅會成為一個貼牆平面而不占空間的裝置（如圖2-43、圖2-44）。

圖2-43　雙座（Double Seat）
圖片來源：The crew jumpseat for the QF 032 SIN-SYD crew. BY:MANUREVA744/ PUBLISHED ON 18TH AUGUST 2011/https:// flight-report.com/en/ report/479/Qantas_ QF_32_Singapore_SIN_ Sydney_SYD

圖2-44　單座（Single Seat）　圖片來源：A cabin crew jump seat/WHAT'S PRE- MIUM ECONOMY LIKE UPSTAIRS ON A QANTAS A380?/Posted by The Flight Detective | Jan 28, 2020 | Air- lines, Flight Reviews, Reviews and Re- ports /https://travelupdate.com/qantas- premium-economy-a380/

(一)組員座椅安全帶（Crew Seat Belt）

　　不論是雙座或單座設計，每一個組員座位都有安全帶裝置，而安全帶的設計除了有Seat Belt外還有一個Shoulder Harness的肩式安全帶的裝置（與汽車駕駛安全帶功能相同），有時是兩種功能兼具形式的安全帶。爲的是能將組員緊緊固定在座椅上，加強穩定身體的功能，當緊急迫降狀況發生能減少衝撞造成的傷害（如圖2-45）。

圖2-45　圖片來源：BOEING AIR- CRAFT CREW SEAT/https:// skyart-japan.tokyo/en/prod- uct/boeing-aircraft-crew-seat/

正因為組員座椅上的安全帶有著這麼重要的功能,每一次的飛行任務的安全檢查,組員在上機後乘客登機前的客艙設備檢查,一定會執行組員安全座椅安全帶功能正常與否的檢查。如果安全帶有任何故障(扣把鬆脫或故障無法繫緊、肩帶瞬間拉動無法立即產生瞬間停滯,和車上駕駛安全帶一樣的原理)導致無法發揮正常功能時,一定得立即要求航機機務修復或換新,直至更新修復完畢為止。

(二)組員救生衣與手電筒(Crew Life Vest & Flash Light)

客艙組員安全座椅除了安全帶的安全裝置外,在每一個組員座位的下、上方或附近,都會有一個放置救身衣和手電筒的空間。救生衣在飛機發生緊急水上迫降時,組員可以就近方便穿戴,手電筒則是當飛機在夜間、能見度差的地點發生緊急迫降,或是飛機電力系統失去功能時,用來輔助逃生提供照明之用(如圖2-46)。

圖2-46　圖片來源:THESE GOLD WINGS/Pre-Flight Checks by the Crew/By Jet/https://www.these-goldwings.com/pre-flight-checks/

十、標示(Signs)

飛機上雖然空間有限,但飛機的設備裝置不少,許多時候無人解說,要了解使用的方式可能不太容易,機上組員人數有有限,若又遇全滿搭載時,組員無法將機上所有使用設施向乘客一一解說,此時機上標示就能代替組員解說大概的意思。機上標示的種類大致分為兩種,一是文字標示、一是圖像標示,文字標示簡單明瞭,通常使用設英文和飛機所屬國籍的文字(中文/英文),比如說告訴乘客救生衣確切擺放的位置(如圖2-47)。這種文字標示的好處是明白

圖2-47　圖片來源:作者提供

易懂，但缺點是對於機上其他不懂英文或非本國國籍乘客，這些文字標示就不具任何意義。

　　為彌補文字標示安全上的缺失，會使用圖示說明加強標示，務必要每一位乘客不論是使用什麼文字，都能藉由圖像表示了解意義（如圖2-48）。

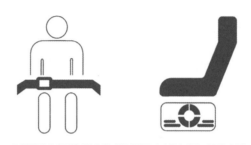

LIFE VEST UNDER YOUR SEAT
FASTEN SEAT BELT WHILE SEATED
圖2-48　圖片來源：作者提供

　　單一圖示無法完全掌握想要表達的意義，也會在每一位乘客座位前方的袋內安全說明卡中，使用更清楚的圖示說明（如圖2-49），要讓每一位搭機乘客都能接收到一樣的訊息，獲得相同的安全保障。

圖2-49　圖示安全說明下，示範穿救生衣。

(一)繫緊安全帶標示（Fasten Seat Belt Sign）

　　搭過飛機的人對這樣的標示是不陌生的，當這個燈號亮起就是告訴所有機上的乘客「請將安全帶繫上」（如圖2-50）。繫緊安全帶的燈號亮起時機，會在起飛、降落或是氣流不穩定的時候，所以為了

圖2-50　圖片來源：作者提供

自身的安全，當搭機看到這樣的燈號亮起時，不要猶豫請快點將安全帶繫上，才能確保不會因為亂流的晃動影響而受到傷害。飛行途中繫緊安全帶的燈號如果亮起，大多會伴隨機上安全廣播（機長或事務長會透過廣播告知），就是要再一次提醒乘客將安全帶繫好以維護自身安全。這個燈號對於可預知的亂流或天氣能有提醒的作用，但是對於未知的天氣（如晴空亂流、尾流）卻沒有辦法有預防。當然最好最積極的應變方式，就是不論繫緊安全帶的燈號亮起與否，只要在就坐時就養成隨時繫上安全帶的習慣，降低所有不確定因素所造成的傷害。繫緊安全帶的燈號會在乘客登機時起飛前、起飛到安全高度前、飛行途中亂流警示、飛機開始降低高度、降落到飛機停妥前的時間亮起。

(二)回座標示（Return to Seat）

　　這樣的標示會出現在飛機上的洗手間（Lavatory）裡，當氣流不穩定時，機長將繫緊安全帶的燈號亮起時，在洗手間的回座標示也會亮起。因為氣流不穩定時，客艙裡坐在座位上的乘客，看見繫緊安全帶的燈號後可以將安全帶立刻扣上，但洗手間裡沒有安全帶的設置，如果此時有人正在如廁或使用洗手間，就會看見回座指示燈亮起；也就是提醒正在洗手間的乘客，盡量加快使用洗手間的速度，使用結束後盡快回座將安全帶繫上，能在不穩定的氣流下保護自身的安全（如圖2-51）。

圖2-51　圖片來源：作者提供

(三)尿布置換臺標示（Diaper Change Table）

　　飛機上洗手間的門板上會出現媽媽替小寶寶換尿片的標示，這代表著這間洗手間內有尿布置換臺的設施（機上空間利用的限制，並非每一個洗手間都有這樣的裝置）。尿布置換臺一樣是貼牆設計，使用時將置換臺放下，使用後將其收回，這個設施一樣在氣流不穩定的狀況下是不建議使用的（如圖2-52）。

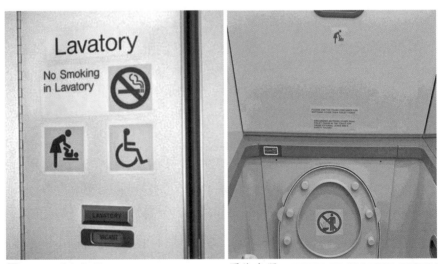

圖2-52　圖片來源：READER'S DIGEST/ https://www.rd.com/culture/air-plane-myths/　圖片來源：VIEW FROM THE WING/ Two Problems With American Airlines Lavstories: Size and ... Sexism?/by Gary Leff on December 30, 2018/https://viewfromthewing.com/two-problems-with-american-airlines-lavatories-size-and-sexism/

㈣可供輪椅乘客使用的洗手間標示

　　機上因為空間限制，每一個設施都以在最小範圍達到最大服務為導向，對於行動不便的輪椅乘客，飛行途中想要使用洗手間，客艙內也能提供相應的服務。輪椅或行動不便的乘客在使用洗手間時，可能使用輔具或是需要他人的協助，所以空間的使用不能被限縮太多，一般可提供給輪椅乘客的廁所，和廁所內部使用的輔助設施，都會裝置在使用空間限制較少的一片門式的廁所內（如圖2-53）。

圖2-53　圖片來源：Airways Magazine/ Vueling Introduces New Cabin With Airbus Space-Flex https://airwaysmag. com/airlines/vuel-ing-introduces-new-cabin-with-airbus-space- flex/

㈤禁止吸菸標示（No Smoking Sign）

　　商用客機以往在飛機上並沒有禁止乘客吸菸，連機上乘客座椅也都有煙灰和（Ash Tray）的設計，對於機上吸菸的限制也很有意思，將飛機上分成吸菸區和非吸菸區。也就是將吸菸區畫在飛機最後端的幾排位置，要吸菸的旅客得要在登機前就要告知劃位人員，將其安排在吸菸區的位子，起飛後只有吸菸區的位子能吸菸。很好笑的是煙味並不會只停留在吸菸區的範圍，對於吸菸區前幾排不吸菸的旅客一點非吸菸權益的保障都沒有，幾小時的短程飛行也許忍耐一下，但是一段十幾小時的長途飛行，對這些不吸菸而坐在吸菸區附近位置的乘客，簡直就是不人道的對待。為保護機上所有不吸菸搭機旅客的權益，ICAO從1996年開始通令全球航空公司飛機上全面禁止吸菸，一直到現在在機上都是不可以吸菸的（如圖2-54）。

　　不吸菸的人無法忍受煙味，但對於吸菸有癮的人，若得搭一段十幾小時航程的禁菸班機，對癮君子而言也是很痛苦的一件事，班機全面禁菸想吸菸就得不要被人看見，所以許多不耐菸癮的搭機旅客，就會在廁所內吸菸。為了提醒癮君子不要在機上抽菸，所以你會在全面禁菸的班機的廁所

圖2-54　圖片來源：作者提供

門上，發現禁止吸菸的標示。

　　當然這不僅僅只是保障不吸菸乘客的權益而已，最重要的原因絕對關乎客艙安全，為防止旅客在廁所裡抽菸，在每一間廁所內都有煙霧偵測器的裝置。飛機飛行當中最怕的是機艙失火，雖然機上有配備滅火設施，那都是危險發生後的補救措施，也不能保證失火會不會造成機上其他機電設施的損害而影響飛航安全。禁止搭機旅客在廁所內吸菸的原因，是因為廁所裡有許多易燃物品，如衛生紙、擦手紙、馬桶坐墊紙、漱口紙杯都會放置在廁所內；一旦菸蒂沒有被完全熄滅，餘燼會迅速在這些易燃物的助長下引起火災，讓航機安全造成威脅。

(六)緊急出口指示燈（Emergency Illumination）

　　客艙內設置的緊急逃生指示燈，依所在位置不同也有不同的設計，但卻只有一個目的，就是在緊急狀況發生時發揮逃生指引的功能。位在機門或是任何出口的附近EXIT的標示，能在需要時被開啟用來指引乘客逃生出口的正確方向。緊急出口指示燈的控制按鈕在駕駛艙內有一個，當飛機完全停止後機長會開啟指示燈；還有一個相同的控制按鈕在左邊第一或第二個機門附近（機型或飛機製造商的不同，位置會有些許的差異），是當駕駛艙沒有發出指令或按鍵功能故障，而組員在確認狀況認為有必要使用時，客艙內的緊急出口指示燈可以由此讓組員操作開啟（如圖2-55）。

　　緊急出口指示燈使用充電式電力，由機務負責檢查與確認，所以每

一趟飛行都必須是充滿電力的狀態，在充滿電力的狀態下使用，開啟後可使用大約10分鐘左右的時間。緊急逃生指示燈會設置在每一個緊急逃生出口（登機門）上方或相鄰區域，當航機發生緊急狀況需要緊急撤離，機上的電力系統故障機內照明可能失去功能，此時機內缺乏照明，或是機身起火產生濃煙而無法辨別方向時，打開緊急逃生指示燈的開關，燈號就會亮起，輔助乘客緊急撤離。

圖2-55　圖片來源：An airplane passenger in China was detained for 15 days after removing an emergency exit door because the cabin was 'stuffy'/BY: Mark Matousek

客艙內另一種緊急逃生方向指示燈（Emergency Escape Path），通常出現在客艙的地板上，沿著走道連接出口的路線裝設方向指示燈。其功能是在昏暗或視線不佳的環境裡，可以依據方向指示燈所引導的出口方向，或是空間有濃煙瀰漫需要蹲低姿勢逃生的情況下，位在地面上的緊急逃生方向指示燈，容易被看見可依循照明指引逃生（FAA，1997）（如圖2-56）。

十二、組員休息區（Crew Bunk）

組員休息區是讓組員在長途飛行時，安排輪值休息的區域，國內線或亞洲航線因為飛時短，不會有這樣的需求，所以一般中、短程的機型不會有這樣的設施；就算有這樣的需求（紅眼班機），也會因為機型使用的限

圖2-56　圖片來源：Boeing/Aviation Safety: Evolution of Airplane Interiors/https://www.boeing.com/commercial/aeromagazine/articles/2011_q4/2/

制，頂多在客艙的某一個區域，用布簾隔出幾個位子成為一個組員休息椅（Crest Rest Seat）。當組員使用時就將布簾拉起與乘客座位作出區隔，但因為布簾沒有隔音效果，如果坐在旁的乘客聊天說話，休息區的組員並沒有一個安靜的環境，更遑論能獲得充分的休息與睡眠（如圖2-57）。

圖2-57　圖片來源：作者提供

長途洲際跨洋航線的機型都會有組員休息區的設置，這些休息區分為駕駛休息區和客艙組員休息區。這些區域都是採隔間獨立方式與客艙區隔，休息區採臥鋪式，組員休息可以平躺，與客艙區隔不會與乘客互相干擾，所以組員在這樣的休息區自然會得到較好品質的休息或睡眠。這個區域提供了組員較好的休息品質，當然在休息時安全的考量也是很周到的，如安全帶、氧氣面罩、滅火器和防煙面罩（FAA，2013）。

㈠安全帶

每一個座位上都有安全帶，在組員休息區的每一個臥鋪也都有安全帶的設置，安全帶在臥鋪中間的位置，也就是躺下後安全帶繫上，安全帶會在組員腰間的部位。一樣安全的概念，客艙組員會希望乘客就座時就繫上

安全帶，當組員進入休息區躺著時，也必須隨時繫上安全帶。飛行時有些航線可能會經過噴射氣流區（Jet Stream），通常這個區域的氣流非常不穩定，休息組員的輪休時間若恰好飛經此區域，氣流作用不斷讓飛機上、下震盪，組員躺在休息的臥鋪上，身體會隨著機身搖擺而移動，如果沒有安全帶的固定，一定無法安穩入睡。對於非預期的亂流，休息區的安全帶絕對是保護安全的設施，如果亂流造成急速下降的高度太大，也可以將休息中的組員固定，避免在急速下降時受到碰撞而受傷。

氧氣面罩（Oxygen Mask）

組員休息區的每一個臥鋪頭部上方的位置（當進入休息區躺下前，可以依標示確認頭部的位置），組員休息躺臥的方向，嚴格要求躺下時的位置，頭部上方就是氧氣面罩的所在。因為組員休息的區域的單位空間不大，客艙失壓有可能發生在任何時間，可能是熟睡階段，從聽到聲響、清醒到了解狀況，要在狹小空間旋身拿取面罩，可能會浪費不少救命時間。一旦客艙失壓狀況發生，臥鋪上方的氧氣面罩就會自動落下，同時會伴隨著警示聲響，可以將正在熟睡中的組員喚醒戴上氧氣面罩，不會因為在熟睡中不知道氧氣面罩已落下，而造成缺氧失能的狀況（如圖2-58）。

圖2-58　圖片來源：A380 Crew Lower Deck Crew Rest/https://www.youtube.com/watch?v=begDOPL3FIA

㈢滅火器（Halon Fire Extinguisher）

　　組員休息區設計為不佔乘客座位的空間，通常會設置在乘客座位上層的位置（Upper Deck），所以都會必須藉著階梯出入，因為空間的限制，所以階梯設計通常一次容納一人上下，也就是進、出都沒有辦法迅速完成。組員在休息時休息區如果發生火警，可以立即取用放置在休息區的滅火執行滅火，減少至客艙取用滅火器往返的時間浪費，在第一時間將火勢被撲滅，才不會使損失、影響擴大。

㈣防煙罩（Smoke Hood、PBE）

　　組員休息區配置滅火器的同時，在滅火器的附近也會有防煙罩設置，有必要在密閉空間滅火時，一定要將防煙罩戴上，可以在產生濃煙的環境下保護自己不會被嗆傷；防煙罩使用可以保護眼睛、口、鼻，也能供至少15分鐘的氧氣供應，不會讓濃煙和燃燒造成的缺氧影響任務執行。組員休息區是一個密閉的空間，一旦引發火勢燃燒就會產生濃煙，根據安全規範建議，此時組員最好立即離開休息室，從組員休息區外部執行滅火準備；因為防煙罩從取出到穿戴完整需要時間，而這些時間濃煙可能就會導致組員嗆傷或缺氧失能。

　　防煙罩的後方有一個啟動器（Generator），戴上防煙罩後啟動這個裝置，就會開始供應氧氣。防煙罩正面有一透明視窗，讓視線不會因為穿戴裝置影響，降低執行滅火的效率（如圖2-59）。

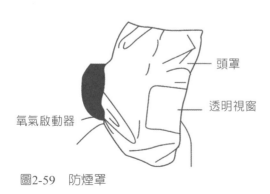

頭罩

透明視窗

氧氣啟動器

圖2-59　防煙罩

客艙安全管理──理論實務與案例

㈤手電筒（Flash Light）（如圖2-60）

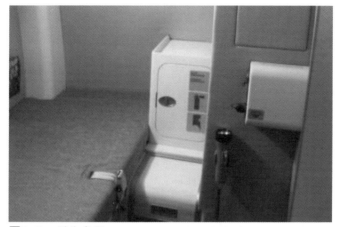

圖2-60　圖片來源：Business Inslider/Where Silots Sleep on Planes/David Parker Brown/Airline Reporter/https://www.businessinsider.com/where-do-pilots-sleep-on-planes-2017-3#those- flying-a-lan-boeing-787-wont-get-to-recline-their-chair-in-this-seating-area-10

㈥廣播系統（PA System）

　　休息區內要有雙向對講系統（Interphone）和廣播系統的設置，使用廣播系統或機組員對講機系統（Interphone System），告知休息區的組員通知緊急情況。遇特殊或緊急情況時，可用來提醒休息區的組員機上發生緊急情況時，在必要時做出適當的應變與處置；另一個重要功能，就是發生減壓的情況，可以由系統發出警示，讓休息的組員能在最短時間戴上氧氣面罩。

㈦蜂鳴警示系統（Alarm System)）、煙霧偵測器（Smoke Detection System）

　　組員休息區（Crew Bunk）設置的目的，是提供長程跨時區飛行時，組員可以在熬夜工作後得到短暫休息，進入休息區的組員多半已經疲累或精神狀態不佳，所以大部分的組員會很快入睡。這時客艙發生漸進式缺氧，此時在休息區熟睡與精神不佳的組員，會更難察覺缺氧的狀況。為提

醒正在休息的組員，當缺氧狀況發生時，除了有提供氧氣的氧氣面罩，會在每一個組員床頭上方掉下；在此同時也會有警示聲響起，一在喚醒熟睡中未察覺面罩掉落的組員，立即將氧氣面罩戴上避免缺氧失能。

組員休息區也有可能因各種原因起火，煙霧偵測器的裝置，就是爲警示休息中的組員，若煙霧偵測器響起，就必須立即做出適當反應，保護自身安全。

㈧組員休息區緊急出口

當組員休息時發生緊急狀況時，失火或是原來出入口被阻擋或無法起時，組員休息區進、出口相對的其他位置，也都會有一個緊急出口，這個緊急出口打開後會與客艙相通，此時可以利用緊急出口離開組員休息區。

根據FAA規定，客艙組員休息區至少有兩處可供緊急撤離的出口，若在緊急情況下當有逃生的必要時，爲使在客艙組員休息區休息的組員，可以迅速撤離到安全處；這兩個逃生出口必須分開不同的方向，目的是希望兩個出口均無法發揮功能的可能性降至最低。另外，這兩個或兩個以上的緊急出口處必須是開放區域，周圍不能有影響逃生的障礙物，出口裝置無法從外部上鎖，避免有乘客好奇或無意的行爲，使逃生出口無法開啟阻止逃生（FAA，2003）。

負責組員休息區的客艙組員，在上機後必須進入休息區內檢查，所有的安全設施檢查（Pre-Flight Check），都必須依照組員安全檢查規範逐一確認，乘客登機前必須將組員休息區的門鎖上，避免乘客登機後可能因爲好奇闖入，比較重要的是防止有心人士進入製造事端影響飛航安全（如圖2-61）。

圖2-61　圖片來源：Airways Magazine/SPE-CIAAL DELIVERY FLIGHT EVENT: AMERICAN AIRLINES BOEING 777-300ER (PART TWO) – AIRCRAFT ACCEPTANCE, HANDOVER EVENT AND DELIVERY/BY: CRIS SLOAN/ https://airwaysmag.com/uncategorized/speciaal-delivery-flight-event-american-airlines-boeing-777-300er-part-two-aircraft-acceptance-handover-event-and- delivery/

一趟從美國洛杉磯飛回臺北的班機，機上組員輪休結束後，最後離開組員休息區的組員忘記將門上鎖，在乘客下機後執行安全檢查時，才發現組員休息區躺著一位男性乘客，這轉機乘客睡得十分香甜，把組員休息區當自個兒家一樣自在，飛機降落（Landing）都沒能吵醒他，直到組員執行乘客下機檢查任務時，發現仍然呼呼大睡的乘客，才立刻將他喚醒。

㈨緊急照明系統（Emergency Light System）

　　根據規定，在客艙設置的緊急照明設施，也必須同樣設置在組員休息區（機艙組員、客艙組員），於緊急情況發生時啟動的照明輔助設施，也就是在發生狀況時，當組員休息區的一般照明系統失效，休息區內的緊急照明系統就能發揮功能，讓在此區域的組員能藉由緊急的輔助照明指引撤離。

第三節　客艙內部緊急逃生設施

一、緊急逃生出口（Emergency Exit）

　　飛機的每一個出口，在正常狀況下可以作為讓乘客登機、下機的機門（Boarding Door），也可以提地勤裝載服務之用（Service Door），但當發生緊急狀況逃生時，每一個門便立刻成為具有疏散乘客逃生功能，也就是緊急逃生出口（Emergency Exit、EMG EXIT）（如圖2-62、圖2-63）。緊急狀況發生時，如果機身損害不嚴重，可以用來疏散乘客逃生的緊急出口越多，就越能在最短時間將機上所有乘客疏散至機艙外。為求短時間內將乘客順利疏散，搭機時對於坐在門邊也就是逃生出口區的乘客，基於安全理由則有一些搭乘的限制與規定。如航空公司根據航空主管單位規定，符合以下條件的旅客不得安排在緊急出口旁的座位（CAA，2018）：

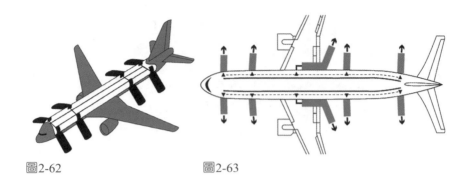

圖2-62　　　　　　　　　圖2-63

1. 15歲以下沒有成年的同伴隨行搭機的旅客：也就是航空公司所稱的YP（Young Passenger），還有5-12歲以下無成年同伴隨行搭機的UM旅客（Unaccompanied Mired Passenger）。

2. 因為受傷或行動不便者（包括視力不便、聽力不便）：必須使用輪椅的乘客。

3. 懷孕或帶著不佔位嬰孩的乘客：這些乘客除了行動無法較為迅速，也可能是需要或被協助的對象。

4. 酒醉乘客：酒醉乘客除了較難定義外，酒醉乘客喝醉的時間也不一定相同，搭機劃位時也許就有醉意，但如果不太明顯櫃臺人員可能不會發現，若是乘客之前就以網路選位，這一個階段是無法百分之百依照規定執行。乘客搭機前喝醉，登機時組員就必須要嚴格把關，觀察所有旅客的狀況，如果清楚確認乘客喝醉，座位號碼又是在緊急出口的位置，就必須立即處理換位。若酒醉乘客的行為已嚴重影響組員和其他乘客，就要告知機長處理。登機時也許忙碌無法仔細一一檢視所有乘客的狀態，但組員在執行緊急逃生出口座位說明時，近身解釋時就能發現乘客是否喝醉，如有發現酒醉乘客就要將其換至非緊急逃生出口座位。酒醉旅客緊急逃生出口區座位的限制，是為預防酒醉乘客不預期的行為，因此可能破壞緊急出口的設備與裝置，讓航機安全發生意外。

　　這些不得安排在逃生出口位置的旅客，都是基於為緊急狀況可能發生時的安全考量，因為行動不便者可能因為逃生不及發生踩、踏狀況，或因

此延遲疏散時間，在安全最大考量下，航空公司的逃生安全政策與訓練，都會將一般乘客疏散後，組員最後會協助懷孕婦女、行動不便乘客逃生。另依據航空主管機關規定，客艙組員在乘客登機時，針對坐在緊急出口區的乘客，必須確實提供客艙安全規範中相關說明與解釋。對於坐在緊急出口區位子的乘客，上機入座後組員一定要詢問，航機當發生緊急降落需要人員協助開啟緊急出口時，是否能提供必要的相關的協助？如果答案是肯定的，客艙組員會拿著安全指示卡解釋狀況和示範相應的動作，讓坐在這個區域的乘客能了解正確時機提供適時的協助。

此外，被遞解出境和有執法人員押解的罪犯乘客是被限制不得安排在緊急出口的座位，是為了防止航機在地面時，人犯旅客或被遞解出境的旅客，因為靠近逃生出口會有打開機門逃亡犯意的可能。

二、緊急逃生裝備（Emergency Equipment）

飛機發生緊急狀況迫降後能夠提供組員或乘客使用，增加逃生時存活機率的設備都屬於緊急逃生裝備的範疇。

㈠救生衣（Life Jacket、Life Vest）

救生衣的設置是為了提供當航機發生水上緊急迫降時，所有乘客和機、組人員能夠使用，每一乘客的座位底下一定要放置一個救生衣，機、組員的安全座椅附近隨手可及的地方，也都會放置一件救生衣。組員於上機後乘客登機前，會執行安全檢查，確認救生衣的程序是絕對必要，如果發現任何一個座位下的救生衣沒有被放置，都得要立即補充，如果無法及時補充，為了安全這個位置就不能夠提供給乘客使用。航空公司提供安全救生衣絕對是基於安全的理由，但是仍有許多缺乏公德心的旅客，會在下機時將救生衣當作紀念品帶走，國民道德教育還必須要加強（如圖2-64）。

一般救生衣可以提供所有機上乘客穿著，如果體重低於35磅（大約16公斤）的小小乘客，就必須穿著較小的救身衣（Infant Life Vest）。每一個救生衣都會附一個氮氣鋼瓶，當要充氣時，將救生衣靠近腰部位置有

兩條明顯的拉環向下拉，向下
拉扣環的動作就會擊發氣體鋼
瓶，讓救生衣在幾秒之內迅速
充氣。如果鋼瓶無法擊發或擊
發後充氣不完全，靠近拉環旁
左、右各有一個吹管（或單一
支吹管），在救生衣無法充氣
或充氣不完全的情況發生時，
可以直接對著這兩條吹管吹氣
讓救生衣充氣（如圖2-65、圖
2-66）。

圖2-64　圖片來源：ILV-20 INFANT VEST/http://
www.heliport.com.ua/en/shop/aviation-life-
jaket/ilv-20-infant-life-vest/

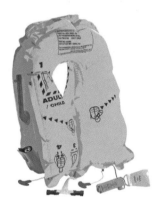

圖2-65　Life Vest　圖片來源：Dual Cell
Life Vest/https://www.sportys.
com/pilotshop/safety-and-surviv-
al/dual-cell-life-vest.html

圖2-66　Infant Life Vest　圖片來源：
INFANT VEST ILV-20/https://store.
switlik.com/products/infant-life-
vest-ilv20

　　救生衣上還有一個類似燈泡功能的發亮裝置，不同的是這個小小裝置
不需要電池，當緊急水上逃生狀況發生，人員下水後遇水會自動發亮，這
個功能可以讓在夜間搜救時容易被發現。

　　有一些救生衣上會配備哨子，與發光裝置有相同救生功能，如果在黑
暗的水上漂流，發光裝置因為距離無法辨識落水者的位置，可以利用哨子
發出聲響，讓救援者從聲音的方位，能辨別被救援者的所在位置。

救生衣除了一般形式的裝載，還有提供給小朋友的救生衣，救生衣會由客艙組員提供給需要的對象穿戴後，這樣的救生衣連接一條繩子，可將其緊繫在同行照顧者的身上。當發生水上緊急逃生時，穿著特殊形式救生衣的小朋友不會因此在水中和照顧者分散。

飛機上的緊急逃生說明與示範都會告知乘客，當水上緊急逃生的狀況發生，飛機未停妥之前，在組員的指示下穿上救生衣，不要將救生衣在機艙內充氣。原因是緊急狀況發生後不預期的狀況太多，大部分的人會驚慌較無秩序可言，如果在逃身前就將救生衣充氣，不但會壓縮逃生空間，也容易在逃生過程中阻礙出口（如圖 2-67）。

圖2-67　圖片來源：作者提供

(二)手電筒

前面有提到每一個組員座位的附近都會配置一個手電筒，手電筒是否有電力可供使用，在手電筒把手明顯的位置，有一個圓點可供檢視電力是否充足。客艙組員上機後必須檢查手電筒是否在正常的狀況，確認手電筒圓點的燈光3-5秒會閃爍一次，代表電力充足，閃爍時間間隔過長就必須請機務換一個電力充足的手電筒。手電筒僅供緊急狀況使用，沒有一般按鈕（Button）裝置，使用時直接從手電筒座上取下，手電筒就會自動亮起，使用時間大約4到5小時（如圖 2-68）。

另一種較新型的LED型的手電筒功能與傳統形式一樣，不同的是檢查手電筒電量充足與否是以紅燈和綠燈

圖2-68　圖片來源：Cabin Flashlight/ https://www.plane-shop.com/ aircraft-emergency-torch/

顯示。紅燈亮起代表電量不足，綠燈則表示手電筒是在電量充足的狀態。

㈢滅火器（Fire Extiguisher）

飛行過程中若有任何地方失火，都有可能危及航機安全，所以機上的消防安全非常重要，除了組員的安全意識，滅火設施更是機上不可缺少的緊急設施。前面提到機上的滅火系統大約有四類，而組員會使用到的是可攜式滅火器（Portable Fire Extinguishers），各機型依據大小配置所需數量，多半放置在每一個緊急逃生口或附近區域，在緊急狀況發生需要滅火時便於取用。

㈣醫療急救裝置

當飛機艙門一關離地起飛後，機上空間有限，裝載物品僅能提供機上服務，醫療資源更只能就緊急救命和一般護理所需裝載，例如急救醫療箱（Medical Kit）、去顫器（Automated External Defibrillator .AED）、（Remote Diagnostic Tempus.RDT）醫藥箱（First Aid Kit）等。每一次飛行機上的醫療急救裝置，都務必完整無缺，若因需要開啟使用，必須在交接機時告知機務，以便更新使用後的醫療急救裝置。

1. 去顫器（Automated External Defibrillator. AED）

去顫器是一種簡易型的心臟急救設備，當機上乘客或人員失去意識、沒有呼吸、心跳時，為患者電擊去顫，恢復正常心跳的緊急救護裝置；使用去顫器的同時，客艙組員也會執行心肺復甦術（Cardiopulmonary Resuscitation.CPR），藉著心外按摩的方式維持血液循環，讓重要器官尤其是腦部，都能獲得氧氣，增加被施救者的存活率（如圖2-69）。

圖2-69　Automated External Defibrillator AED
圖片來源：作者提供

2. 急救醫療箱（Medical KiT）

Medical Kit是針對被緊急救護者，可能需要的藥物、針劑裝載，其中

還包括防感染的手套、防護衣、護目鏡、醫療人員使用的聽診器等……，因爲涉及醫療行爲，開起及使用的規範都必須根據法規執行（如圖2-70）。

3. 遠端問診裝置（Remote Diagnostic Tempus.RDT）

　　以往飛行途中若有乘客生病，有時幸運同機乘客中有醫生，或是從事相關醫療工作者，但通常大多乘客生病狀況發生的時候，若機上沒有具資格的醫生或護理人員，機長則會依據客艙組員報告的情況判斷，最後決定航機是否轉降；此時大多數的機長會選擇立即就近轉降，除了機上的醫療資源有限外，多數原因是因爲機、組

圖2-70　Medical KiT　圖片來源：“Is there a doctor on board?”: Practical recommendations for managing in-flight medical emergencies/https://www.cmaj.ca/content/190/8/E217/tab-figures-data

員非醫療、醫護專業，在沒有專業儀器和人員的協助下，要清楚了解患者狀況危急的程度著實不易。爲了避免延遲接受醫療導致患者有生命危險之虞，機長通常會依照程序請求轉降，但這樣的結果除了會導致許多衍生性費用，其他機上旅客的行程延誤對航空公司也都會造成不少後續問題。網路迅速發展的遠端科技也在這方面有了改善，有些飛機會裝載這樣的裝置，可以連線地面Medilik醫療組織，有專業的醫生問診，透過儀器操作能顯示患者心跳、血壓、血糖等數值，也能透過儀器鏡頭看見患者面部或整體狀況；除了能及時給予患者有效的醫療協助，也可以提供機長專業建議，讓機長能做出轉降與否的最適當判斷。這個醫療緊急設施目前並未普及裝載在商用民航客機上，因爲操作此一裝置的組員，也必須接受相關專業的訓練方可執行，並不符合多數航空公司實際的營運考量（如圖2-71）。

4. 醫藥箱（First Aid Kit）

　　醫藥箱則是針對較輕微不適症狀所需的護理藥品裝載，有消毒棉花

棒、OK繃、消毒藥水等簡易藥品（如圖2-72）。

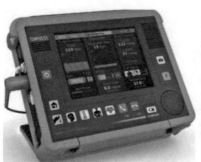 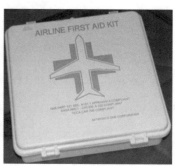

圖2-71　Remote Diagnostic Tempus RDT　圖片來源：New On-Board Health Monitor System to be introduced https://business.esa.int/news/new-board-health-monitor-system-to-be-introduced

圖2-72　First Aid Kit　圖片來源：The Uganda Airline first aid kit. By: Olive Nakatudde https://ugandaradionetwork.net/a/file.php?fileId=170998

三、機門緊急逃生設施

㈠緊急逃生梯（Emergency Escape Slide）

　　緊急陸上迫降發生時，機艙門被緊急開啟後，連接在艙門下的逃生裝置會在艙門開啟時彈出同時充氣，當充氣完成後就成為一個緊急疏散裝置，這個裝置稱作逃生筏、梯（Life Raft、Slide Raft）。這個逃生裝置可以使用在緊急陸上、水上迫降，陸上緊急迫降時逃生梯當作滑梯使用（Escape Slide），乘客可以利用逃生滑梯快速滑降至地面，Escape Slide設計在10秒鐘內充氣完成，讓人員盡快的疏散遠離飛機。因為航機緊急迫降可能因為機身遭撞擊後起火燃燒，因火勢蔓延引起爆炸未必不可能，在最短時間內疏散乘客遠離機身絕對必要。

　　人員疏散時必須按照指示方向跳滑或坐滑，依照Escape Slide的寬度會有雙滑道（Dual-lane）、單滑道（Single-lane），使用逃生滑梯時附近有高溫燃燒的環境，較新的逃生滑材質的防火設計，也能暫時讓逃生滑時不受高溫影響而損壞。

緊急狀況艙門開啟後Escape Slide應該在10秒內自動充氣完成，但有可能自動充氣裝置在艙門緊急開啟後故障或其他原因未被啟動，導致無法充氣使用。為防止這樣的狀況發生，門邊還會有手動的充氣裝置，一旦自動充氣功能故障或無作用，用手拉起手動充氣裝置，Escape Slide就會在10秒鐘內充氣完成。當自動、手動充氣操作都失效無作用，這時艙門就必須禁止乘客使用，組員必須在保護自身安全的前提下，在已開啟的艙門前指引其他逃生出口，避免乘客衝撞掉出機外受傷。

　　如果飛機機身高度不算太高，逃生時滑降的指令較可能採跳滑方式（JUMP & Slide）但波音747、787、Air Bus 380有雙層客艙設計，當逃生疏散有必要使用上層艙門時，艙門開啟後Escape Slide充氣後，高度較高滑降逃生梯的穩定度相對較低，為使順利且安全滑降，指令會是坐滑方式（Seat & Slide），以避免重心過高造成滑降意外（如圖2-73）。

圖2-73　　圖片來源：Interesting Upper Deck Evacuation Slides-747-8I-Airliners.net https://www. airliners.net/forum/viewtopic.php?t=531205

㈡緊急逃生筏（Emergency Life Raft）

緊急水上迫降時，附在艙門下的裝置在機門開啟的同時會立即充氣，成為一個浮載工具，其功能就像救生小艇或小船，所以這時叫做救生筏（Life Raft、Life Boat），這個救生筏和使用在陸上緊急迫降的逃生梯，是同一個緊急逃生裝置；同樣的位置相同的操作方式，但不同的是水上迫降後艙門被緊急開啟，救生筏充氣後，緊急逃生筏會浮在水面，當所有乘客上筏後，就必須將救生筏脫離機身。飛機迫降在水上停止後，組員採取和緊急逃生梯操作相同的方式將機門開啟，指示乘客在門邊將救生衣充氣後上筏（為了安全每一個救生筏都有一定的載重限制），再將救生筏與機身連結處分離，讓救生筏能盡快的遠離機身，避免機身下沉影響會將連結在機身的救生筏向下拉，對已經上筏的乘客、組員造成安全威脅。

緊急水上迫降發生為提供緊急水上逃生時乘客作為浮載之用，這個浮載裝置必須能維持一段安全的時間，讓逃離機艙的乘客在協助人員未抵達前，有一個相對安全的環境等待救援。陸上緊急逃生如果在第一時間逃離危險的機艙環境，除非是受傷亟待醫療協助，基本上安全相對沒有顧慮；但是如果迫降發生在水上，有可能是漫無邊際的海上，乘客離開機身後仍然置身在無可預知的環境，在這段時間對救生筏上的等待救援的乘客，救生筏上裝置的求生工具，便能適時的提供保護與安全（如圖2-74）。

當救生筏脫離機身，並不意味筏上人員的安全已然無虞，有可能會在水上漂浮持續等待救援，等待救援的時間無法確定，這時必須保護筏上所有人員的安全，直到馳援協助確實抵達。各種機型所裝載的救生筏，可能有不同的操作方式、乘載人數的限制的不同，不過每一個救生筏都會附著一份操作使用說明，和根據需求與救生筏固定在一起的求生急救包（Survival Kit），以747為例，Survival Kit中會有：

1. 小刀（Knife）
2. 手電筒（Flashlight）
3. 鋰電池（Lithium Batteries）
4. 信號鏡（Signal Mirror Assy）

圖2-74　救生筏

　　當有太陽的時候，可以利用信號鏡的功能，將光線反射到3公里外的距離，增加獲救的機會。

5. 海水染色劑（Sea Dye Marker）

　　我們會以為救生筏會容易被看見，事實上不然，在許多海上實際搜救的例子可發現，當從空中執行海上救援時，救生筏在海上可能只是小小一點。海水染染色劑沿救生筏邊緣倒入水中，可以增加救生筏可視範圍，讓遠處或空中救援，容易發現救生筏的所在及位置。

6. 無線電信標（Radio Beacon）

　　是一種標記位置所在的無線電裝置，可以藉由發射訊號使經過船隻飛機或搜查者收到訊號，測出相對或正確的方位，能增加獲救機會。

7. 信號彈（Day/Night Flare）

　　是一種可以手持的發射的求救信號，棒狀外形，一種是煙霧信號用於日間、啟動後使用時間大約維持5到10分鐘（依裝載型號不同）；另一種是火焰信號則用於夜間，不會因為濃霧或夜晚能見度低功能減低。

8. 哨子（Whistle Assy）

當水上、海上能見度較差時，使用哨子可以提供過船隻或搜救人員叫確切的方向導引，哨子會附在掛繩上，取出後最好掛在脖子上或固定於身體便於取用部位（手腕），避免因筏身搖晃掉入水中。

9. 包裝飲用水（Water Packets）

救生筏脫離機身後，在不確定救援何時到來，首先面對就是人體缺水的問題，人如果沒有補充水分，大約3天就會脫水死亡，所以這時包裝飲用水，就能暫時支應等待救援時期水分的供給。

10. 救生筏修復工具（Raft Repair Kit）

救生筏的材質雖堅固，但仍有可能被尖銳物刺破漏氣，所以在滑降或登筏時，都會要求將尖銳物移除才能登筏或滑降，若水上迫降登筏後發現漏氣，也有緊急的修復工具，防止持續漏氣讓救生筏能繼續浮在水面。

11. 海綿（Sponge）

海綿的功能可以吸取筏中湧入的海水，盡可能保持乾燥減輕重量；而另一個功能，就是收集落在筏上的雨水，將吸入海棉中的雨水擠入汲水桶中，加入水質淨化片淨化水質，在緊急救援等待的過程，可以提供筏上人員水分的補充

12. 汲水桶（Bailing Bucket）

除上述功能外，當海上風浪較大，有大量海水灌入筏中，使用汲水桶可以用比較快的速度將筏中的水舀出。

13. 水質淨化片（Water Purification Tablets）

顧名思義就是可以淨化水質的錠劑，可以去除水中雜質後可供飲用。

14. 護唇膏（Lip Balm）

缺水及在水上等待救援的環境不佳，護唇膏的用途可讓嘴唇有一層保護膜不易乾裂。

15. 曬傷藥膏（Burn Compound）

水面上太陽直射，若等待救援超過一段時間，皮膚就會因為紫外光照射曬傷，這些藥物的功用就是要減緩曬傷後皮膚灼熱疼痛的不適感。

16. 眼藥包（Eye Dressing Packet）

　　水上迫降後的環境潮溼且無法保持乾淨、衛生，許多微生物滋生會因為接觸（揉眼），造成眼睛紅、腫、癢，甚至疼痛，眼藥包的藥物可以暫時舒緩因為感染造成的不適。

17. 三角巾、膠帶、紗布、創可貼（Adhesive Bandage）

　　緊急撤離後的人員，可能會在過程中摔跤、碰撞而扭傷、骨折，或因推擠造成一些外傷，三角巾、膠帶、紗布、創可貼可提供患部簡易護理處理。

18. 糖果（Candy）

　　為求能將人員迅速安全撤離起見，逃生的過程不會容許攜帶個人行李、物品上筏，當然更不可能有食物供應，在等待救援的過程中，有人可能脫水或有低血糖症狀，救生包內的糖果就能暫時緩解血糖過低的狀況。

19. 暈船藥（Seasickness Tablets）

　　救生筏在海上浮浮沉沉，時間異常就會有暈船症狀，暈船藥可以預防之後可能的嘔吐症狀，避免嘔吐症狀發生，除了減少不適感，也可以避免脫水症狀。

第三章
亂流

第一節　亂流的種類

　　亂流（Turbulence）的定義是指氣流速度在小範圍、短時間、隨機發生變化的天氣型態（Wagtendonk，2003）。換句話說，當氣流的速度、方向發生快速變化時，會造成不穩定的波動及干擾，當飛機飛過這個氣流擾動的區域，就會產生大、小程度不同的搖晃、震動，就是我們一般所稱的亂流。

　　每一次飛行任務的行前簡報，都會從機長那兒得到這趟飛行的航路天氣狀況，如果正逢初春多霧，能見度低就可能影響起飛、降落。夏季、秋天颱風多，颱風強度大到讓飛機無法起飛，更有可能因無法安全降落而必須轉降其他機場。了解航路天氣的狀況，當然就能在飛行途中隨時提醒注意自身和乘客的安全。雖然有時訊息得知航路天氣良好，但在飛行途中仍然不能掉以輕心，因為若遭遇非預期亂流就有可能造成組員和乘客的傷害。

　　組員在飛行中最不喜歡有亂流出現，因為機上可能因亂流得暫時中止正在進行的服務，但最讓人擔心的是亂流造成的碰撞及損害。在航空氣象學中有關亂流的討論範疇非常專業，對於飛機駕駛是一門必須了解的功課，因為駕駛必須了解亂流的成因，在飛行時什麼時候可能會遭遇時麼樣的的亂流，有助機艙駕駛預防和遭遇狀況時的因應；對於客艙組員而言而，了解亂流程度對客艙的影響，也是處理亂流發生時重要的依據。

　　國際航線與國內或區域航線最大的不同就起飛後的巡航高度，一般國內、區域航線的巡航高度在20,000～22,000英呎，國際航線的高度大約在35,000～40,000英呎左右。所有的天氣變化的型態都出現在對流層，所以當有颱風侵襲時，基於安全國內行航班大多停駛或延後起飛時間，因為國

內線從起飛到降落可能都在天氣影響的範圍內，為了安全班機停飛是經過專業判斷所做的決定。但有的時候航空公司因天氣停飛或延遲，可能影響到旅客的既定行程，就會有一些搭機旅客在櫃檯前為自身權益受損而大聲斥喝，希望這些旅客能瞭解，取消航班絕對是航空公司基於航機安全考量後的最佳決定。

造成亂流的成因有熱對流因素（Thermal Turbulence）、機械因素（Mechanical Turbulence）、風切因素（Wind Shear Turbulence）、氣流（Aerodynamic Turbulence）等，一般比較熟悉的亂流有：

一、對流擾動型的亂流（Convective Turbulence）

對流擾動型亂流的成因，是由於冷、熱空氣交會導致氣流擾動的現象，這種類型的亂流多半出現在接近陸地的區域，地面經過日照後熱空氣上升，與上空的冷空氣交會後，這個區域的氣流就會出現不穩定的狀態，若當飛機飛行路線經過，就會出現不同程度的搖晃，就是對流擾動型的亂流。

二、雷雨亂流（Thunderstorm Turbulence）

東南亞泰國曼谷、新加坡、馬來西亞吉隆坡、印尼雅加達，這些國際機場都位於赤道和回歸線間，類似的氣候型態在夏季時因為熱對流旺盛，中午過後常有午後雷陣雨，所以這個區域這段時間氣流非常不穩定，起飛後高度離開低對流層，就可能恢復平穩飛行。但如果航機要在這個區域降落，從飛機下降高度起，機身不平穩的狀況可能會一直持續到飛機降落後，許多乘客抱著嘔吐袋降落也是常有的事。

雖然一般來說對流層的平均高度為12km（高緯、中緯、低緯的對流層分佈在8～18km間，平均值約為12km），但實際的高度並非固定不變，會因緯度的高低和季節的變化有所不同，緯度越低對流層的高度越高，緯度越高對流層的高度就越低。

三、晴空亂流（Clear Air Turbulence，CAT）

　　晴空亂流通常出現在15,000英呎以上高度，發生在快速移動的氣流或是噴射氣流（Jet Streams）發生區域是全球鋒面所形成一種天氣型態。這種天氣現象在高空且移動快速會造成氣流變動，也會影響附近區域的氣流穩定。這樣的亂流的區域，可以從氣象的研究觀察獲得了解，但卻很難在飛行前被偵測預知，恰巧像縮寫CAT一樣，晴空亂流就像貓的個性一樣讓人難以捉摸。而近年來地球暖化、溫室效應的影響，飛機在航路中遭遇晴空亂流的機率相對提高（Simon H Lee，2019）；因此，搭機就座時隨時繫好安全帶的觀念，面對現在地球環境及氣候變化就更形重要了！

　　如果是有雲有雨的地區，可以透過天氣預報系統事先了解狀況，當飛行時機上的雷達也會顯示這個區塊。若飛機無可避免得要飛進這個雷達顯示的區域時，機長一定會在之前提醒組員，且將繫緊安全帶的燈號亮起。如果預期亂流較大可能停止機上所有的服務，要求組員和乘客一樣，回到座位將安全帶繫好，以防止可預期遭遇的亂流帶來的損害。

　　晴空亂流有別於其他天氣型態所造成的亂流，晴空亂流是在天空晴朗無雲的狀態下發生，因為冷、暖鋒交會造成氣流的變化，這樣的變化很難預測，機上的雷達也無法偵測，所以一旦發生，經常會造成機上人員輕重不一的傷害。也正因為晴空亂流的無法捉摸的特性，這就是為什麼在搭機時，不論飛行天氣好壞與否，機長廣播或組員的提醒，一定會告訴乘客就坐時務必繫上安全帶。

　　依據民航法規的航空器飛航作業管理規則第四十三條的規定，「航空器使用人應規定組員於航空器起飛、降落時，組員應該告知乘客扣緊安全帶或肩帶，飛航中遭遇亂流或緊急狀況時，組員並應告知乘客採取適當之行動。」也就是說，機、組員告知乘客系上安全帶，不僅僅是安全的提醒，也是根據飛航安全法規執行任務，所有乘客有絕對遵守提示的責任與義務。

四、山岳波亂流（Mountain Wave Turbulence）

當氣流流動時遇到山岳的阻擋，就會造成附近區域的上升氣流、下沉氣流相互擾動，讓氣流變得非常不穩定，也因此在山岳區飛行的航機，常常會遭遇山岳波亂流，影響航路飛行的穩定。

多年前搭乘奧地利航空從維也納飛往茵斯布魯克，這是一個滑雪勝地，也曾是冬季奧運舉辦的城市之一，是位在阿爾卑斯山山麓風景優美的小鎮。從奧地利起飛後飛機的飛行路線，是一直沿著阿爾卑斯山上空飛行，天氣晴朗能見度很好，從DHC-8 402機上向下俯瞰，阿爾卑斯山壯麗的景色盡收眼底。沿路風景雖然美麗，但飛行時機身一直不停地搖晃，我的心也跟著七上八下，看著同行的奧地利航空的客艙組員卻是氣定神閒地提供飲料和小點心。飛機的高度在20,000英呎左右，而沿著高度平均在14,000～15,000英呎的山脈飛行，很難不受到山岳波（Mountain Wave）氣流擾動的影響。想是奧地利航空的組員對這個地形的飛行經驗太豐富了，不但能平穩優雅提供美味的奧地利咖啡，還能和乘客開心的聊天。

五、尾流亂流（Wake Turbulence）

尾流擾動造成亂流，通常是進入前一架飛機航道擾動的尾流所致，尾流亂流在飛機航行時可能遭遇，但大多時間發生在飛起和降落時，所以起、降在忙碌的機場，塔臺都一定會限制每一架飛機的起、降間隔的時間與距離，為的就是避免飛機尾流的擾動，影響後面飛機起飛、降落時的穩定。

第二節　亂流的大小程度與因應

在非致命性航空公司安全事故中，亂流是造成客艙組員在飛行中受傷的主要原因（FSF Editorial，2001）。航機飛行過程因為亂流所造成的傷害，占所有因為天氣因素造成飛航安全事故的70%（Eichenbaum，2000）。美國聯邦航空管理局FAA（The Federal Aviation Administration），將亂流分為輕度、中度、重度、嚴重四個等級。

一、輕度亂流（Light Turbulence）

　　亂流搖晃的大小程度，可能與每個人的感受不一界定標準也有不同，飛航安全組織根據實際遭遇亂流狀況制定標準，飛機遭遇亂流時組員必須遵照標準安全規範採取因應措施，而根據飛機搖晃程度界定亂流的大小，可以在發生亂流時作爲處理的參考。

1. 輕度亂流的程度可以觀察到飲料在杯中輕度搖晃，搖晃的程度不會讓杯中飲料溢出。
2. 組員在客艙行進間會感到搖晃，會影響行進的速度。
3. 在走道推餐車或是免稅商品販賣車時，會因搖晃使得移動變得比較困難。
4. 當平穩飛行乘客如果已經繫上安全帶，可能不會感覺到安全帶的力量，遭遇輕度亂流，會因搖晃感受到安全帶與身體間些許的壓迫感。

二、中度亂流（Moderate Turbulence）

1. 遭遇中度亂流，搖晃會使杯中飲料溢出。
2. 組員或乘客此時在走道上會感覺行進困難，如果沒有支撐物（扶手、椅背）不容易站立。
3. 在走道上的餐車或是免稅販賣車無法操作移動。
4. 繫上安全帶坐在位置上的乘客，可以明顯感受到安全帶上下晃動拉扯的力量。

三、重度亂流（Severe Turbulence）

1. 機艙內未固定直立於地面的物品會傾倒（餐車、免稅車）。
2. 未關閉完全的行李箱會因劇烈搖晃開啟導致物品砸落。
3. 此時在機艙內無法行走與站立。
4. 乘客此時會感受到安全帶因劇烈搖晃所產生強力拉扯的力量。

四、嚴重亂流（Extreme Turbulence）

　　這種等級的亂流並不多見，發生時機身搖晃的程度，會讓客艙內未固

定的物品被抛甩四散；飛機遭遇嚴重亂流，除了造成機上機、組員或乘客的意外傷害，更有可能因為機身的劇烈搖晃，讓飛機的設施甚至結構受損。

當遭遇亂流時如果亂流警示在可預期的狀況下發生，機、組員會在遭遇亂流前就會預先做好遭遇亂流的準備。在可預期的情況下，機長或依據機長指示的事務長，會執行將遭遇亂流的廣播，並且將繫緊安全帶的警示燈號亮起，組員此時就必須依照指示執行安全檢查的任務。

1. 檢查確認所有乘客已經繫上安全帶，請離座盥洗、走動的乘客務必回座，及乘客回座後安全帶繫妥與否的檢查和確認。
2. 檢查所有行李箱關閉完全，以防止行李箱於搖晃過程中開啟，讓箱中物品掉落導致乘客受傷。
3. 檢查廚房內所有的開關（Latch）都務必在關閉（Secured）安全的狀態。

如果此時有Baby正在使用機上提供的嬰兒床（Baby Bassinet），必須請嬰兒的照顧者將寶寶從嬰兒床中抱出，將嬰兒抱好或是使用加長型安全帶（Extension Seat Belt）將寶寶和照顧者以安全帶連結加強保護。曾經發生較強亂流時，一位抱在照顧者手中嬰兒被抛至半空中後摔落地面，所幸小BABY沒有受傷但被驚嚇後大哭不已，照顧者事後更嚇出一身冷汗。

上述組員的反應及任務執行，都是在已知可能遭遇亂流的狀況所做的處理，在已知的狀況下依照管理規範執行安全任務，可以保護所有乘客不受到傷害。但在許多情況下亂流是無法預知且事前防範的，在非預期的狀況下遭遇亂流，可能會從機長廣播會收到這樣的訊息「Cabin Crew Be Seated」（組員就坐），組員就必須按照指示立即就坐並繫上安全帶。

第三節　遭遇亂流後的處理

一、輕度亂流時的因應與處理

　　此時若亂流較輕微，可以迅速回到組員座位上並繫好安全帶，如果正推著餐車或是免稅車在走道上移動，在可能的狀況下將設備推回廚房安置（Secure）後立刻就坐，等待機長後續指示。碰上氣流不穩定的季節，若航班飛行時間本就不長（EX：臺北到香港、澳門、馬尼拉），組員會因為接到機長安全指示暫時停止服務流程，有時可能時間太短無法提供機上免稅物品的銷售服務，或因為安全起見無法提供熱飲，卻也因此被機上乘客抱怨服務不周，由此可知搭機乘客的安全意識仍須提升。

二、中度或重度亂流時的因應與處理

1. 行進間此時遭遇的是中度或是重度不預期的亂流，在無法有效移動立即回到座位的狀況下，可以就近找空位坐下立即繫上安全帶，如果座位全滿的情況下，組員可以立即蹲下或坐下並抓緊乘客座位的扶手或就近的支撐物。

2. 如果是推車行進在走道上遭遇中度以上亂流，組員蹲坐時也務必將餐車或免稅車穩住，可以要求一旁乘客協助，避免劇烈上下搖晃車子上拋後下墜砸傷乘客，或造成飛機的設施損壞。

3. 此時組員正在服務熱飲手中有盛裝熱飲的容器（咖啡壺、茶壺），遭遇非預期中度或重度的亂流，除立即蹲下、坐下緊握扶手，將熱飲容器放置於地面（盡可能手持固定），避免熱飲因上下搖晃灑出燙傷乘客或自己。

　　組員在遭遇較嚴重非預期的亂流，不太可能為乘客做些什麼，這時候組員最重要的是先保護自身的安全，在危險狀況解除後，組員才能利用自己所受到的專業訓練，幫助需要協助的乘客後續的照顧與處理。

　　遭遇非預期的亂流，是飛行中造成人員傷害的最主要原因，亂流是否結束必須依照機長指示，確認無誤後才能起身檢查飛機內乘客受傷的狀

況，和飛機的設施的損壞情形。

第四節　亂流的安全對策

　　根據民航局針對國內各航空公司亂流的預防與處理方式建議，都是參照美國FAA與民航局的安全規範，針對航機在飛行當中遭遇亂流的因應，機艙及客艙組員都會接受相關且專業的訓練，在發生亂流前的準備、遭遇亂流時的因應及過程結束後的適當處置，都是組員必須學習並了解的安全知識。

一、就坐隨時繫上安全帶

　　「開車時一定要繫上安全帶」這句話已經不是一句口號，早就成為我們生活中一部份了，儘管如此，仍然會有不少人忘記或是懶得在開車前做這個動作，而在未能預期的狀況下發生意外而受到傷害。搭乘飛機也是一樣，如果能在就坐時就能隨時繫上安全帶，一定能大大減少因為非預期的亂流所造成的損害。許多飛安數據顯示發生亂流而受傷的旅客，有6成以上是因為沒有繫緊安全帶導致，搭機就座時多做一個動作，就會讓你的旅程更安全。

二、上洗手間或走動時扶著椅背或扶手前進

　　有時在飛機遭遇或即將遭遇亂流時，機長會在當時或之前以廣播告知，這時通常大家都會按照指示坐在位子上繫好安全帶，儘量避免不必要的站立或走動。有時搖晃發生在走動或正在上洗手間時，正在客艙內走動有機身搖晃的情形或是亂流發生，若搖晃的程度仍然可以走動，就扶著椅背或扶手前進盡快的回到座位上繫好安全帶；當在機艙內走動時遭遇較劇烈的亂流，而亂流的搖晃程度已無法行走、站立，此時就應該立即找空位坐下繫上安全帶，如果附近沒有空位就立刻蹲下或坐下並且緊握隨手可以握住的把手或座椅扶手，將身體固定，不會因為劇烈晃動受到碰撞。倘若這個時候在使用洗手間，也記得蹲低姿勢握緊廁所內的扶手減少碰撞。

三、開啟行李廂時OHB時注意亂流

　　乘客登機時找到自己的座位後，在坐下來之前一定會將自己的隨身或手提行李先放好，而放置的位置通常是自己位子上方的行李廂內。有時乘客較滿行李也多，可能就會和其他乘客的行李互相交疊的堆放在一起，將行李廂門一關以為就OK了，但通常起飛後途中想拿自己的隨身行李時，打開行李廂時卻被掉落的物品砸到，或是砸到附近的其他乘客。原因可能是在飛機起飛後，原本交疊不穩定的行李會移動位置，行李廂打開時不注意就會有物品掉落的情形發生。登機時如果要放置行李，盡量以平穩不重疊的方式放置自己的物品，但有時乘客手提行李太多空間又太少的狀況下，就很難將所有行李平衡擺放，就記得飛行途中想要打開行李廂時，將行李廂先打開一點縫隙，兩手扶著行李廂（下引式），從縫隙中先確定行李箱內的物品是平穩不會掉落的狀態，再將行李箱緩緩打開。

　　開啟行李廂時如果遭遇不預期的亂流，不論搖晃程度為何，最好立刻關上行李廂、就坐、繫上安全帶，因為如果此時不立即關上行李箱，行李箱的物品很有可能因搖晃掉落使人員受傷。

四、注意機長或客艙組員的廣播與指示

　　每一趟飛行簡報中，機長傳遞給組員的飛航訊息一定有航行天氣狀況這一項，其中包含了目的地的天氣狀況、氣溫還有沿途的飛行氣象。這些資訊所提供的不只是給乘客下機的旅遊參考，更重要的是了解起飛到降落，天氣的狀況是否會影響安全，而在安全的考量下作相應的安全預防。如果得到的天氣訊息是因為颱風的影響，沿路氣流都不穩定，機長可能會一直將繫緊安全帶的燈號亮起，組員也會隨時叮嚀乘客，如果可能就儘量不要在客艙內站立或走動。

　　目的地天氣的訊息提供給旅客抵達後的準備，更重要的是基於安全的考量，如果降落時當地有雷雨，組員在降落前就得讓乘客了解，飛機準備開始下降高度時，雷雨氣候就會開始對航機產生影響。準備下降高度前就得讓乘客繫好安全帶，避免當地不穩定的雷雨天氣讓機身晃動造成人員受

傷。航空公司許多時候因為沿途天氣狀況不佳，為了客人的安全會停止提供熱飲服務；但少數乘客就是不理會這些可能造成危險的安全建議，認為付了錢就一定要享受該有的服務。優質的服務是航空公司所追求的目標，但當服務凌駕安全之上就不是一個優質的航空公司應有的態度，因為沒有了安全再好的服務都不具任何意義。

五、養成隨手鎖上安全栓（Latch）的習慣

　　乘客搭機養成就坐時就繫上安全帶的好習慣，就可以避免遭遇非預期亂流造成的傷害。而組員因為工作之故，會常常使用廚房（Galley）的設施和客艙裡的儲物空間，當使用時就會打開，不用的時候一定要關閉，為確保關閉動作的確實，機上安全栓（Latch）的設計是明顯的紅色，有沒有上好安全栓一看就知道。這個顏色的作用是提醒組員，讓組員可以很快發現這個安全栓（Latch）是否示關閉。預防意外最有效的方法就是要確實養成隨手鎖上安全栓的習慣，總是會有人認為待會兒可能要再度使用，何必浪費這個時間做這些動作；而通常意外狀況的發生都是因為疏忽沒有做好預防措施而發生，組員的工作環境常常會遭遇大小不同的亂流，如果安全的概念沒有成為良好的工作習慣，工作傷害就很難有效避免了！

　　根據IATA飛航安全調查分析，亂流造成客艙人員受傷的比例，在走道上服務組員和未繫好安全帶的乘客，約占總數比例的六成，另外四成是發生在廚房裡工作區域，多因亂流搖晃碰撞或被掉落的物品砸傷。由此可知組員其實在亂流發生時會比乘客更容易受傷，如果遇上非預期亂流的狀況無可避免，就必須在工作環境中，儘量降低因人為疏失造成危險的機率，隨手鎖上安全栓就是降低傷害最簡單也最直接的方式（如圖3-1）。

圖3-1　圖片來源：Airline Wide Body Galleys-Aircraft Interiors-AIM Altitude/https://www.aimaltitude.com/products/galleys-and-stowages/wide-body/

六、飛行員和客艙組員之間的溝通與聯繫

　　一般載客量較大的機型，因為機身從機頭到機尾的距離較長，當有亂流發生時，相同程度的亂流，駕駛艙所感受到的搖晃，與坐在飛機較後段的乘客和組員，感受機身震動的程度是不一樣的。如果客艙中的組員正在提供餐飲的服務，當發生亂流時且有感搖晃的程度會影響服務，甚或有安全上的顧慮，都應該即時回報給駕駛艙了解，讓機長能根據實際狀況處置，而非一個勁兒的要將服務的工作完成。要了解安全與服務相較永遠是安全第一，絕不能為要滿足乘客的服務需求而忽視安全。當然國人的搭機安全觀念也必須加強，像是飛機在航行期間，不論是否有經過氣流不穩定的地區，搭機乘客在就坐時都一定要養成繫上安全帶的習慣。根據國際飛航安全組織的統計，客機在遭遇亂流時，旅客與組員受傷比例最高的亂流，就是我們一般所稱的「晴空亂流」，也就是最無法預知的一種亂流。受傷的乘客可能站立、走動、或是就坐未繫安全帶，而因為突如其來的晴空亂流，造成機身劇烈搖晃和驟降高度時產生不同程度的傷害。如果養成就坐就繫上安全帶的習慣，就能避免在類似未可預知的亂流發生後受到影響。

　　有一次飛往檳城的途中，組員正在提供餐點服務的當兒，飛機因為亂流急速下降，機身實際急速下降的高度有多少我已不復記憶，但仍清楚記得當時要將一臺發完餐的餐車推回廚房（Galley），正要踏進廚房之際，突然發現邁出去的腳步並沒有紮紮實實踩在地板上，取而代之的是駕霧騰空的感覺。才感覺像是在太空無重力漫步時，沒多久就被重重摔落在地，餐車也應聲倒下同時壓在我的身上，幸運的是這臺餐車重量較輕，如果當時是裝滿乘客餐點的餐車，這壓在身上的重量就有可能造成傷害。當飛機平穩飛行也獲得機長指示後，先起身檢視自己，雖然有擦傷、撞傷的疼痛，但這些都只能留回家跟家人討拍、撒嬌。此時

得立刻到客艙檢查乘客和其他組員的狀況，只見客艙內因正值用餐時刻，因亂流之後顯得混亂，有些乘客驚慌失措，有被嚇哭的小朋友、有唸著佛經的阿嬤、還有驚魂未定的女士不斷地問著：「怎麼了？怎麼了？」，所幸大部分的乘客都已恢復鎮定的在檢視周遭的狀況。也正因為乘客都坐在位子上用餐，縱使有未繫安全帶的乘客，也都因為有餐桌的固定而沒有被拋起受傷，受傷較多也比較嚴重的都是在客艙中忙著服務的組員。這些實際經驗的敘述並不是要讓搭機的人害怕，而是希望每一位搭機的旅客，就座時都能養成繫上安全帶的習慣，讓搭機非預期亂流的傷害降至最低。

第四章

不遵守安全規定的乘客

第一節　法規與定義

　　國內航空客艙安全的預防與處理，多參考歐美發展相對成熟的航空專業機構或單位，根據長期累積的經驗和有效數據，制定相關的條文法規或處理原則及建議，但對於不同文化與習慣的乘客，也必須制定合適的法規。

　　近20年來航空市場等比級數的成長，飛機航班、航點增加，搭機人數更是多不勝數，人多問題也多，且問題的種類更是推陳出新。因為現今的環境和十年、二十年前已經大大不同，許多適合當時飛航環境訂定的安全法規，如今看來有些規定真的已不符合現狀了。國際航空安全協會這幾年來一直不斷呼籲各國政府單位制定明確的法條，對於搭機不遵守安全規定的乘客給予懲罰，原因是美國飛航安全事件中，不理性、不遵守安全規定、酒醉滋事的旅客，平均每一星期就有300起，類似事件已經從一年數百件，到如今一年數千件誇張的成長，這樣的數字讓航空公司人力、時間成本構成負擔，也對飛航安全產生實際不良影響。機上有這樣的乘客，可能會對其他乘客和組員的人身安全造成危害，情況不能控制時，機長可能會就近轉降，如此便會造成其他旅客和航空公司時間和成本的浪費。但最讓人擔心的是，機上這樣的乘客常常在情緒衝動的狀況下，會企圖在飛行中開啟艙門或是破壞其他機上設施，甚或毆打其他乘客或組員；而以往發生這類行為的乘客下機後，並沒有明確實質的法律可以制裁，以致這樣的行為在無形之間被助長。為遏止這種影響飛安的行為，國際飛航安全組織和航空業者都出現修改法條的訴求，IATA在2014年加拿大的蒙特婁召開的會議中，也敦促各國航空主管單位同意蒙特婁議定書（MP14）中，對

於不理性或滋擾乘客行為的法律規範；因為對於飛航安全必須要有明確、嚴格的規範，才能保障其他旅客和機、組員甚至是航機的安全。

一、不遵守安全規定乘客的定義

機上滋擾與不遵守規定乘客的定義本來就不容易界定，若僅就字面上的意義來認定乘客是否遵守規定，乘客與機、組員認知不同、規範模糊，就容易發生類似事件處理時產生爭議。每個人的認知、思考模式不會一樣，所以要面對人、解決因人而產生的問題並非易事，一個相同事件、不一樣的主角，就會有不同的處理方式及結果。當事件雙方處在對立環境，要在過程中找到共識解決問題，組員的危機處理應對，可能會左右事件最後的結果，但這樣的內化能力很難從表面觀察並得到可以量化的數據。處理滋擾事件能力的好壞，航空公司給予專業能力訓練不可少，組員自身的應對能力與危機處理也很重要。

根據ICAO（International Civil Aviation Organization）對於滋擾乘客（Unruly Passenger）的定義，是指在機場或是飛機上對於執行任務中的地勤人員或機、組員所要求應遵守規定之行為，不予配合致違反規定之行為造成其他人的影響稱之。

國內民航法規與國際各航空組織，雖然都對構成滋擾或不遵守規定行為做了解釋與定義，但對於真正面對乘客的機、組員，於實際狀況發生時卻仍有許多的不確定。會讓組員有這樣的感覺，除了是相關法規的不完善，事件發生後滋事的乘客卻沒有得到應有的懲戒，除了助長滋擾事件的發生，也令機、組人員在盡心處理後感到灰心。事件發生後航空公司有沒有積極地站在組員身邊，提供最大的支持，也是組員面對滋擾乘客處理主動、積極與否的重要原因之一。

二、不遵守安全規定乘客定的相關法規

機師、組員、機務、地勤人員，航空公司對於這些影響客艙安全因素的人員管理可以掌握，但是對於潛在影響客艙安全的另一個重要因素，也

就是搭機乘客的不理性行爲，一直以來都沒有較有效的方式因應。以往不理性或滋擾乘客，在機上發生不理性或影響飛航安全的行爲，發生件數少比例也較低，並未受到當時航空安全監督單位的重視，相關的應對與安全預防處理當然也少被討論。近十年來航空業的蓬勃發展，端賴於許多新興市場的開放、網路資訊的發達、和人民旅遊觀念和方式的改變，搭機旅遊雖不是全民運動，也成了有機會大家都想參與的活動。隨著各航空公司的航點增加、符合一般搭機乘客價格需求的廉價航空，也如雨後春筍般的迅速發展，搭機旅客人數逐年攀升，可能影響客艙安全的不確定因素，想當然爾也跟著不斷增加的搭機人數逐年遞增。越來越多機上乘客的滋擾事件與不理性的行爲，已經著實影響飛行的安全，讓飛行監督單位也不得正視這個問題的嚴重性。

臺灣境內的航空安全法規也有對於影響飛航安全者行爲的規範，在《民用航空保安管理辦法》中的第二條規定：非法干擾行爲係指危及民用航空及航空運輸安全之下列行爲或預備行爲：

1. 非法劫持飛航中之航空器，也就是一般所熟知的劫機行爲。

2. 非法劫持地面上之航空器。

3. 在航空器上或航空站內劫持人質。

4. 強行侵入航空器、航空站或航空設施場所。

5. 爲犯罪目的將危險物品或危安物品置入航空器或航站內。

6. 意圖致人死亡、重傷害或財產、環境之嚴重損壞，而利用使用中之航空器。

7. 傳遞不實訊息致危及飛航中或停放地面之航空器、航空站或航空設施場所之乘客、組員、地面工作人員乘客、組員、的面工作人員或公衆之安全。

《航空器飛航作業管理規則》的五十條所載：航空人員、航空器上工作人員及乘客，不得於航空器內吸菸，如有違反，經勸阻而拒不合作者，機長可報請警察機關依菸害防制法處理之。

發生在客艙內不遵守規定、滋擾確實影響飛航安全者，處罰其行爲的

罰則，還必須援引其他相關法規，對於機上其他不適當行為，卻沒有比較具體可行之依據。這也是為什麼每每有乘客在機上出現不遵守安全規定、滋擾的明確行為，經過一翻周折被相關單位帶下機後，卻總不見應有的懲處，達到不良行為後實際嚇阻作用。

以往美國對於喝酒、鬧事或不遵守安全規定的旅客乘客的罰則是1,100美金，但此類飛安事件越來越頻繁，且罰則輕也無法達到嚇阻的效果，對於客艙人員機上安全也造成威脅。

FAA在2000年通過法案，將原有1,100美金的罰鍰提高到25,000美金，機上不理性鬧事乘客在相關民航法規的罰則在1萬到5萬罰鍰，其不理性相關行為包括：

1. 不遵守安全規定者。
2. 機上抽菸、破壞煙霧偵測器。
3. 拒絕接受組員安全指示。
4. 不依規定使用行動電話。
5. 破壞緊急安全設備。
6. 霸機乘客。
7. 口語（威脅、辱罵）或肢體（毆打）行為影響組員及其他乘客。
8. 言語或行為性騷擾組員或其他乘客。
9. 使用含酒精飲料或藥物導致危害客艙秩序等。

IATA定義不理性乘客：不遵守機場或機上行為規範，不聽從機場工作人員或機組人員的指示，並企圖擾亂機場或飛機上的正常秩序等行為的乘客。

國際航空運輸協會也在2015條列出搭機旅客不理性和不遵守規範的行為列舉：

1. 非法使用麻醉藥物。
2. 拒絕遵守安全說明與規範，例如不遵循機組人員的要求（遵守繫緊安全帶、禁止吸菸規定）。
3. 與機組人員或其他乘客口語攻擊。

4. 與機組人員或其他乘客的肢體衝突。

5. 干擾機組人員執行任務，拒絕遵循指示登機或下機。

6. 口語威脅（對他人所有不當類型威脅，無論是針對個人、機組人員、乘客及飛行器，造成恐懼威脅或破壞性的任何行為）。

7. 不當的口語、肢體性騷擾。

8. 其他類型的暴力行為（例如大聲尖叫、破壞設施、踢前座椅背等行為）。

　　正因為對於不遵守規定乘客行為，國際間沒有共通判定或明確分類的法則，國際民航組織（ICAO）認為，各國民航主管單位有義務規範，各航空公司也必須遵循相關法規處理。

　　第三版《ICAO安全規定執行手冊》中，將這些行為表現區分成幾個類別：

1. 這一個階段可能會有的衝突，包含了不愉快的表情、肢體語言，或是為表達情緒不滿的口語行為，口語內容多是不禮貌或冒犯他人的字眼。

2. 此時不遵守規定乘客，可能出現對組員或其他乘客有實際的肢體攻擊，或是故意破壞機上設施等舉動。

3. 口語和肢體暴力會同時出現在這一階段，持械器攻擊組員或其他乘客，有意圖傷害他人的無序行為表現。

4. 企圖控制飛行器，對其他乘客或機、組員嚴重的死亡威脅，例如劫機、炸彈威脅等。

　　飛航主管要求航空業者遵守的一些安全規範，並無相關法令實際限制搭機旅客的行為，在航機後推後的滑行階段不得離座，但基於安全上的考量，大多數多數的航空公司，對於組員執行安全檢查的訓練，和實際飛行的狀況中，都會要求客艙組員儘量做到機艙門關閉後推，直到起飛到達安全高度的這段時間，乘客在沒有必要的狀況下，都能保持就坐繫好安全帶的狀態。但就是有些乘客會在此刻使用廁所，當然內急忍不得，對於執意在滑行準備起飛時使用廁所的乘客，執行安全檢查的的組員也不知道該如

何處理。會這樣苦口婆心不斷的要求，目的也是為了保護乘客的安全，相信這樣的理由應該可以說服一些搭機乘客，能儘量在飛機關門前就已完成如廁的需要。

　　近幾年來常有機上乘客在飛行過程中失序爆走，其行為已嚴重影響組員及機上其他乘客權益，但事後總不見惹事乘客得到應有的教訓，反而因為一些服務至上的文化，讓事情不了了之，無形中也助長了奧客文化。服務中的服務品質固然重要，當乘客行為影響飛行安全時，服務就不能無限上綱的被濫用。這也需要相關單位和航空公司的支持，因為第一線的機、組員在處理不遵守規定的乘客時，將已明顯違反安全規定的乘客行為揭櫫後，但卻得不到有力的支持，會讓機、組員在之後類似的狀況處理中有所顧忌。無法有效遏止不理性乘客的行為，也會讓其他人產生「會吵就有糖吃」的錯覺，對於潛在的飛航安全有很大的負面影響。

　　一次從臺北起飛前往美國洛杉磯，大部分乘客都已登機，關門前十分鐘地勤告知最後乘客人數多加一人，是由他航轉搭的乘客，已知的訊息是這位乘客因為與櫃檯人員發生爭執憤而轉搭，地勤人員說乘客情緒和態度都不佳，要組員多注意。這位乘客上機後就是一臉不開心的樣子，對組員的問候和詢問也都充耳不聞、沒有反應。起飛後從開始提供餐點服務，這位乘客就離開座位不時走動，口中也不斷地數落組員不是。為了安撫這位乘客的情緒及顧慮其他乘客的感受，組員必須不時前去關心、照顧，在用完第一次的餐點後，這位乘客確實安靜坐下休息了一小時。但自此到降落前半小時，這位乘客都持續的以言語騷擾其他乘客和組員，例如：我知道你叫什麼名字（組員制服上的名牌印有姓名），下機後你要小心點，或是燈號亮起組員請他回作繫好安全帶，他也會說：「不干妳的事！」這類粗魯、不友善的字眼。機長得知也在飛行途中和這位乘客溝通未果，從起飛到降落將近十小時的航程，這位乘客影響附近的乘客的情緒和組員的工作長達

八小時，最後機長決定聯絡當地站主任，通知航空警察在飛機降落後協助處理這位乘客（Unruly Passenger）。降落飛機停妥、空橋靠好、機門打開，就見到四個高大壯碩（和我們印象中有大又壯的美國警察一模一樣）的制服警察，一開口就問「Where is the Passenger?」我指出那位乘客後，這四位彪形大漢上前和他說了一些話，而這位不理性乘客對警察仍然像是對組員一樣的口氣和態度。原本希望這位乘客自己好好地和警察走下機，去解釋這些機上失序的行為，未料他的不合作讓警察們立刻抓住他的手腳將他抬下飛機，此舉也讓和他同艙的旅客拍手叫好，心中也忍不住開心得說：「美國警察杯杯好神勇、好有權威啊！」。這位乘客被抬離機艙經過登機門前還不時對組員撂狠話：「我知道妳姓什麼！叫什麼！」接下來下機的乘客，有人拍拍我的肩膀說：「Good Job!」、有人說：「你們辛苦了！」、還有人拿出名片說：「如果需要到法院作證，可以聯絡我。」讓我和其他辛苦的組員好生感動。雖然為了這位乘客，機長、我、和相關的組員都寫了一大堆的報告，但所有的組員一致支持機長報警的處理方式，希望類似這樣的乘客在做出不理性行為前，好好考慮一下後果。

第二節　酒醉乘客

　　每個人對酒精的反應程度不一樣，會喝酒的人千杯不倒，不能喝酒的人一滴就掛，喝醉的定義每個人的解讀也不同，酒駕被逮的人沒有人承認自己喝醉，對於搭機時酒醉乘客的處理也是許多客艙組員感到困擾的地方。因為機上有提供酒精性飲料，大部分的人飲酒都會克制，但當遇到少部分已經喝醉又不控制酒量的乘客，就會使狀況不好處理。

　　根據IATA 2016年的調查顯示，所有不理性滋擾乘客所造成的飛安事件中，酒醉乘客的占比高達百分之31，飛行過程中預防或處理這樣的乘客適當與否，就會對飛行安全產生不同的影響。

登機前就喝醉的乘客，組員可以從地勤的協助得到多一些的支援，但在機上喝醉的乘客，就得要看喝醉酒的乘客反應做適當的處理。有些酒醉乘客開始會話多一些，但沒過多久可能就呼呼大睡，這個算是狀況較好的；有些乘客卻是千杯不睡型，明顯醉到胡言亂語、大吵大鬧但就是不想睡覺，實在讓人高度懷疑借酒裝瘋的程度不小。當遇到這樣的酒醉乘客，通常組員會先安撫以不影響其他客人為考量，可能需要組員隨時注意，酒醉乘客的行為舉止是否會影響飛行安全；如果言語肢體有攻擊其他乘客或組員的行為，組員就可以依據航空安法規和航空公司安全規範的原則，採取具體的制止行動。這個酒醉乘客的行為必須要和機長持續報告，當有任何突發狀況需要協助時，機長在了解整個狀況的前提下，才能立即判斷並處理。

　　除了低成本航空或是一些少部分的航空公司的規定，機上提供付費的酒精性飲料，這樣以價制量的方式可以降低乘客酒醉的發生率；但是一般航空公司航程中都有酒精飲料的提供與服務，尤其是長程的航班，當乘客機上飲酒過量，就容易發生酒醉滋事的行為。為預防此類狀況發生，航空公司在客艙安全規範中，都會提及對酒醉乘客的處理，比如減少或是不再提供酒精性飲料給飲酒過量的客人。但每個人酒量多寡會因為東西飲食文化不同產生變化，無法對每一個乘客喝酒多少給予量化，

　　而按照FAA給予酒後行為模式參考，讓空服員在機上提供酒精服務與否時的依據。

一、輕度警示

1. 乘客與組員對話仍屬自然。
2. 心情愉快、情緒輕鬆。
3. 喜歡與人交談（較多話）。

　　如果乘客的狀況與反應，評估仍然在正常的範圍，要求提供酒精性飲料，客艙組員雖然可以**繼續提供酒精性飲料**，但必須得要注意這位乘客，是否有**繼續要求提供飲酒的狀況**。

二、中度警示

1. 說話的聲音或是笑聲的音量增加。
2. 肢體動作變大，反應變慢。
3. 口語溝通變得比較沒有禮貌或是粗口。
4. 注意力不集中，判斷力降低。
5. 酒精飲料需求增加。
6. 會與人爭執不休。

　　這時明顯感到乘客已受到酒精影響，客艙組員必須先安撫乘客以不影響其他乘客為優先，同時要讓機長了解狀況。若已顯醉態的乘客仍然要求酒精性飲料，組員可以技巧性的延遲服務，也必須酌量減少同時提供飲水，或是同時提供食物讓酒精吸收速度減緩。技巧性延遲服務、提供飲水或其他不含酒精飲料、提供食物，這些服務技巧都是希望乘客不要繼續飲酒過度，讓自己醉到無法控制自己的行為，影響其他乘客或組員的安全。

三、重度警示

1. 行動、移動緩慢不穩、步履蹣跚或容易跌倒，無法正常起、站或動作。
2. 回答問題時需要較長時間思考。
3. 溝通的內容不理性也較缺乏邏輯。
4. 眼神渙散，焦距不集中。

　　乘客有以上行為表現，就代表已經醉到無法控制自己的程度，此刻必須立停止提供酒醉乘客酒精性飲料，同時要讓所有組員知道這位乘客的狀況，避免服務其他艙等不了解的組員，在不知情的狀況下繼續提供乘客酒精性飲料。要通知機長酒醉乘客的詳細情形，若有不合作與粗暴行為，組員就必依照航空公司的安全規範處理。

　　一次要從曼谷前往倫敦的飛行任務，在登機門歡迎魚貫進入的旅客時，老遠就聽到登機隊人群中，有個英國籍乘客在大聲吵

鬧喧嘩，當這位乘客走近後發現他搖搖晃晃無法正常行走。等他靠近我的身邊要登機時，一股濃濃的酒味從這位旅客身上飄散，禮貌的要替他帶位，想看他的登機證知道他的座位號碼，他一開口十哩外的人都聞得到那股子濃得化不開的酒臭味。一堆咕噥胡言亂語的英文和不受控制誇張的肢體動作，讓我們不知如何和他溝通，想要看看他有無同行友人或家人可以協助，無奈這位乘客是一人旅行。心想這下好玩了，如果門一關起飛後這個酒醉乘客不受控或影響其他乘客，最擔心的是在飛行途中有影響飛行安全的狀況，應該是沒有人能保證和負責的。告知機長這個狀況後，機長也很支持組員的想法與顧慮，於是得到機長的授權拒絕這位酒醉乘客登機，由地勤協助這位酒醉乘客清醒後轉搭乘他航班回倫敦。也許有些人會認為剝奪了他的搭機權利，但當個人權利影響其他人的安全時就無法被保護。

第三節　如何預防

　　當面對機上不理性或不遵守規定的乘客，我們都會希望讓這位乘客在暴亂的情緒中冷靜下來，事實上許多乘客在發生無理取鬧的行為前，其實表現都是正常、理性的。事件結束後去檢討讓乘客不愉快行為發生的責任歸屬，不如事先預防性的降低引起衝突的因子，才是正面、積極、有效的態度。組員直接面對不理性乘客，有效處理乘客情緒降低風險是職責，若是處理不當首當其衝受到影響就是組員自己；但面對不同的乘客處理的方式也可能大大不同，「No One Size Fit All!」一種方式不可能適合所有的人、所有的事，不同的公司政策也會影響事件處理的結果。

　　從接觸乘客的第一時間就要掌握乘客的情緒是不容易的，肢體動作和交談時的語氣多少可以透出一些端倪，客艙組員由乘客登機的那一刻，就可以藉著觀察獲得一些有用的訊息。

每個被歸為不遵守安全規定乘客，可能在搭機前或搭機時的狀態與其他一般乘客並無二致，組員不太容易從行為舉止判斷而預先察覺。但不遵守安全規定乘客的行為出現，一定會有一些徵兆是在不理性行為表現前可見端倪的，若在這些行為被擴大或不易收拾前，就能預作適當的應對與處理，是可以降低機上乘客不理性行為而導致的飛安問題。

前面提到，有些不遵守安全規定乘客，在不理性行為出先之前，行為舉止可能就和一般乘客無異，但當一個可能引發或觸動乘客不滿情緒的因素出現，就會讓乘客脫離原有正常的行為模式，開始會被其他不確定的因素影響情緒後有所改變。經驗中有許多乘客在登機前就可能因前往機場的路上塞車、不耐報到劃位時間的等待、Check In行李超重被收取額外必須支付的費用，一些不佳的情緒在登機前累積後，很可能因為組員一句話或一個表情不符合期待，前一段被壓抑的情緒就會瞬間引爆，如果這個階段組員沒有適當處理，乘客情緒可能會變得更難控制，導致事態擴大甚至影響安全。

組員在乘客登機時面帶微笑的歡迎，並不只有創造與搭機乘客第一個好印象，同時可以藉著觀察所有乘客的肢體、表情，因為乘客的行為模式是無法按標準分類；但若是細心觀察乘客的表情、口語、及肢體語言表達，在合乎邏輯的認知理解判斷下，若有著挑釁或不友善的感覺，對於這樣的乘客就應該注意適當應對，避免乘客因為一件小事在機上暴走，觀察不太細心的組員可能到事態擴大，都不了解乘客的不理性行為所為何來。

一、探究可能發生的原因

一般不理性乘客事件的發生，一定都有其發生的原因，引起原因的因素也許有不同，但是許多乘客不理性行為的產生並非沒來由，絕大多數是因為某些因素造成這些不理性的行為。如果組員了解這些造成旅客不理性行為的原因，就能藉溝通、安撫減緩乘客不滿的情緒，當遇到這樣的乘客，用適當的方式應對處理，有許多乘客的不理性行為其實是可以避免的。

㈠登機前的情緒

搭機乘客的目的有旅遊、探親，大部分會是帶著愉快且期待的情緒，當然也有因為要和家人、朋友因為求學、工作必須要分開而難過。站在登機門前看著乘客登機時的表情，如非刻意隱藏，多數人的表情是可以透露出當時的心情。所以組員在登機時不僅僅只是親切的和乘客打招呼，或是指引乘客座位的方向，很重要的一點，就是從每位乘客的表情當中，也許可以讀出一些該要注意的訊息。

會面對乘客的不只有客艙組員，劃位地勤人員也是第一線面對搭機乘客的服務人員，有些時候乘客會在航空公司報到櫃臺（Check -In Counter）與地勤人員發生不愉快，上機後對組員轉移不愉快情緒也是有的，但在對組員表示不滿前，如果細心觀察一定能從臉上的表情發現問題。

搭機前冗長的排隊等待Check In、安檢、登機，對於許多搭機乘客都是一種耐性的考驗，這些程序是避免不掉的過程，但不耐久候的情緒也一定影響某些乘客登機時的心情，尤其當登機時間急迫，或是因為飛機延誤可能響下一轉機航班銜接時，乘客的心情要不受影響幾乎不太可能。

許多國家因為常有恐怖攻擊威脅，因此會拉高機場安檢的層級，也就是為求安全、仔細，安檢時間變得更長，許多急著登機的旅客被卡在安檢的隊伍中，好不容易通過檢查，遠得不得了的登機門得以跑百米速度衝刺，上機後的乘客又急又累，要有好的情緒登機也不太可能。

心理因素會直接影響情緒，一些乘客有個人搭機的心理障礙，因此害怕搭飛機，如空間幽閉恐懼會因為上機後空間小、吵鬧、擁擠的環境，讓這樣的乘客搭機前就可能產生焦慮而影響情緒。

了解乘客上機前帶有不愉快的情緒，消極的態度是避免與之接觸，降低可能產生衝突的機會。但積極的組員會試著接觸，了解引起乘客不愉快的原因，如果是航空公司的原因，作為從業的一份子，在能力範圍可及的情況下盡力而為，幫助乘客解決問題有時就是替自己減少困擾。

一位表情哀傷的中年女性乘客上機後，地勤交接的資料知道是要搭機爲在國外旅遊意外身故的親人處理後事，起飛後不吃不喝也不說話，組員們都非常能體會這位乘客的哀傷心情。但也擔心十幾個小時的飛行不吃不喝哀傷逾恆，下機後哪會有體力處理繁瑣的事務？知道她不想被打擾，組員將寫好的紙條放在她的扶手上，寫著：吃東西才會有體力，想要吃東西的時候可以按下服務鈴，我們隨時替您準備！後來知道飛機降落前她稍稍的吃了點麵包和牛奶，當這位乘客要下機時，拉著組員的手沒說一句話，輕輕握了一下，並與組員點頭致意，此時無聲勝有聲，我們知道她收到我們的關心了。

(二)登機前藥物、酒精影響

　　許多搭機旅客登機前可能會利用等待的時間小酌一下，但常見因酒醉被拒絕登機的旅客，多半是一喝就不知節制，這樣的乘客在登機過程中，行爲舉止若有影響飛行安全之虞者，多半會由組員通報機長後被拒絕登機。

　　一些城市是著名的觀光渡假聖地，飛到當地的國際機場等待乘客登機，上機前就喝到不太清醒的人時有所見，對於這樣的乘客地勤與客艙組員的處理態度有時並不一致。因爲喝醉酒的乘客如果上機，很有可能因爲酒醉失控影響飛行安全，這樣的結果是所有機、組員所不樂見的。若乘客因爲無法順利登機，之後班機的銜接、留置期間的照顧都會是地勤必須要處理的問題，對於地勤人員來說也希望這樣的狀況不要發生。近年來飛航安全觀念的提升，航空公司對於酒醉乘客的處理，傾向將影響安全的因素留在地面，因爲留在地面處理的成本花費、安全保障，絕對比起飛後可能付出的成本較低並且更安全。事實上乘客登機前因爲藥物、酒精影響之後行爲的認定，沒有人能在登機當時做出最適當的判斷，只能以經驗和安全考量爲依據，乘客登機前不飲酒過量影響行爲表現，也能避免因此無法順利登機的麻煩。

(三)上機後的不良經驗

常聽一些朋友搭機後的經驗分享，有搭機經驗是愉快的，可能是機上餐點好吃、機上電影好看、空服員都很親切。當然一定有搭機經驗不開心的，也許是位置太小、餐點難吃、座位旁有不停哭鬧的小孩、客艙員服務太差。組員在盡可能提供資源的範圍下，協助乘客降低不愉快情緒，多少可以避免因乘客情緒不佳衍生為不理性行為的可能。當然也有少部分原因是因為組員應對方式不佳導致，因為組員不佳的應對溝通造成客人情緒失控，要檢討的可能就不只有乘客的行為了！

(四)口語習慣、文化差異

國際的航空公司，除了航線跨越國際，搭飛機的旅客也一定有各個不同國籍的人，組員除了使用母語外，對於不同國籍的旅客大多是使用國際共通的中介語言（英語），如果有特殊第二或第三外國語，遇到相應國籍的旅客來使用，多少可以增加一些親切感。對於使用相同母語的乘客，口語表達或傳遞訊息就簡單多了，但是若組員的口語習慣不適當，常常是惹惱客人、造成客訴的原因。不同國籍的乘客有不同的文化，組員在提供服務時也必須了解，以免因為不小心造成誤會。

口語表達和對不同文化的尊重好像和客艙安全沒有什麼關係，事實上對於口語或態度不尊重造成的爭執，在密閉的飛行空間都有可能造成安全上的威脅。有時候乘客與組員之間的衝突其實是來自於口語表達時的疏失，造成彼此接收訊息時的誤解或不愉快，而這樣的情況在事情發生前是可以預防的。例如有些乘客在詢問訊息或是要求協助時，組員表達時的用字、遣詞，說話時的態度、肢體語言，都會影響對方接收訊息時的感受。網路溝通的模式對現在高度使用網路的人有一定程度的影響，實際與人面對面溝通時少了一些該有的禮節，接收訊息的人多半感受不佳，但當事者通常渾然不知。每一個人說話表達的方式都不盡相同，溝通模式有百百種，但最終的目的就是希望造成良好的溝通環境與氣氛，讓接收或傳遞訊息者不會因為誤解訊息產生衝突。說話的方式與習慣會經由不同的學習、

內化後成為自己溝通時應用的技巧，這些口語技巧與應對也可以經由練習被改變。

二、傾聽讓對方完整表達不插嘴

乘客有不理性行為出現時，組員一定要積極介入處理，不能抱著故意忽視任由發展的心態面對，介入處理時面對情緒中的乘客不佳言語或態度是不可避免的。此時最重要的是傾聽，不要急著跟不理性行為乘客，解釋他可能不了解或在此刻情緒下也聽不進耳的解釋。先聽聽引起乘客不滿或情緒失控的原因，再從這些訊息和已知狀況中評估面前這樣的乘客，適合用什麼樣的方式安撫、應對，因為即使發生相同的狀況，面對不一樣的乘客處理模式也會不同。

對於不理性乘客是因為刻意或自身情緒管控不佳者，航空公司多半在幾次明確記錄後，會將這樣的乘客列為黑名單客人，最嚴重可能變成這一家公司的拒絕往來戶。

服務業一向講求服務至上、以和為貴，以往還有一些「乘客永遠是對的」類似說法和觀念，但這樣的想法必須要做部分的修正。尤其對於飛機上一些乘客的行為舉止已經嚴重影響其他人、機組員甚或航機安全時，就有絕對制止的必要。

三、態度有禮，語氣堅定

航空公向來以客為尊，組員機上的服務態度絕大多數都是親切、有禮，親切有禮表達的是一種態度，但親切有禮並不代表沒有原則，機上所有乘客的需求，只要是合理，組員都會在資源許可下盡可能的滿足乘客需求，或協助為其解決旅途中相關的問題。當要求乘客遵守客艙安全的相關規定，態度仍然必須保持有禮，若遇不願遵守或故意違反，在為乘客安全為前提的考量下，與其應對時表達的語氣就必須非常堅定，因為安全是唯一不可打折的態度；飛行多年經驗也證實，執行安全任務時的態度有禮，能提升乘客配合的意願，語氣堅定，常常會增加對組員專業的信任感，當

然也能大大減少發生乘客不合作的機率。

四、在被授權的範圍下，盡力協助，解決問題

　　機上許多滋擾事件的發生，最初可能源自乘客希望要求，如果這個要求可能超過組員的授權範圍，無法達到乘客預期，客艙組員會婉轉解釋無法完成的合理原因。但有些時候組員因為怕麻煩，縱使在能力可及的狀況下，也有可能對乘客提出的要求說不，讓乘客感受不到預期的服務，如此也可能造成不滿讓雙方關係對立，接下來任何可能的接觸，都會是衝突的引爆點。客艙組員在機上的任務不僅僅是提供服務，當遇到任何問題都要培養自己在有限資源下，有解決問題的能力。

五、不單獨處理問題

　　團隊合作（Team work）是客艙組執行任務時的必要條件，飛機起飛後資源有限，不論提供服務或是維護客艙安全，組員相互間彼此協調互助，在處理機上所有的工作或任務時，都無法單獨作業完成。服務中若遇不理性乘客，在了解後於處理的過程中請求協助（同艙組員、事務長、機長），增加人力、物力支援能更快的解決問題；此外，也必須讓其他組員都知道所有狀況，避免其他組員在不清楚的狀態下再度引起衝突，讓問題可能變得更複雜難解。

六、一切以安全為優先考量

　　服務業講求的是服務至上，但服務若超越安全的範圍就不能接受且零容忍，在處理滋擾或不遵守安全規定的乘客，為避免再度引起情緒波動，處理過程的應對務必遵守安全的處理原則及規範，若是乘客的作為明顯有立即危險發生的顧慮，或是其行為舉止已經影響其他乘客、組員或是機上設施的安全時，就必須執行安全法規所制定的相關程序，來約束不理性乘客的行為。

　　機上會有約束不理性乘客行為的裝置（Restraint device），如束帶（Attachment）、手銬等，各航空公司會依據需求裝載，這些裝置的使用

通常是在口頭警告（Conveyed Verbally）、出示警示卡（Warning Card）都未收約束之效時，所採取限制不理性乘客行為的最後手段。

第四節　如何處理

　　機上不理性乘客的處理一直以來對航空公司、機、組員，都沒有得到有力法條的正面支持，多半是因為航空器的註冊國籍，與事件發生的所在地不具法律上所謂的「管轄權」。這個管轄權的定義源自於1969年的東京公約，這個公約內容使用多年，對於飛行器的註冊國家不同於事件發生後降落地點的國家，沒有完善的條文與規範，導致許多機上乘客失序影響安全的行為發生被捕後，在這公約下的漏洞讓這些人僥倖地逃過應有的懲罰，也間接地造成類似行為的不斷發生，使得航空公司與機上的機、組員不勝其擾。好消息是2014年蒙特婁協議中有了改變，對於機上不理性行為有了更明確的管轄定義，也延伸了飛行器註冊地區的管轄權，讓這些年層出不窮非理性乘客的行為，能多一些實質的嚇阻作用。蒙特婁協議中修正條文確立，只待各個國家依據條文修訂立法，未來機上不理性或不遵守安全規定的旅客，就不能再有鑽法律漏洞的僥倖心態了。

　　在遵循相關法規制定的規範下，航空公司對於每一件影響飛行安全的不理性乘客事件的處理程序：

一、報告機長

　　報告內容了解所涉之人、事、物任何事件的發生都要載明時間、地點、主角，機上若發生不理性乘客有不友善或是違反飛航安全的行為時，例如：組員在執行起飛前的安全檢查，一位30K的女性乘客XXX將手提包至於腿上，R3組員XXX依照飛航安全規定要求，必須將手提包置行李箱或是前方座位下，但乘客拒絕且辱罵組員。這位乘客不依飛安規定，就必須依照不理性乘客處理方式，不論是口頭報告機長或是書面記載，都要先清楚了解事情發生的人、事、時、地、物，也就是what、when、where、who、why 5W原則。

1. 必須先了解發生了什麼事（what）？

　　有乘客拒絕將手提包依規定置於行李箱及前方座位下。

2. 是什麼時候發生的（when）？

　　組員在哪一天？哪一個班機？飛機起飛前執行安全檢查時。

3. 發生地點在哪兒（where）？

　　乘客座位30K。

4. 事情發生的關係人是誰（who）？

　　30KXXX乘客、R3組員XXX。

5. 爲什麼發生（why）？

　　組員執行飛行前安全檢查，要求乘客依飛航安全規定，將手提包置於行李箱或前方座位下未果。

　　掌握5W原則盡可能清楚了解事件發生的所有訊息，也能提供機長有效確實的訊息，讓機長後續的決定有判斷的依據。事件發生的書面記載詳實，也可助於後續可能衍生官司訴訟時的訊息提供。

二、口頭提醒

　　如果當善意的提醒與規勸都無法發揮效果的時候，酒醉或是不遵守規定的乘客，一旦有影響他人或組員的行爲，如類似謾罵口語暴力等，組員立即要以堅定的語氣給予口頭提醒，也就是希望想要鬧事的乘客能適可而止，將想要繼續滋事的念頭打住。被口頭提醒者如果能遵守組員指示，停止不理性或言語挑釁或謾罵，客艙組員就不須要有再進一步制止的舉動。惟事件發生處理後必須通知機長，讓機長了解乘客訊息和處理過程，飛行當中也必須對事件者多一些觀察，注意是否情緒仍有較大起伏，降低乘客再度引發衝突的機會。

三、最後提醒（Warning Card）

　　乘客若在第一階段不接受組員的口頭提醒，持續不理性行爲或影響其他乘客或組員時，組員可以將Warning Card交給不理性乘客自行閱讀，或

是由組員口述Warning Card上所載內容。也就是提醒乘客這會是最後的警示，如果仍然持續影響他組員或其他乘客的安全，就會面臨可能的刑事與罰則。

四、安全箱（Security Box）的使用

多個違反飛安的新聞事件中，看到的新聞畫面，大多是由當地警察在飛機降落後將鬧事的乘客上銬帶下飛機，而有許多鬧事的乘客在航行過程中，若行為具有危險，就可能在機上被制伏上銬。商用客機已經不像以往，機上還有空中警察（Sky Marshal、Air Marshal）的人員配置，但飛機航次和載客人數不斷增加，無法保證每一位乘客都能遵守規定。為了預防少數可能滋事的乘客，影響其他旅客的權益或是造成組員或飛行安全，航空公司依據飛航安全的規定，機上有預防性安全箱的裝載。這個安全箱中有限制行為的裝備，如塑膠手銬（Plastic Handcuff）、安全束帶（Restraint Belt）塑膠束帶（Plactic Restaint Device）等。

塑膠束帶是一種尼龍材質的強力塑膠束帶，大約要用150公斤的拉力才可能將它扯斷，和金屬手銬有一樣的功能可以限制手或腳的行動，但成本相對低廉且質輕，使用後須要解開直接使用剪刀剪開即可，是一種一次性的使用的安全預防用品。有些航空公司的安全塑帶搭配鑰匙使用，解開時用鑰匙打開。一般從航空公司思考的角度，通常不到情況嚴重的狀況，是不會輕易使用這項物品，但危及飛航安全的定義有時立場的不同，就會造成看法迥異的差別，尤其在911攻擊事件和現在恐怖組織攻擊手法的日新月異，讓曾經受害的國家或地區對於違反飛安意圖的認定會更為謹慎。

多年前從臺北飛洛杉磯的班機上，一位乘客坐在747右邊四號門邊的位置，起飛的第一次餐點服務結束後的三小時（大約是起飛後五小時），大部分的乘客都在休息，這位乘客開始起身走動，不停的要和旁邊的乘客說話，坐在他附近的乘客不堪其擾，按下服務鈴請組員處理。組員原以為客人只是睡不著想找人說

話，越聊就越感到不對勁，發現乘客情緒很躁動、亢奮一直不停說話，報告機長了解狀況後，組員對這位乘客的行為舉止的關注並沒有停止。當天這位乘客單獨搭機並無其他同行者可以協助照看，也無從得知乘客怪異舉動的真正原因，組員必須隨時注意以免發生不預期的狀況。就在組員要安撫乘客回座休息時，他突然作勢想要打開機艙門，所幸其他乘客協助壓制，而這位乘客仍大呼小叫不斷掙扎。機長了解狀況後決定先將這位乘客換離機艙門邊的位子，將他換至前、後都有座位且離組員視線範圍較近的位子。但當組員正忙於餐點服務時，這位不理性的乘客竟又衝至機門邊想打開機門，雖然飛機的安全設計，並不容易在飛行中將機門開啟，但任何可能影響安全的舉動都被嚴格禁止。機長為飛行安全考量，不得不做出約束該名不理性乘客的行為，在其他乘客的協助下，以約束帶將這位無法控制的乘客暫時固定在座位上，直到降落後通知機場相關單位，交由當地警方協同醫療單位處理後，才稍稍紓解組員緊繃的精神狀態。

第五章
劫機與爆裂物威脅

第一節　劫機

　　以往劫機的發生，劫機犯的目的大多是政治因素而劫機，利用劫機行為達成欲逐行之政治目的，依據目的不同大致有幾種類別：要求前往第三國家取得政治庇護、將機上人質作為要求釋放政治犯的籌碼、將劫持後的飛機當作攻擊武器。不同目的劫機者的行為模式也會有區別，如911恐怖攻擊事的劫機，劫機犯的最後目的就是造成包含自己和他人的傷亡及損害，也就是被成功劫機後，機上所有人的生存機率幾乎是零，若沒有在事情發生前獲得控制或事前預防，就會如不定時炸彈般隨時可能引爆，成為維護航空安全的重大威脅。

　　70、80年代是劫機發生頻率最高的時期，當時的航空安檢並不嚴格，世界的政治也處於不穩定的局勢，也因為發生頻率高，劫機犯的行為導致飛機失控墜毀也不斷在這個時期發生。劫機墜毀發生原因有時是飛機燃油耗盡，機長不得不做出的迫降選擇，劫機犯要求飛往的地點與飛機計畫飛行的地點距離差太多，飛機裝載的油料根本不足以應付這樣的改變，所以當飛機燃料耗盡，就會被迫降落在陸地或海上。

　　1996年衣索比亞航空班機961，飛往尼日的途中，因為飛機遭劫機者以炸彈威脅方式控制，劫機者要求機長改變航線飛往澳洲，因為油料不足，機長告訴劫機犯必須中途落地加油，但被劫機者拒絕。飛機就在油料用罄後，迫降在印度洋附近的科摩羅島，飛機失事造成127人在這次空難中喪生。

第二節 爆裂物炸彈威脅

炸彈和爆裂物威脅對於航空公司是絕對不能輕忽的飛航安全議題，大部分的爆裂物和炸彈威脅訊息來自不明人士電話透露、文字訊息傳達，或是來自於搭機乘客的口頭威脅，來源訊息可能不同，但是對於飛航安全都會產生威脅。

不明電話訊息可能會由特定航空公司接收，當地機場或是警察安全單位得到訊息，其中雖然經查證後多屬惡作劇電話，既使如此對於類似的訊息都不能掉輕心。許多威脅的訊息有確切的日期、時間、機型、班機號碼，如果有這些明確的資訊，被指涉的航班就必須確認航機安全無虞才能起飛。

國內和國際的幾家航空公司，都曾接獲炸彈威脅的通知，有一些是物品上貼這著炸彈威脅警語，有一些是透過手機訊息傳遞，表明機上有爆裂物，雖然這樣的狀況多半是謊稱、惡作劇，但絕對不能因此掉以輕心，對於航空安全的把關出現疏漏。

第三節 如何處理

一、必要步驟

機上如果有發現可疑物品，為確保航機安全要採取一些必要步驟：
1. 觀察是否是被刻意藏匿。
2. 不要隨意移動可疑物。
3. 不要碰觸連接或附著在可疑物的任何電子設備。
4. 不要讓可疑物品無人看管。

   可疑物通常不是由組員發現就是乘客通報，發現可疑物的組員或是接受乘客通報的組員，第一時間都必須在旁看管可疑物，避免可疑物品在無人看管的狀況被誤觸或移動。
5. 立刻通知機長等待指示

發現可疑物品除了要立刻告知機長外，報告的內容也一定要盡可能詳細描述，發現可以疑物確切的位置、顏色、形狀、大小甚至氣味，讓機長可以依據內容判斷或與地面協助者連繫時搜尋資訊的依據，也能作為可疑物處理的判斷參考。

短時間無法降落時，航機必須降至安全高度，若機上可疑物或爆裂物不慎引爆，飛機在安全高度下飛行不會造成失壓缺氧的危機。並將乘客疏散遠離爆裂物至少4排以上的距離，乘客必須繫緊安全帶，頭部下壓低於頭墊（Head Rest）的高度同時椅背要豎直、餐桌要收回，可以增加可能爆炸時的保護。

二、最低風險處理（LRBL）

航空安全受到威脅更勝以往，許多飛航安全事件中，許多不法分子攜帶的爆裂裝置可以透過各種方法來規避安全掃描，自911後通關檢驗進行安全掃描的程序更加嚴格，但仍不能保證100%的有效檢測（European commission，2016），所以需要採取更全面的安全對策來保護航機飛行的安全，最直接可能影響的人就是機、組員及乘客，隨時保持安全戒心，才能讓這些威脅降至最低。

當事前所有的預防出現疏漏的狀況，飛機起飛後，機上爆裂物的威脅及裝置存在的問題已經無法避免，就必須優先採取保護機上人員安全對策，其目的是要能夠減輕飛行過程中爆炸產生的影響，減少結構性損壞，讓飛機能安全落地並增加人員的生存機會。當有必要在客艙內處理爆裂物時，LRBL就是在飛航安全組之專業評估後所建議的處理程序。Least Risk Bomb Location（LRBL），就是將爆裂物放置在風險最低的位置，也就是說，當威脅無可避免時，將爆裂物置於機上可能造成的損害的風險最低處，增加飛機及人員的安全保護。

LRBL任務執行操作準備：

1. 將乘客疏散至其他遠離LRBE區域
2. 將可能引起燃燒或可燃物移至他處，LRBL附近的可移動的緊急逃生安

全設備也移置不受影響區域。

3. 在LRBL執行區域上鋪上防漏塑膠墊，可以使用機上大型的垃圾袋，用來防止不明液體下滲影響地板下的設施安全。

4. 將可疑物移至特地區域前，將材質較堅硬的物品放置在地板上，作為保護地板下的機電設施或結構的緩衝，可以利用機上的設施，如餐車（Meal Cart）、服務推車（Trally）等。

5. 將可用的毛毯、枕頭、椅墊等可吸水物品浸濕（利用水及其他不含酒精液體），當作可疑物可能爆炸產生壓力時的緩衝墊。

6. 將可疑物平穩地放置在浸濕的緩衝墊上後，再重複製作相同的緩衝墊，層層堆疊高度可至天花板處，也能減少天花板上的設施與結構破壞。但每一層緩衝墊必須以防水材質塑膠隔離，目的是為了防止液體下滲，及避免水分可能與可疑物發生作用，或是造成短路讓成份活化或啟動裝置引起爆裂。

7. 如果必須移動可疑物，務必保持水平、穩定的方式移動，動作不宜過大。

第六章

危險物品

　　國際民用航空組織（ICAO）定義空中運輸的危險物品（Dangerous Goods by Air）簡稱DGR，是指使用航空運輸器裝載運送過程中，任何可能造成健康、財產、環境和安全危害的物品。

　　而針對航空器危險物品的運送，國際民用航空組織（ICAO）規範中，有關航空運輸危險物品有詳細的說明，針對危險物品有完整的分類、標示、包裝規範，讓航空公司對於如何運送危險物品，有了可遵循的標準安全規範與依據。航空安全規範下的危險物，在妥善的分類、包裝處理下可以經由航空貨機載送，或是放置在客機貨艙中運輸，也有少部分經過安全核准，搭機乘客可以當作隨身物品或手提行李攜帶上機。但所有被核准攜帶上機屬於危險物品者，都必須嚴格遵守相關安全的規定與限制，避免在飛行運送過程中發生危險。

　　民航局對於民用航空器載運危險物品有相關規定，危險物品空運管理辦法就是依據民用航空法第四十三條第四項規定所制定；危險物品是貨運裝載相關處理人員必須了解的專業，機、組員也許並未實際參與危險物品裝載的處理，但對於相關的專業知識也必須要了解。要清楚知道危險品的分類，和可以手提或隨身攜帶上機危險品的項目與攜量限制，若危險品發生預期以外的意外狀況，也要知道適當處理的方式。綜合以上說法，組員對於危險物品應有的了解與認識：

1. 組員對於危險物品可攜帶至客艙的危險物品相關規定務必清楚。
2. 危險品在運送過程中可能發生的危險，如何預防和避免。
3. 組員必須了解危險物品的標示和種類，非預期的意外發生時，能清楚判斷並採取適當的方式處理。

第一節 危險物品／物質的分類與識別（例：新冠病毒COVID-19）

危險物品本身就具有一定的危險性，當這些物品需要以航空方式運送時，物品處理的過程就必須有嚴格的規定，因為運送過程中只要有異常，就有可能危及飛機的正常操作。所以許多危險品無法以航空形式運送，能利用飛機裝載運送的危險物品，也一定被要求絕對遵守危險物品運送限制與規範。依據物品屬性的不同分類，載重、包裝、標示也必須根據危險物的種類作區別，尤其是外部的標示必須清楚，讓人從標示上所載文字、圖樣、顏色就能判斷物品的性質，當非預期的情況出現就能立即採取適當方式處理、避免危險擴大。

為使危險物品裝載在機上且安全的被運送，民航局從2008年公布「危險物品空運管理辦法」，是參考國際民航組織（IACO）、國際航空運輸協會（IATA）、國際民用航空公約等組織，根據危險物品空中運輸處理、技術的相關規範而制定。對於空運危險品的分類、處理和限制有明確的規定，從公布實施執行至今。

辦法中將危險品區分為9大類，這九大類是依據危險性質類屬來分類，並非代表危險程度的大小作區分，其分類如下：

一、第一類 爆裂物（Explosives）

第一類爆裂物是指液態、固態或兩者混合物質，因化學作用反應讓氣體迅速膨脹產生高溫、高壓，對周圍的人或環境造成破壞。

此類危險物不能以手提或隨身攜帶的方式進入客艙，且大多以全貨機載送（Cargo Aircraft only），可容許經過申請裝載於飛機貨艙的物品，像是比賽或運動槍枝彈藥裝載，每一位乘客限制裝載的重量不超過5公斤（約11磅）為限，並限制多人集合裝載。這類危險物品運送處理的過程都應避免高溫、熱源、光線，移動時避免劇烈震盪、重摔，保持穩定。

過去臺灣和內地城市並未開放直航，所有前往大陸任何一個城市，都必須從香港、澳門轉機，一趟臺北到澳門的班機，所有乘客已登機完成，但遲遲不見地勤送艙單給機長簽名放飛。等待過程中曾有乘客擔心延誤，會影響轉機航班的銜接而破口大罵，了解後知道延遲是因為有乘客運送比賽用的槍枝和彈藥，但是並未完全依危險品運送規定裝箱，航程中有影響飛航安全的疑慮，航空公司要求一定要按照安全規定重新包裝及標示因此延誤。但其中不耐久候的旅客卻說，差幾公斤不會有事的啦！聽到這樣的話也只能搖搖頭，這樣的乘客是不會了解，要維護飛行的安全對於任何不符合安全規範的事物都不能允許，那怕是再細微的因素，但只要可能造成危險就絕對是零容忍。

　　第一類危險物是以炸彈爆裂的黑色圖像、橘色底菱形標示，在標誌的下方有阿拉伯的數字1，及易於辨識的爆炸圖示，也就是分類中的第一類爆裂危險品。第一類危險物品是爆裂物，而爆裂物又因性質不同區分為六種：

㈠有巨量爆炸危害物質

　　此類物質產生發生爆炸後，會瞬間造成巨大的破壞（如圖6-1）。

　　例如：火藥、雷管。

圖6-1

㈡具有射出危害，但無巨量爆炸危害物質

　　射出後會造成危害，但不會像巨量爆炸危害物質，造成較大範圍或規模的破壞，例如子彈、照明彈就屬於這一類危險物品（如圖6-2）。

圖6-2

（三）具有起火、輕微射出危害、輕微爆破危害、或兩者兼具之危害但無巨大爆破危害者

　　這類物質起火後會產生大量輻射熱，若相繼燃燒會產生輕微爆炸或拋射（如圖6-3）。例如：燃燒彈、煙霧彈

圖6-3

（四）不致引起重大危害物質

　　這一類不致引起重大危害物質，是指會引火燃燒但起火引燃造成的危險範圍較小，範圍較小是因為單位量小，但如果有許多單位聚集造成大量，引燃後造成的危害也不可小覷。例如：爆竹、煙火

　　D是指沒有引發裝置和發射火藥的二級起爆物，或含有二級起爆物的物質，如引信（如圖6-4）。

圖6-4

　　F是代表含有引發裝置、帶有發射藥物或不帶有發射藥物的第二級起爆物（易燃液體或凝膠或自燃液體物質則除外）（如圖6-5）。

　　G是指含有爆炸性物質、煙火物質或含有煙火物質，或照明、催淚、燃燒或發煙物質的物品。遇水容易活化物質或含有白磷、磷化物、自燃物質、易燃液體或膠體、或自燃液體的物品除外，例如煙火（如圖6-6、圖6-7）。

圖6-5　　　　　　圖6-6　　　　　　圖6-7

　　對物質或物品採用這種的包裝或設計：除了包裝被燒損外，能使事故

客艙安全管理——理論實務與案例

引起的危險，不波及到包裝之外，在包裝遭到燒損的情況下爆炸和拋射效應，不至重大妨礙在包裝鄰近地區滅救火或其它緊急應變措施，例如雷管。

(五)不具敏感性有巨大爆炸危害物質

物質本身並不太有活性，但其所包含的物質引火燃燒爆炸後會造成大範圍損害，但因為本身不具活性的特性，依照正常處理手法與運送，不太會發生意外或引爆的危險（如圖6-8）。

例如：爆破型炸藥、引爆劑

(六)極不敏感性無巨大爆炸危害物質

這類物質雖然極不敏感、無整體爆炸危險，但物質的化學性非常活潑，對於熱力、電力、磁力、機械力的作用很敏感。對於高溫、震動、摩擦或與其他化學成分結合會有燃燒、爆炸的危險，除此之外這類物質經燃燒、爆炸後會產生有毒氣體，所以這類物質在未經處理前絕對禁止以任何方式運輸（如圖6-9）。

還原劑磷、硫、粉墨都屬於這一類危險物質。

圖6-8

圖6-9

121

二、第二類：危險氣體（Gases）

危險氣體是指有毒、易燃或任何對人體產生傷害的氣體，這些氣體散佈在空氣中且到達一定濃度時，會起火燃燒、吸入後可能窒息或有中毒危險。類似的危險氣體在可控制的範圍下，依照安全規範仍然可以使用飛機貨艙作為載具運送，也有一些少量氣體危險品經過安全檢查後，可以放在手提袋、箱隨身上機。第二類氣體類危險物品可以放置於隨身行李登機的物品有：日常使用的罐裝噴霧器如噴霧髮膠、香水、古龍水、藥用酒精，這些內含酒精容易揮發的物品，每一位乘客可以隨身攜帶的量不超過2公

升，單一物品的容量也不能超過0.5公升。這類可攜帶上機的手提或隨身物品，容器所使用的安全蓋、閥必須能確實保護容器中的氣體，不會在不預期的狀況下漏出。

航行中醫療用氧氣瓶、機械使用二氧化碳氣瓶或其他這類氣體的使用，必須符合安全規範及所搭乘航空公司認可（並非所有航空公司標準一致），以及登機前告知機長相關訊息後方可攜帶上機。航程中如因醫療需要所使用的氧氣裝置（氧氣瓶），每一瓶的重量不超過5公斤，確認瓶身上安全氣閥和調節釋量開關的功能正常，以免造成不正常滲漏。

(一)易燃氣體（Flammable Gas）

菱形紅色底以白色燃燒圖像，標示易燃燒之特性加強安全警示，標誌下方標註阿拉伯數字2代表第二類氣體類危險品（如圖6-10）。

圖6-10

易燃氣體是指氣體在20℃，標準壓力101.3 kPa（壓力單位）時，與空氣之容積混合比在13%以下包含13%，容易起火的易燃氣體稱之，像是打火機中的製造成分或乙炔、丙烷、丁烷、氫氣等都是具危險性的易燃氣體。

(二)非易燃、非毒氣體（Non-Flammable, Non-Toxic Gas）

菱形綠色底以白色氣體鋼瓶代表此類非易燃、非毒氣體，標示下方以阿拉伯數字2代表屬於第二類氣體類危險品。這一類氣體雖然不是易燃且無毒，如果空氣出現這類氣體會與氧發生變化取代氧的位置，將會稀釋空氣中氧的濃度容易造成缺氧或窒息。許多高壓填裝的氣體、滅火器中使用的低溫液化氣體、二氧化碳等都不是易燃、有毒氣體，但處在充滿這些氣體的環境下，就會缺氧、窒息甚至死亡（如圖6-11）。

圖6-11

㈢毒性氣體（Toxic Gas）

菱形白底標示，以一個極具警示骷髏頭的符號，讓人一看就能了解這個物品是有害、有毒的，下方數字2標示第二類氣體類危險品（如圖6-12）。

這類毒性氣體是指確認為對人體有害具毒性、腐蝕性的氣體稱之，如溴甲烷、殺蟲劑、催淚瓦斯。

圖6-12

三、第三類：易燃液體（Flammable Liquids）

危險品的第三類易燃液體的定義是指為液體、含有固體或液體混合物，閃燃點的溫度低於攝氏61華氏141度以下的液體稱之，又以溫度來區分低、中、高閃燃點易燃液體（如圖6-13）：

1. 低閃燃點液體是低於攝氏18度C，例如：乙醚。

2. 中閃燃點液體介於攝氏18～23度C，例如：甲苯。

圖6-13

3. 高閃燃點則介於攝氏23～61度C，例如：煤油。

易燃液體的閃燃點是指，液體釋放出蒸氣與空氣中物質混合時，引發起火現象時的最低溫度，這種易燃液體的性質，可以用來衡量在運送過程中，液體溢出包裝時，可能造成爆炸或起火的風險大小。

菱形紅底標標示，此類物質以液態呈現，火焰燃燒圖樣表示其易燃燒性質警示危險，這類的易燃液體所以危險，是因為液體蒸發時與空氣結合後容易起火燃燒，易燃液體有容易揮發與燃點低的特性。例如酒精、汽油、煤油、精油等皆屬此類易燃液體。屬於易燃液體部分物品項目在符合安全的規範下，可以當作隨身行李攜帶上機，惟須遵守可攜帶容量的限制。

乘客於免稅商店購買的酒精性飲料，酒精含量在24%以上70%以下，每一位乘客攜帶上機的數量限制在5公升以內，酒精含量在24%以下則沒有攜帶上機限制，但仍必須遵守個人手提行李重量限制，因為飛機載平衡是起飛時重要的安全依據，若有太多不確定的重量也會影響載重計算的準確度。

四、第四類：易燃固體（Flammable Solids）

　　第四類危險品是易燃固體，固體易燃物質，會因為到達某個溫度發生自燃現象，也會遇水產生起火反應。又分為易燃固體、自燃物質、遇水反應易燃固體。航空運輸危險品中的易燃固體是指固體可能起火的二種方式，一種是在運送的過程中溫度控制不穩定發生起火狀況的易燃固體；另一種是過程中因為摩擦、碰撞、而導致燃燒的易燃固體。燃燒的固體可能是粉末或顆粒狀態的物質，燃燒過程可能直接影響飛安，燃燒後釋放的氣體也可能產生有毒物質，對人體會直接造成吸入性傷害。

(一)易燃固體（Flammable Solid）

　　易燃固體所指稱的是在運送的移動過程，物質會因為碰撞摩擦容易起火燃燒的固體，火柴具摩擦起火特性就屬於此類易燃固體危險品，而少量盒裝安全火柴限制數量一盒以內，可以放置在手提行李中攜帶上機。相同數量可以讓乘客隨身攜帶上機的安全火柴，禁止乘客放在托運行李中運送，因為安全火柴在貨艙中的狀況無人監控，引火後也無法立即有效撲滅火源（如圖6-14）。

圖6-14

(二)自燃物質（Substances Liable To Spontaneous Combustion）

　　與空氣接觸時，即使沒有其他物質或能量的供給，也會自行產熱而達到燃點產生起火反應，也就是自燃固體的特性，不同的自然固體與空氣接觸會產生的自燃反應略有不同，有的短則幾分鐘，有的可能在幾小時或幾

天後（如圖6-15）。

　　在常溫下物質與空氣接觸發生氧化作用，氧化作用時所產出的熱能，達到此物質的燃點時就會自燃，具有此類屬性歸類於危險物中的自燃物質。也就是在運送過程中，與空氣接觸後會產熱自燃的物質，而黃磷就屬於這類的危險物。

圖6-15

㈢遇水釋放易燃氣體之物質（Substances Which, In Contact With Water, Emit Flammable Gases）。
　　（Dangerous When Wet）

　　遇水釋放易燃氣體物質是指易燃固體遇水或與空氣的濕氣、水分發生作用後，會產生容易自燃的氣體，或是物質本身就會釋放易燃氣體，當釋放出的氣體達到一定濃度就有自燃的危險，鎂粉、鉀、就具有這樣的性質（如圖6-16）。

圖6-16

五、第五類：氧化物（Oxidizing Substances）

㈠氧化物（Oxidizer）

　　危險品中第五類的氧化物的性質，其物質本身並不會像自燃或易燃物質一般起火，但釋放出的物質會在空氣中產生氧化作用，物質釋放出來的氧會讓附近其他容易與氧作用的物質活化，使物質的穩定性產生變化，因為氧化物的氧化作用而產生燃燒的危害，氧化物質的危險性就在於此。生活當中所使用的漂白水（粉），或是氯酸鈣都具有很強的氧化作用，這類物質就容易與其他物質作用產生爆炸的危險（如圖6-17）。

圖6-17

(二)有機過氧化物（Organic Peroxides）

有機過氧化物物質本身會放熱，產生熱的同時也會自我分解，這類物質的特性不太穩定，若發生起火反應會迅速燃燒，若於密閉環境燃燒可能引起爆炸，所以運送過程中要非常注意，對於容易影響物質變化產熱的因子（如溫度、濕度）加以控制，讓有機過氧化物維持穩定不會造成危險（如圖6-18）。

圖6-18

六、第六類：毒性及傳染物質（Toxic and Infectious Substances）

第六類的毒性及傳染物質：對於人體健康或是環境、生態造成傷害的物質就是毒性物質，而傳染性物質依據世界衛生組織的定義則是已知帶有病原體，或合理懷疑帶有病原體的物質，有這樣的特性就屬於第六類危險物品。

(一)毒性物質（Toxic Substances）

毒性物質是指經由吞食、飲用、吸入及皮膚接觸後，會對人的健康造成傷害嚴重甚至死亡的的物質。氰化物、農藥、殺蟲劑、除草劑、砷都是這一類毒性物質。因為物質具有毒性，其菱形標誌上的骷顱頭標示，明顯強調這類物品的危險性（如圖6-19）。

圖6-19

(二)傳染性物質（Infectious Substances）

這類感染性物質指具有生命的微生物或有機物或其基因突變之組合，並對人類或動物造成疾病。對於人類、動物造成疾病傳染的微生物或有機物，例如細菌、真菌、病毒、立克次氏體、寄生蟲或醫療廢棄物等都屬於傳染性物質（如圖6-20）。

圖6-20

新冠病毒COVID-19從2020年2月份大規模爆發後，疫情影響全世界，許多國家、城市為控制疫情蔓延，封城、鎖國，國際間人員運輸往來的航空業首當其衝，減班、停航規模數倍於2003年的SARS。COVID-19來勢洶洶，比過往的SARS、Ebola、MERS、ZIKA的傳染力、死亡人數都要高，短短幾個月，全球死亡人數近11萬人，且持續增加中。不幸成為疫情傳播工具之一的航空運輸業，雖有以往預防病毒傳播的相關模式，但都不足以應付COVID-19的強勢壓境（如圖6-21）。

圖6-21　圖片來源：經濟日報　編譯劉忠勇／綜合外電/2020-02-03

　　為預防疫情擴散，IATA根據世界衛生組織（WTO）建議，航空公司和機場必須加強機、組及地勤人員COVID-19的身體表徵和症狀識別能力及設備（體溫檢測及防疫設施）的支援。組員為避免COVID-19的傳播，務必依相關措施操作，包括社交距離、個人衛生、手部清潔、環境消毒、廢棄物處理，和如何穿戴防護裝備及使用時機；除此，應盡量避免與呼吸系統有相關症狀者接觸，如果有，就必須立刻執行檢疫、隔離等措施。

　　機上裝載之醫用口罩必須保留部份給呼吸道有疑似症狀者，以避免感染其他人，如有使用個人防護設備（PPE）之必要，加強操作及使用過程中的清潔。與有症狀者近身接觸的組員（如提供必要之急救），必須穿戴醫用口罩、護目鏡、防菌手套和防護衣（如圖6-22）。使用後的防護裝備

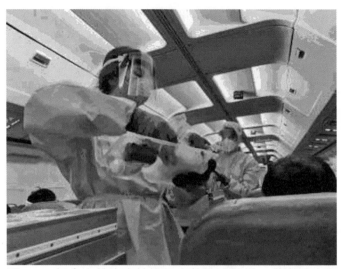

圖6-22　加拿大航空客艙組員穿著防疫裝備，於客艙中提
餐點服務。　　*圖片來源：CBC/Radio-Canada/Edward
Wang via Reuters/2020-04-04/https://www.msn.com/en-ca/
news/canada/air-canada-to-provide-protective-gowns-eye-
wear-to-flight-crew-amid-covid-19-pandemic/ar-BB129aJg*

應收置於廢棄物處理袋中密封，最後以肥皂清洗雙手，使用消毒劑徹底清
潔可能接觸的範圍，後續操作方式根據航機感染性廢棄物標準作業程序處
理。

　　Collaborative Arrangement for the Prevention and Management of
Public Health Events in Civil Aviation簡稱（CAPSCA），全名《民用航
空預防和管理公共衛生事件的合作計畫》，是ICAO旗下一個全球公衛預
防、管理及合作性的援助計畫組織，成立的目的是為協助航空運輸過程
中，有傳染病或遇突發的公衛安全事件時，能立即給予正確的訊息及相關
的健康險評估，提供航空公司有效的安全處理程序並降低感染傳播。

　　當飛機上有搭載疑似病例乘客，機上裝載及使用後的防疫用具處理，
必須依照危險品作業規範標準執行，而機艙內的組員，工作執行程序也應
根據《國際民用航空》的規定和建議準則操作。

為預防機上乘客出現可能傳染病症狀，航機飛行建議裝載必要防疫用具。裝載項目包括：

1. 可吸收少量液體溢出，並能轉化為無菌顆粒狀凝膠的乾式消毒粉末。
2. 消毒水或殺菌劑，可用於抹布擦拭清潔、消毒物體表面。
3. 護目鏡或醫療用面罩。
4. 拋棄式消毒或防菌手套。
5. 防護圍裙。
6. 全罩式防護衣（如果必要）。
7. 拋棄式生物危害廢棄物處理袋（如果必要）。

如果機上乘客出現明顯急性呼吸道感染症狀，或來自傳染危險疫區者，機、組人員應遵循國際航空運輸協會（IATA）規範程序。

具體方式如下：

1. 將出現症狀者與其他乘客隔離至少1公尺以上（前、後、左、右間隔約兩個座位以上的距離），具體狀況視機艙設計而定，為避免可能傳播範圍擴大，盡可能移動其他乘客。
2. 請症狀乘客戴好醫用口罩，咳嗽或打噴嚏務必遮掩口、鼻，替換使用後的口罩或其他防護用具，必須立即將其收置於生物危害廢棄物處理袋中；如果沒有可用的生物危害廢棄物處理袋，可以放入無破損的塑膠料袋中密封，並立即使用清潔劑洗手或酒精消毒。
3. 為預防疾病的傳播和範圍控制，指定一名機組人員為症狀乘客服務，最好能指派受過機上傳染疾病處理訓練的組員。
4. 狀況許可下，盡可能隔離一間廁所（最靠近症狀乘客座位區域的洗間），僅提供生病的乘客使用。

待航機抵達，機上出現症狀者、其他乘客和所有機、組員下機後續，依據當地衛生檢疫安全規定處理。

而航機清潔、消毒，則由當地衛生檢疫專家建議後經飛機製造商核

准，因爲飛機上使用的所有消毒、清潔產品的成分，絕對不能傷害飛機金屬表面和接合結構零件的性質，如果因此發生化學變化產生腐蝕作用，就會對航機飛行安全造成損害。

　　飛機客艙內部清潔，必須特別加強機艙的危險區域（座椅、安全帶、頭枕、毛毯、桌面、窗戶、窗簾，乘客座位的PSU和個人娛樂服務系統）和座位周圍環境，而最重要的區域就是症狀乘客所使用的洗手間，以及所有共享高接觸設施表面區域（如圖6-23）。

圖6-23　圖爲阿聯酋航空爲對抗疫情，於Airbus 380航機抵達杜拜後，地勤人員全副武裝上機執行客艙清潔、消毒工作。　圖片來源：5 March 2020（路透社）/By MEE and agencies/Published date: 18 March 2020 12:54 UTC /https://www.middleeasteye.net/news/coronavi-rus-dubai-emirates-qatar-airways-staff-lay-off-covid

七、第七類：放射性物質（Radioactive Material）

　　放射性物質簡單的說就是會放射出輻射的物質，但生活中的許多物質都有放射性，吸收過程中人體無法偵測劑量的多寡，必須仰賴儀器偵測才能確知劑量，發生危害多半是吸收過量後緩慢發生的結果。我們每天都可能經由各種管道攝入微量的放射物質，但攝入量必須在安全值以下，例如碘、銫、鈾、鈽等就是我們熟知的放射性物質。

　　這些放射性物質產生的輻射可能對人有害，被運送時有較嚴格必須遵

客艙安全管理──理論實務與案例

守的規範，多半不得攜帶上機，但也有可隨搭機乘客上機的放射性物質，如醫療使用於器官移植含放射物質等儀器、工具或藥物，像是經外科手術已植入人體的心律調整器、包括以鋰電池作為電力來源的裝置，還有因為醫療已注入人體含有放射性物質的藥物（癌症化學治療藥物）。

㈠放射性物質（Radioactive-I-White）

這個白色羅馬數字I標示代表其放射性物質的含量低於五毫西弗以下（如圖6-24）。

㈡放射性物質（Radioactive-II-Yellow）

黃色標示羅馬數字II的標籤，代表放射物質的含量在介於五毫西弗到五百毫西弗之間（如圖6-25）。

㈢放射性物質（Radioactive-III-Yellow）

黃色標示羅馬數字III的標籤，代表放射物質含量超過五百毫西弗以上，輻射量較大也較具危險性（如圖6-26）。

圖6-24　　　　圖6-25　　　　圖6-26

㈣裂變物質（Fissile）

這類危險品標示是指具有裂變性的放射物質，會產生輻射造成汙染，如我們熟知的鈾或其他具有放射性的物質。任何標籤放射性物質發生破損外溢的意外狀況，在可能的情況下將該物質隔離，必須嚴格禁止任何人靠近附近區域（如圖6-27）。

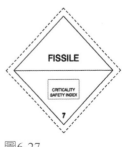

圖6-27

八、第八類：腐蝕性物質 （Corrosives）

　　這類危險品性質較活潑，能和許多物質產生化學變化，像是有機物、金屬、木頭等製品經由接觸會產生化學反應，這些反應後的物質多半屬於強酸、強鹼，會對接觸者或物品造成傷害，尤其人體的皮膚、黏膜組織（眼睛、鼻腔、呼吸道）、會造成嚴重灼傷具有這種特性的物質就屬於第八類危險物品，如：鹽酸、硫酸、硝酸、王水、水銀（汞）、氫氧化鈉、氫氧化鉀。這些腐蝕性物質不只對接觸的人會造成立即傷害，也會對金屬或其他物質因為接觸腐蝕產生破壞，讓運輸工具也可能在航程中對安全造成危害，因此包裝運送過程必須更加謹慎。如經航空公司許可攜帶上機的水銀溫度計或氣壓計，必須有完整外包裝，包裝材質要能防水銀滲漏，以防其他裝置因破損遭水銀腐蝕（如圖6-28）。

圖6-28

九、第九類：其他危險物品 （Miscellaneous Dangerous Goods）

　　第九類其他危險物品是指在運輸過程中，存在著其他類別所未涵蓋的危險的物質和物品，這一類別包括在高溫下運輸對環境有害的物質、轉基因生物和轉機因微生物，以及磁化材料和航空管制等物質。

(一)其他危險物品Miscellaneous（without word）

　　此類危險物質和物品是指在空運過程中會產生危險的物質和物品，包括航空管制的固體和液體物品，有麻痺性、有刺激性或其他有害性質，一旦溢出能引起機組人員極度不適。例如：石綿、救生器材內的化學成分物質（如圖6-29）。

圖6-29

(二)其他危險物品（lithium battery）

　　世界民航組織（ICAO）及國際民航運輸組（IATA）從2019年起，將

鋰電池危險標誌（如下圖）列入危險物品（DGR）第九類其他危險物品的包裝標示，當以飛行器載運發生危險時，較容易識別並快速處理（如圖6-30）。

圖6-30

綜合上述，第九類其他危險物品是指未包含在上述八類，但卻能在運送過程中因處理不慎對人員或航機造成危險物品，如磁性物質、高溫物質、危害環境物質等……，像石綿、乾冰、電池滲出的電解液、多氯聯苯、化學試劑和鋰電池等物質。另外，磁性物質空運僅限貨機裝載，也就是僅能利用無載客全貨機載送；高溫物質是指在運送過程中，液態物質溫度高於攝氏100度但未達其燃點，固體物質溫度則高於攝氏240度。

以上九大危險物品分類，大部分必須經由貨機運送或是放置在貨艙，對於少部分可以攜入客艙的危險物品，是指安全限制下可攜至客艙之危險物，但這些可攜帶上機的危險品分類的物品，必須依照各個目的地國家規定。有相關的安全規定和處理如下：

1. 化妝品類：指甲油、去光水、香水、古龍水、髮膠等。隨身攜帶上機的限制在100ml以下。（必須放置於可重複密封夾鏈的透明塑膠袋中）

2. 限制數量與大小的鋰電池：可攜帶上機的鋰金屬或鋰合金或鋰合金電池，鋰含量限制在2公克以下、鋰離子充電電池100瓦小時，最高不超過160瓦小時，限制每人兩個以下。

3. 乾冰：機上所需餐飲運送過程所需的乾冰，或是裝載至機上廚房使用的乾冰，以及乘客攜帶必要物品或藥物隨機需要的少量乾冰，都必須在符合安全的規範下才可進入客艙，每人攜帶上機不超過2.5公斤。

4. 限制數量的酒精性飲料：酒精含量超過24%、低於70%，每個人攜帶總量不得超過5公升。乘客及組員可隨身攜帶上機的酒精性飲料，其數量各個國家的規定大同小異，惟酒精含量必須低於70%以下。

第二節 操作處理識別

　　貨物運輸的包裝是為了保護物品的完整，避免因碰撞發生損壞，在裝載運輸過程中，包裝也較便利於貨物的推疊放置。危險物品的包裝除了有一般貨物的必要功能，在運送處理的過程中，包裝上必須依照危險物品的類屬貼上標示，危險品類屬標示之外，操作處理標示（Handling Label）也要貼在包裝的適當區域。這樣的目的就是為了提醒所有處理人員注意，該貨物是屬於何種危險品？應該如何使用當適手法操作？如發生不預期的意外該如何處理？最終讓危險物品在控制下被安全運送。

　　依據IATA、ICAO、49CFR的規範，運送DGR物品有必須特別注意處理時的安全，要使用醒目的顏色、明顯的圖示與文字訊息製作的標示，來提醒接觸或處理該項物品時應注意事項，以維護貨物與人員的安全。以下是常見危險品運輸處理標示：

一、僅限貨機載運（Cargo Aircraft Only）

圖6-31

　　航空運送物品的包裝上貼有這樣的標示，代表這個貨物只能以貨機裝載運送，不能出現在全客機或客、貨兩用機的貨艙（如圖6-31）。

二、方向標示（This Way Up）

　　圖示箭頭表示方向，若包裝貼上這樣的標示，代表物品放置必須依箭頭指示方向放置，下方橫線代表與地面平行，箭頭與地面垂直向上，貼上這標籤的物件，就要依照這樣的指示方向放置。會貼有這樣標示的物品其包裝內多半含有液體，使用這樣的圖示在過程中，可以提醒所有經手處理人員，物品要維持的方向避免因為傾斜可能造成的滲出或溢漏（如圖6-32）。

圖6-32

三、遠離熱源（Keep Away from Heat）

物品標籤上有這樣的圖示，處理及運送過程的環境，都必須避免有高溫產生的可能，如太陽或其他可能製熱光源的長時間照射，或是危險物品附近有熱源。在處理類似物品，都要將這些可能造成危險的因素排除與隔離（如圖6-33）。

圖6-33

四、冷凍液態（Cryogenic Liquid）

這個標籤大多使用在第二類非易燃氣體，以低溫液體型態保存在容器中，包裝外就必須貼上這樣的標示，如冷凍液態氮，人員處理運送過程如果滲漏，環境通風不良就會有窒息的危險（如圖6-34）。

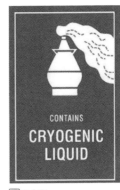
圖6-34

五、磁性物質（Magnetized materials）

這樣的標示代表物品本身具有磁性，所以運送處理時要注意遠離飛機上相關導航儀器，避免在飛行過程中產生干擾影響飛行安全（如圖6-35）。

圖6-35

六、代步電動輪椅（Battery-powered Wheelchair and Mobility Aid Label）

搭機乘客有可能需要輪椅代步，輪椅上的電池一種是不可拆卸，一種電池裝置是可拆卸的，輪椅上可拆卸與不可拆卸的電池，有不同的處理方式；這個圖式標籤是指代步的電動輪椅，輪椅上的電力來源是電池，貼上這個標籤即代表電池與輪椅已經分離處理（如圖6-36）。

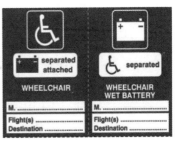
圖6-36

一些搭機乘客，會使用電動輪椅，但這種形式的輪椅不會隨輪椅乘客上機，航空公司會將輪椅視同乘客的Check In 行李放置在貨艙中，電動輪椅電力來源的鋰電池必須拆下與輪椅分開處理，處理電動輪椅鋰電池的注意事項：

1. 電池裝置拆下後必須被安全包裝與隔離，避免碰撞產生短路。
2. 全程採直立方向放置，避免漏液產生腐蝕。
3. 必須讓機長清楚知道被拆卸分離後包裝的鋰電池，貨艙裝載中確實位置所在，航程中若有異常狀況可以迅速掌握。

　　若輪椅上的電池無法拆卸，其處理方式必須注意：

1. 電動輪椅必須被確實固定及保護，避免運送處理或航行中與其他貨物發生碰撞，讓固定在裝置上的電池產生故障發生短路。
2. 輪椅裝置必須全程維持直立狀態，避免電池發生漏液危險。
3. 供電裝置啟動開關已經關閉，電路確實被隔絕。
4. 開關裝置必須被保護，不會在移動或碰撞中被開啟。

七、鋰電池（Lithium Batteries）

　　機上鋰電池可以托運下貨艙，也可以手提進客艙，手提、托運的不同則是以鋰電池的大小、功能區分。一般乘客在限制規範下可以手提、隨身上機鋰電池，而鋰電池依材質不同分為鋰離子電池、鋰金屬電池。

(一)鋰金屬電池（Lithium Batteries Metal）

　　鋰金屬電池是不可重複充電式電池，電池電量用罄後就必須更換，大多使用在耗電量較少的電子用品，如電子計算機、電子錶所使用的電池（如圖6-37）。

(二)鋰離子電池（Lithium Batteries Ion）

圖6-37

　　鋰離子電池是可再充電式的電池也叫做鋰二次電池，我們常使用的手機、平板、筆電或用電量較大的電子裝備都是使

用鋰離子電池，也因此常常會因為長時間電池會發生過熱現象（如圖6-38）。

圖6-38

八、時間與溫度限制（Time and Temperature Sensitive）

這樣的標示代表物品對溫度和時間有一定的限制，也就是物品的運送被限制在一定的時間和溫度下，若超出時間與溫度限制的範圍，物品就有可能產生變化。像是醫療用疫苗、檢體、實驗室樣本，這類需要精確控制溫度和時間的物品，運送時包裝外都會貼上這樣的標示。如此可以讓貼有這種標示的物品被迅速處理、降低因錯誤處理方式所產生物品質變的風險、減少因不正確或錯誤訊息產生的延誤（如圖6-39）。

圖6-39

九、對環境有害物質（Environmentally Hazardous）

有害環境物質是指對環境造成汙染的物質，若包裝出現漏溢、腐蝕，就手邊可利用資源迅速處理，如使用機上的防熱手套或防火手套拿取可能造成汙染或腐蝕的物質，利用機上的毛毯、毛巾覆蓋；紙巾、報紙或任何可吸水物品吸附液體，或使用防漏的嘔吐袋、免稅品購物袋、垃圾袋或是 Dangerous Goods Bag 收納。放進塑膠袋中可將塑膠袋密封，避免降落時壓力造成塑膠袋膨脹破裂，內置的危險物可能再次汙染。但為了安全仍然要將袋口內摺，隔絕可能產生的有毒氣體。如果有危險物品滲漏和不慎潑灑，其中的化學物質與空氣接觸就可能引火燃燒（如圖6-40）。

從危險物品的標籤上所載訊息識別，若有意外可立即採取適當措施相應。危險物品燃燒時可能產生的有毒氣體，組員在滅火同時也必須使用機上防煙罩（PBE），因為危險物既然被標示為危險物

圖6-40

品，就代表著這項物品具有傷害人體的危險性，不論是屬於何種等級？危險程度如何？不慎發生意外燃燒，都有可能因為燃燒後產生的氣體或濃煙具有毒性，對周遭的人產生危害。所以當被標示為危險物的物品起火燃燒，組員滅火前一定要穿戴好PBE，在執行滅火任務時才能保護自己不受傷害。如有液體滲漏將滲漏處朝上，以免造成更多的腐蝕液體滲出，導致機體或其他裝置的損害。相關處理應注意事項：

1. 不要使用海龍滅火器。
2. 以聚乙烯材質的毛毯或塑膠袋覆蓋。
3. 將所有危險物質靜置。
4. 將被汙染的區域隔離（直到飛機降落）。
5. 將危險物品置於不影響駕駛或乘客的區域（廁所、後方廚房）。
6. 若放在廁所裡必須放在地上固定不會移動、置於容器或袋中後再將廁所上鎖。
7. 使用過的手套、毛毯或任何在處理時直接接觸危險物品的物品，都必須收集後集中放置避免二次汙染。

第三節　鋰電池

民用航空法第四十三條規定：航空器，除經民航局核准外，不得裝載武器、彈藥、爆炸物品、毒氣、放射性物料或其他危害飛航安全之物品；又民用航空運輸業管理規則第二十七條：民用航空運輸業對於危險物品之運輸，依據國際航空運輸協會（International Air Transport Association, IATA）所制訂的危險物品處理規則（Dangerous Goods Regulations, DGR）辦理。而充電鋰電池（Lithium）在國際航空運輸協會（IATA）危險物品（DGR）的分類屬於第九類，第二章2.3.5.10小節中詳述乘客及機組員攜帶或託運之相關規定。其中在乘客及機組員隨身行李部分規定，若電池安裝於電子設備中，或備用電池必須符合：

1. 鋰金屬或鋰合金電池，其聚合之鋰含量不超過2g。
2. 鋰離子電池，其聚合之鋰當量不超過8g者，得不需經過航空業者之認

可。備用電池需經過適當之隔離保護，以避免短路。若鋰離子電池其聚合之鋰當量超過8g但不超過25g者，除必須經過適當之隔離保護以避免短路之外，每人並限帶兩個（含）以下。

　　鋰電池如果以航空貨物運輸，必須裝載在全貨機（Cargo Aircraft Only）貨艙中運送，客機或客貨兩用機型，貨艙中禁止裝載鋰電池。但客艙內可允許乘客攜帶限制範圍的鋰電池，因為鋰電池在客艙中不慎短路或熱失控而引燃，是可以被發現處理控制的。每一位旅客攜帶之數量不超過IATA DGR所規定之標準，而隨身攜帶上機的電池經過適當的隔離、保護和警覺注意下，不太容易發生因損壞、過熱起火燃燒的狀況。

　　大家對於3C產品的使用是再熟悉不過的。但是對於可能在搭機時會隨身帶上飛機的手機、筆記型電腦等，裝置中充電鋰電池的組成成份和使用功率，大部分的人可能一問三不知了！許多人在搭飛機Check In櫃臺前，因為放置鋰電池裝置方式的不了解，與海關檢查人員發生疑問與爭執的狀況不少。不少搭機乘客將鋰電池放在Check In行李中，通過X-RAY掃描後被告知必須取出，這時就得將打包好的沉重行李，翻找放置在裡頭的鋰電池，不但得多花時間體力還可能耽誤登機時間，這就是許多乘客搭機前，沒有花時間去了解飛行的安全規定。各航空公司搭乘飛機鋰電池的限制，依據IATA危險品（DANGEROUS GOOD）之相關條文中有關鋰電池搭機時的規範訂定。搭乘安全的飛機是每一位搭機旅客的共同選項，但飛機飛行時的安全，並不只是機師、組員和相關地勤人員的責任，也包括每一位搭機旅客。每一位搭機者只要花一點時間了解相關規定，不但能免去櫃檯前翻箱找物之苦，還能降低電池因短路而起火燃燒的危險。

　　鋰電池的使用範圍很廣，如一般我們熟知的手機、手錶、筆記型電腦、桌上型電腦等，日常生活使用機率非常高的電子產品，幾乎都和鋰電池的使用有關係。合格廠商製造出的鋰電池，如果依照正常方式使用是很安全的，但如果使用不當、電池產品瑕疵或是損壞，會因為電池發生短路後，產生大量熱能的狀況下起火。所以搭乘飛機時，就會有一些對於電子產品使用鋰電池之攜帶方式、數量的規範與限制。這樣的做法就是為了避

免在飛行途中（尤其是跨洋的長途飛行），因為鋰電池的裝載、放置或是因為機身遭遇亂流時上、下、左、右搖晃，可能因為碰撞產生短路或活化的反應起火，不論是載運是貨機還是客機，空中飛行時機上任何一個地方起火都是很危險的。2015年國際航空安全組織（ICAO）和國際航空運輸協會（IATA）對於鋰電池在搭機時規範，重新作了一些調整，其目的就是要將鋰電池危險係數在搭載運送過程降到最低。

對於鋰電池在航空運送的過程，因貨運裝載運送和搭機旅客攜帶方式的不同，規定也有不同，但共同必須遵守的規範有：

1. 鋰電池正確的包裝、標示、記號、分類。
2. 搭機旅客攜帶上機的鋰電池須符合規範標準。
3. 鋰電池的數量、效能、種類規範須標示清楚。
4. 低效能鋰離子電池（(Lithium Ion Cells）效能低於20Wh
5. 鋰離子充電電池（Lithium Ion Batteries）低於100Wh
6. 金屬鋰電池（Lithium Ion Batteries）每個重量不超過1公克標籤屬於第9類。
7. 金屬充電鋰電池（Lithium Ion Batteries）每個重量不超過2公克標籤屬於第9類。
8. 可以攜帶上機（Carry-on-Baggage）低效能的鋰電池不超過4顆、低效能的充電鋰電池不超過2顆。

FAA對乘客攜帶鋰電池登機的限制：

1. 充電鋰電池100Wh-160Wh（Carry-on-Baggage）
2. 乘客可攜帶上機的鋰電池，建議如果沒有使用放置在行箱中時，最好將電池從裝置中取下分別放置。電池和裝置無法拆卸時，務必將裝置放置固定、安全妥當（Secured），避免搖晃碰撞將開關啟動。
3. 避免電池發生短路的狀況，如果購買新的電池，儘量不要將包裝拆開增加運送時的安全性，或是將接觸端點以膠布貼上，單獨放在袋中包裝放置。
4. 鋰離子電池的使用處理標籤必須明顯的標示在每個包裝上。

第四節　電池或裝置失火時的處理

　　飛機在飛行途中最讓人擔心的是航機在飛行途中，機上有任何可能引起火源的因素，鋰電池的使用或放置不當起火是其中的一個原因。現代科技發展幾乎人手一支行動電話，搭機旅客攜帶筆記型電腦的人愈來愈多，攜帶上機（Carry-On-Baggage）鋰電池的數量也愈來愈多，為了避免非預期的疏失引起短路造成危險，組員在客艙時就更要隨時注意。

　　為因應搭機旅客的需求，許多航空公司都提供機上座位充電的服務，讓乘客在使用電腦或其他裝置時更加方便。方便貼心的服務讓搭機旅客可能更容易長時間的使用裝置，使得裝置會因長時間高能量的運作，產生過熱的狀態。當機上乘客攜帶電子裝備或產品的充電電池因過熱起火，組員的處理大致如下：

一、將乘客移至安全處

　　客艙內有使用中的電子裝備因過熱起火，除了使用者必須遠離起火裝置，附近的乘客也必須移至較安全的區域，待處理完成且確定安全無虞後才能回座，若在可能有其他空位的狀況下，可以將乘客移至其他空位。

二、關閉電源

　　乘客的使用的3C裝置有過熱的情形，務必先將使用中的裝置立刻關閉（Turn-Off），至此直到降落的期間都希望乘客暫時不要再使用這個過熱裝置。在這個裝置關閉未使用的狀態下，也不要放置在視線不及的地方，讓乘客能隨時觀察裝置的後續狀況。有些狀態或品質不佳的鋰電池，因為裝置過熱關閉，仍然會因為不穩定產生短路現象。將使用過熱裝置關閉，放在隨時可以觀察的範圍內，為的是避免有短路情形起火無法及時發現。如果鋰電池放置在客艙的行李箱內，因為放置或收納的方式不當，就可能因搖晃產生短路，如果此時聞到電器過熱產生的焦味，組員必須戴防熱手套立刻將裝置取出（避免被過熱的裝置燙傷）。

三、滅火降溫

當使用中的電子裝置因高溫起火後，必須立刻使用滅火器滅火，機上的冷水及不含酒精的低溫飲料，也有同樣的效果，同時降低裝置的溫度。

四、持續觀察

在降溫的同時，裝置最好不要隨意移動，避免再度起火，必須觀察至少15分鐘後，裝置不再有任何可能再度起火的現象（持續高溫、煙霧冒出），才能將引火後的電子用品移至他處做後續處理。

五、安全隔離

熄火降溫後的裝置在觀察確認安全後，可將之移置安全容器中，容器中加入冷水，讓容器中的裝置持續保持低溫，降低裝置可能升溫再度引火；降落前將容器置於廁所並固定，待降落後立即交由相關人員處理。

第五節　攜帶型電子設備

電子設備的定義是指：可攜帶的電子產品，質輕、可以上機的電子裝置，電子設施可否攜帶上機或是必須裝載於貨艙？可攜帶上機的電子設施是哪些？要遵守哪些安全規定？世界各國的航空組織的規定大致都相同。大多數可攜帶上機的電子設備通常會被要求在起飛、降落時必須關機禁止使用，像是筆記型電腦、錄影機、相機、智慧型手機，但助聽器、心律調節器等醫療電子設備起飛、降落仍然可以使用不在此限。放置在行李廂、置物櫃的電子裝備，也務必確實關機，飛機在起飛、降落或遭遇亂流時機身傾斜，會讓仍有空間的行李箱內的物品移動、碰撞，若有未關機的電子設備就有產生危險的可能（設備過熱、短路失火）。

根據民航法規限制搭乘飛機的旅客，不准攜帶任何可以干擾飛機導航和通訊設施的電子用品，如果不依規定違反者，可處五年以下的有期徒刑或是15萬元以下的罰金。這些處罰看來好像不輕，但只要遵守規定就無須擔心，畢竟攸關飛航安全，千萬不要輕忽。

攜帶型的電子設備就是可以攜帶上機的電子裝備，但這些可以攜帶上機的電子裝備，也會因種類不同在飛行當中使用限制也有不同，可分為全程不限制使用、部分限制使用、全程禁止使用。電子設施的使用限制規定，各個國家差異不大，但也有少部分的使用限制國家之間有不同的規範，像是智慧型手機在飛行途中必須轉至飛航模式，但起飛、降落時必須保持在關機的狀態。有些國家的規定起飛、降落、航行時手機只要轉換到飛行模式即可，相對而言規定沒有那麼嚴格。因為這個開啟、關閉的問題的衝突與矛盾，常存在於依照規定執行任務的組員和不願配合的乘客之間，未來會不會全然改變並不清楚，但提醒搭機的人，最好依照所搭乘航空公司規定使用電子設施，才不會為自己帶來無謂的困擾。

一、全程不限制使用

　　全程不限使用意指在航機飛行整個過程中（起飛、巡航、降落），不會限制使用的電子設備，如：助聽器、心律調整器、被允許使用的醫療電子設備，還包括不會影響起飛、降落安全的電子手錶及單一功能的錄音機、筆。

二、部分限制使用

　　部分限制使用是指攜帶型的電子設備在行程中，除了飛行中的巡航時段可以使用，起飛、降落時都是禁止使用的。如智慧型手機、數位影音播放器、電子閱讀器、平板電腦、藍芽裝置或有發射裝置的電子設備。這些電子裝備在飛機巡航階段可以使用，但所有的電子裝備可使用的狀態必須設置在飛航模式，也就是裝置暫停通訊的功能，裝置不會因訊息發射與接收產生電子干擾影響航機，但起飛、降落階段仍然要將電子裝備關機。雖然近年來陸陸續續有許多國家，根據修正的民航法規，航空公司將飛行模式的使用階段，從巡航階段開放起飛、降落階段，但依據中華民國民航法規的實施，目前電子設備飛航模式使用階段，仍僅限於巡航時段。

　　手機的通訊會不會干擾飛機的電子通訊，至今仍然沒有一個確切的答

第六章　危險物品

143

案，但爲了安全起見，飛航安全組織都有規定，手機如果沒有飛航模式的裝置，飛行全程必須保持關機狀態。如果有飛航模式裝置，除起飛、降落外其他時段均能在飛航模式下使用，畢竟飛航安全的責任並不是持反對意見者所能擔保的。

三、全程禁止使用

全程禁止使用就是飛機從起飛、巡航到降落都禁止使用，被全程禁止使用的電子設備，從飛機起飛關門前裝置必須是處於關閉狀態，直到降落機門打開後才能將裝置再度開啟。這些搭機時全程禁用的電子裝備有：

1. 無線遙控裝置（遙控器）。
2. 調幅、調頻的發射器與接收器。
3. 無線對講機。
4. 無線電收發器。
5. 超高頻掃描接收器。

從危險品標示所載訊息，了解危險品的類別與性質，正確處理危險品保持安全，當危害發生時能應用正確專業知識適當處理避免危險擴大。

第七章
機門操作不當

第一節　機門操作不當的因素

　　飛機起飛前組員會依指示，將安全裝置轉換到緊急逃生使用時的緊急狀態（Emergency），當降落後開門讓乘客下機前，組員也會依照指示將機門上的安全裝置轉換到一般非緊急狀態（Normal）的使用模式。這樣的操作模式每一個起降都會重複一次，操作方法並不複雜，但經過長途或熬夜飛行後，安全裝置轉換疏失就容易發生。可能因為精神不濟沒有聽到指令，或是忘記執行動作，如果裝置沒有轉換到正常的位置，艙門就會在開啟時讓救生筏（Slide Raft）自動充氣打出造成危險。當然現在許多預防的安全措施都比以往更進步也更周全，但我們知道再好的設施與裝置，也敵不過可能人為安全疏失所造成的破壞。

　　救生筏（Slide Raft）的故障或損害，不是請機務取下後、艙門一關就起飛這麼簡單，如果發生救生筏因疏失非預期打出（Inadvertent Slide Depolymet），若飛機當次飛行乘客是滿載的狀況，依據安全規定必須重新裝置才能放飛。如果機門上的救生筏（Slide Raft）裝置無法在起飛地修復，在滿載乘客的狀況，這個缺少救生筏安全裝置的機門附近區域必須淨空，也就是要將坐在這機門附近的部分乘客請下飛機（Off Load），等待下一班次或是轉搭其他航空公司，這時候用膝蓋想都知道會引起多少抱怨與不滿。Off Load乘客的數量依據這個機型救生筏（Slide Raft）的最大裝載量而定，同樣是1號門，波音747的1號門Side Raft的最大裝載量是75名乘客，而波音777裝置在1號門的Slide Raft最大裝載量是81名乘客。姑且不論機門操作不當（Inadvertent Slide Depolyment）讓飛機延誤造成抱怨，根據FAA的調查與研究，每一次（Inadvertent Slide Depolyment）造成的損失約在200,000美金，這對航空公司而言都是不小的支出，除此之

外事件本身也會使得航空公司的安全形象扣分不少。

一、人為因素

人為因素是造成航空安全事故最常見的原因，波音公司內部調查也認為80%的商業飛安意外事故歸因於人為疏失（BBC，2013.05.22）。而人為疏失除了機艙駕駛，也包括其他與飛機航行作業的所有相關人員；例如機務、塔臺管制、地勤作業人員及客艙組員，與航班任務執行的所有相關人員，都有可能因為疏失而造成航機飛行發生危險，最終導致事故發生。

大多數的飛航安全事故，在經過調查統計後，多半是人為因素造成的（Kharoufah et al., 2018;Shappell et al., 2017），其中80%的事故是人為疏失（Wiegmann & Shappell，2001），而造成機門操作不當（Inadvertent Slide Prevention）可能的原因有關人為因素有：組員疲勞、操作手法不熟悉、溝通不良等。

(一)組員疲勞

根據FAA的調查，造成組員疲勞的因素有工作時間過長、休息時間不足、熬夜、睡眠品質不佳等，組員因為飛機起飛時間的安排（紅眼班機）、跨洋航線飛行必須熬夜工作，雖然航空公司會依規定讓組員輪休或是安排兩組組員（Double Crew）飛行，但那終究不符合人體正常休息的需要，所以當短暫休息後的工作，常因沒有得到足夠的睡眠與休息，在工作當中讓精神無法集中而發生疏失。而睡眠狀況、生理因素（時差調整機制）、情緒、壓力、生活習慣（飲食是否正常）工作時間（work load、duty time）及工作環境是否良好、友善，也都是直接、間接影響疲勞發生的重要原因。根據國家運輸安全調查委員會（TACARE）調查統計，有關客艙安全管理議題中，將近25%的調查報告內容與人員疲勞或超時爭議有關，顯示線上機、組人員的疲勞風險管理，是飛航安全主管機關及航空業者應該注意的問題。根據各個國際飛安組織對於組員疲勞的規定與建議大多是：

1. 對於航空公司組員的工作時間、保證休息時數的規定，依國際線、國

內線、遠洋航線的不同規定也有所不同。

2. 對於組員的建議不外乎是在無法維持正常作息的情況下，儘量達到充分的休息與睡眠、健康的飲食和適當的運動。

(二)訓練不足

　　將機艙門的安全裝置轉換的時間通常會是在乘客完成登機關上機艙門後，還有在降落飛機停妥準備要開門前，這兩者屬於正常情形下的操作時間。但是並非每一次的飛行都能順利按表操課沒有其他狀況，例如飛機退橋（Bridge）飛機後推（Push Back）要滑行進跑道前，機長發現有機械原因必須要返回檢修時，飛機重新靠橋後不論乘客是否需要留在機上或下機等待，機門的安全裝置都必須要依指示轉換至正常位置（Normal）。待機務檢修機長確認無誤後，飛機準備關門起飛，這時機門的安全裝置必須依照指示，再一次的轉換至緊急狀況時使用的自動位（Automatic）。

　　另外還有一種特殊狀況，就是當飛機因為班機調度或延誤，正常情況下組員、乘客登機前的作業沒有完成（乘客餐點備品裝載、機上備品、加油作業）；而為節省時間機上備品裝載和組員登機作業會同時進行，所以兩者工作時間會有重疊，但不太可能和乘客登機同時進行。如果時間較短，乘客登機時飛機也會同時加油，乘客登機和加油作業在同一段時間進行，這時除了登機門外（通常是1、2號門），其他所有機門的安全裝置，都必須依照指示轉換到緊急使用狀況的位置（Automatic）。機長此時會將繫緊安全帶的燈號熄滅，登機的同時每個機門（逃生門）位置都會有客艙組員Stand By，預防可能加油時不慎起火，組員可以立即協助乘客使用緊急逃生滑梯，或是指引乘客往安全的方向逃生，讓這時沒有繫上安全帶的乘客，能以最快的時間逃離現場。當加油作業程序結束後，組員會依照指示將機門的安全裝置轉換至正常狀態（Normal），機長同時會將繫緊安全帶的燈號再次亮起。直到所有乘客登機完成，飛機準備關門起飛，這時機門的安全裝置會依照標準程序，再一次的轉換到緊急使用的狀態（Automatic），也就是說組員必須在起飛前完成兩次安全裝置狀態轉

換的操作。

所以在非預期的狀況發生時，如果組員因為疏忽、分心，讓任何一個安全環節鬆脫，都會導致機門安全裝置轉換錯誤，開門的時候發生因操作不當導致救生筏充氣打出的機會不是不可能的。組員接受的安全訓練，和趟趟飛行前的安全提醒，最重要的意義並不是為了緊急狀況出現時，如何去面對、處理，而是積極的去預防所有意外狀況的發生。「Prevention Is Better Than Cure.」預防勝於治療，永遠是安全執行者的最佳座右銘。

(三)溝通不良

較大機型的商用客機載客量大，被設計緊急狀況發生時用來逃生的出口的數量就多，大型飛機的機艙門多則12個，為使各個位置的組員能即時收到安全指示，機上的廣播和對講系統（Interphone）可以讓組員不論在客艙裡的哪個位置，聽到訊號通知時就能立刻接起電話或聽到廣播指示，也能藉著這個系統溝通聯繫。

小型飛機一個走道，組員座位間的距離也不算太長，當有安全指令傳達與接收時，如果不經對講（Interphone）系統，組員與組員間可以藉由目視可見的肢體動作溝通（組員間最常使用的OK Sign）。但747、777、787、AIRBUS 380，這種機身長、機體高（Double-Deck）雙走道（Double-Line）的設計，組員之間的溝通就勢必高度仰賴對講通話系統。當飛機安全裝置轉換的指令下達，事務長必須確認所有機門的安全裝置已轉換完成，此時一一接收每一個位置組員回覆實際上是不可行的，因為這樣做會浪費許多時間、沒有效率，最重要的是可能造成安全疏失。因此機上組員使用更有效率、更能減少疏失的溝通方式（Communication Channel），也就是以最經濟、迅速的時間且在組員相互確認（Double-Check）下，有效完成安全指示動作完成訊息的傳遞。

即使有聰明又有效的安全訊息傳遞的方式，若此時組員忙於其他工作分心、沒有聽到安全廣播的訊息、聽到訊息未即時反應而忘記動作，或是忽略相互確認的程序，都有可能是造成機門操作失當（Inadvertent Slide Depolyment）的原因。

㈣操作環境的影響

　　根據一般標準程序，當所有乘客登機及地面作業完成，飛機要關門起飛前，所有的門必須將安全裝置轉換至緊急逃生使用的狀態，當組員聽到指令後，就會動作將自己責任區域機門的裝置轉換。但實際上這時的狀況，會是組員安排乘客就坐或是忙著安置乘客行李，或是各航空公司提供的服務流程。組員聽見這個指令時，手邊也許都有工作，人也可能都不在自己門邊的位置，客艙這時是忙碌、吵雜的，所以如果有關門轉換裝置的指令，組員多少都會因為環境的干擾，而影響到指令的接收和執行。一如起飛前的操作，飛機降落之後的組員收到裝置轉換指令的時間，也不會是在完全沒有干擾的狀況下在門邊STAND BY。航空公司為降低干擾造成的失誤，組員與組員之間有互相確認的防呆措施（同一號門左、右兩邊的組員在完成裝置轉換任務後，必須相互確認對方的安全裝置是否確實轉換無誤）。飛機製造商也在駕駛艙的儀表顯示功能中，可以檢視每一個艙門的安全轉換裝置，在正常/緊急（Normal/Automatic）的狀態下，裝置是否都在正確的位置。這一個又一個防呆性的安全措施，都是為了防止機門操作不當（Inadvertent Slide Depolyment）的狀況發生，而你可能會問，有這一層又一層的安全預防，為什麼還是有相同的狀況一再發生？

　　2014年6月阿拉斯加航空在蘭格爾機場，發生因機門操作不當緊急逃生筏意外打出的事件，因此造成班機6小時的延誤。

　　2019年7月31號美國聯合航空639號，從舊金山飛往芝加哥的班機，也因為機門操作不當，導致緊急逃生筏打出，經過後續的處理，讓飛機延誤6小時後才順利起飛。類似這樣的例子層出不窮，因為再多的防呆預防裝置都必須仰賴人來操作使用，使用的人如果沒有安全深化的觀念，再聰明的預防機器也無法有效落實安全保障。

二、機械原因

　　機門在正常操作的狀況下不會發生操作不當的結果，但一些狀況卻不是因為人員執行操作時發生，造成機門或緊急出口的Slide擊發充氣，這

個狀況可能會發生在飛行中的客艙內。這些多半是因為機型需要，在客艙內放置逃生筏，逃生筏可能因為不同原因，振動擊發充氣的鋼瓶，讓Slide立即充氣，充氣後的Slide可能壓迫客艙空間，或是強烈瞬間充氣壓力影響客艙結構。如果飛行中發生這樣的狀況，機長通常會下降至安全高度，避免客艙失壓缺氧。

　　2014年6月29號，美國聯合航空從芝加哥飛往加州1463班機，飛行途中靠近機尾艙門緊急逃生筏在機艙內被擊發充氣打出，將後艙廚房（Galley）空間擠滿無法進出，還好擊發充氣的當時沒有任何人員在廚房內活動，也並沒有造成機內艙壓失衡，機長緊急轉降到堪薩斯州的威奇塔機場，整起事件所幸無人傷亡（如圖7-1、圖7-2）。

圖7-1　圖片來源：Are there any safety mechanisms to prevent emergency slides deploying inside an aircraft?/https://aviation.stackexchange.com/questions/46237/are-there-any-safety- mechanisms-to-prevent-emergency-slides-deploying-inside-an

圖7-2　圖片來源：Flight Makes Emergency Landing After Evacuation Slide Opens in Air/By: Andy Cush

第二節　機門不當操作所產生的結果

一、成本的增加

　　前面提到因為機門不當操作，導致緊急逃生筏的損耗，航空公司會因

為逃生筏必須重新安裝，如果沒有辦法立即安裝，就要將該逃生門附近位置的乘客移至他處，如果班機滿載必須將部分乘客轉至其他航班。原因是該緊急逃生門沒有逃生筏的裝置，當緊急狀況發生必須使用逃生筏時，這一個區域的乘客勢必就要轉往其他逃生門，拉長逃生所需要的時間，也會增加人員傷害的機率。當機門操作不當發生時，不論是重新裝設或乘客減量裝載，都會造成航空公司的營運成本增加。根據IATA的調查數據顯示，每一次因機門不當操作（ISD）產生的額外費用支出至少20萬美金（洛杉磯時報，2017年11月26日），除了這些增加的維修成本和乘客後續處理的費用損失，航空公司的形象與評價連帶的也會受到影響，這些無形資產的損失會比有形的費用與支出更加無法估計。

二、時間的浪費

　　從許多因機門操作不當而導致緊急逃生筏、梯擊發充氣後打出的飛航安全事件中發現，每一次狀況發生後續處理包括：擊發後救生筏的卸載、救生筏重新裝載，若現實狀況導致新的救生筏無法及時被提供，就必須將卸載救生筏位置附近的乘客Off Load，安排轉機或搭乘下一航班，這些後續處理時間至少花費6小時才能完成。6小時以上的時間會影響航機下一班機的利用調度，也會影響其他轉機乘客的班機銜接，當然也會影響搭機乘客下機後可能的公務、商務行程，諸多的時間延誤造成的損害，都是航空公司後續必須處理的問題（如圖7-3）。

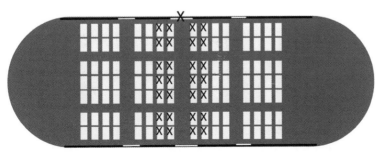

圖7-3　圖片來源：作者自製

三、安全的顧慮

機門不當操作大多發生在飛機降落後開門時，若開門過程Slide擊發充氣（Auto），強大的力量可能會造成附近人員受傷；若緊急狀態時操作不當，開門後Slide未擊發充氣（Normal），遇緊急狀況時，緊急逃生門開啟後，卻因為裝置操作不當而無法使用，乘客驚慌推、擠，不慎從開啟後的逃生門掉落造成傷害，這樣的意外並不是不可能發生的。

第三節　造成人為疏失的人員

造成機門不當操作的人為因素和機械原因，人為因素造成機門不當操作的比例較大，既然是屬人為就是因為人的疏失導致，其中包含了所有因為工作必須接觸機門或實際操作的人員，這些人包括乘客、飛機維修機務人員、地勤（RC）、餐勤人員、機艙駕駛、客艙組員。

一、乘客

許多乘客搭機對於機上許多不熟悉的設施或裝置會產生好奇，也可能在好奇心的驅使下會動手碰觸或操作機上裝置，這樣的狀況多半發生在乘客登機後、下機前，此時客艙組員若有勤務或忙於提供機上有服務需求的乘客，無法掌握客艙其他乘客的狀況，就有可能發生機門被不當操作的情況。

2019年6月7號巴基坦航空702班機，從英國曼徹斯特飛往巴基斯坦的伊斯蘭馬巴德，起飛前一位女性乘客將機尾左方第五號艙門操作把手誤認為是洗手間的門把，開啟後導致緊急逃生筏擊發充氣打出，因此也讓飛機延誤了7小時後才順利起飛。

二、機務

機務人員雖然在飛機起降、開關門時並不直接操作執行，但當飛機於地面維護檢修期間，就會因為需要執行艙門的開啟與關閉。所以只要有接觸艙門的機會就會因為工作未照SOP標準程序作業、疲勞、時間精神壓

力、外部環境影響等因素，造成執行艙門操作時的失誤。

三、地勤人員

有一些航空公司乘客登機後、下機前的機門操作都是由客艙組員負責，但也有另一種相同的程序則是由地勤人員負責執行，一般會上機接觸機門操作的地勤除了維修機務外，門邊交接的RC（Ramp Coordinator）是最容易接觸與操作機門的地勤人員，當所有乘客登機完成飛機準備關門後推，RC就要負責關閉機門，這時可能發生機門操作不當（ISD）的意外不高。飛機降落後乘客準備下機時的開門作業，機門操作不當（ISD）可能發生的機率會增加。增加的原因除了客艙內組員未將裝置轉換，也有部分原因是地勤RC操作過程疏忽未仔細確認而導致。

地勤開啟艙門前，一定要先收到機艙內組員安全裝置已轉換的訊息，組員將裝置轉換至一般模式（Normal）後，會在機門的視窗上（View Point）敲兩聲讓門外地勤聽見，再在機門上的View Point上做出OK手勢，讓地勤看見或接收可以執行機門操作的訊息，從機門外其他提醒裝置雙重確認後再行操作、開啟艙門。

另一個會接觸或實際操作的地勤人員，就是負責裝載餐點的餐勤人員，機上餐飲裝載過程，許多時候是機、組人員還未登機時進行作業，餐勤人員就必須自行開啟艙門。一個合格的餐勤人員，一定有接受服務機型艙門開啟、關閉的操作訓練，但會發生操作不當的原因，就可能是訓練不足、人員疲勞或溝通不良所造成。

四、駕駛

一般較大商用民航機機艙駕駛實際操作客艙艙門的機率並不高，也許正因如此，對於實際操作程序並不十分熟悉，若有需要機艙組員執行操作時，就會有可能發生操作不當的情況發生。（Safety first #27 | Janvier 2019）

2006年一駕駛Airbus300型的機長，於飛機降落地面後等待轉機地面作業時，因故開啟左側1號門（R1），卻因未注意裝置正確轉換，導致開

門後逃生筏擊發充氣打出。

五、組員

國際航空運輸協會（IATA）在2014年至2015年之間對許多家航空公司進行調查發現，最常出現機門操作不當者是客艙組員。

國內線航班或是短程國際線的往返，一般有三到四個起降，一趟正常的起降登機門緊急逃生裝置就有兩次，組員會因為多次起降讓裝置轉換的失誤率增加。國際長程航班的單趟飛行，組員通常會在任務後下機休息，乘客登機後的一次裝置轉換（Door Mode Shift），和航機抵達目的地乘客下機前的一次轉換，兩次的裝置轉換要發生不當操作的機率不大。但是國際長程航班的裝置轉換，雖然沒有短程航班多趟飛行裝置轉換次數多，但仍然有組員機門操作不當的案例發生，最大的原因就是組員因長途熬夜飛行，休息狀態不佳產生疲勞讓注意力不集中，在航機降落後發生裝置轉換失誤。

而相對於其他造成失誤的人員，組員對於裝置的操作最直接，因為組員裝置如果操作不當，下機後可能就會讓需要操作機門的地勤（機務、餐勤、RC）發生失誤。而組員最容易造成裝置轉換失誤的原因如下：

(一)時間壓力

當所有乘客登機完畢，地勤人員將所有必需的乘客資料交付完成後，飛機就會立刻關門，關門後機門緊急逃生裝置的轉換就會在此時完成。機門關閉到裝置轉換的這個時間正處於客艙組員忙碌狀態，而必須等待所有的機門安全裝置轉換完成後，機長才能讓飛機後推（Push Back）做起飛的準備。空橋的接駁以分鐘計時計費，靠橋時間愈長，費用當然就會增加，這是一種時間的壓力。在起降忙碌的機場或是起降頻繁的時段，航機申請的時間順序一旦被延誤，飛機起飛的排序可能因為機場的延誤必須重新來過，有時重新申請的起飛時間可能被延後30鐘以上，對於接下來班機的銜接一定會產生影響，這是一種時間壓力。當組員接收裝置轉換訊息的時刻，不論此時有任何事情待處理，都必須立即立放下手邊工作，將裝

置轉換至被要求的位置（Normal or Emergency）。

(二)裝置的不熟悉

知名的飛機製造商有波音、麥道、空中巴士、ATR等，不同的飛機製造商，旗下因需求不同所設計的機型有不同，縱使機身或客艙安全裝置力求操作簡單、標準，但仍會因為機身的大小、需求不同，機門安全裝置的操作之於不同的機型也有些許的變化（裝置轉換的方式可能向上、向下；從左至右、由右至左）。航空公司會基於全盤需求的考量，向不同的飛機製造公司採購適合的機型，公司同時擁有不同品牌的飛機和機型是常有的事。而不同的機型，就會有不同機門安全裝置的種類，實際操作裝置的種類越多，發生失誤的可能性就越大。為避免類似的風險提高，一般航空公司大多有機型訓練最大限制，比如說不同的機型的操作不會超過三種以上，就是怕太多的機型在實際操作時，會讓裝置的操作者產生混淆造成失誤。

(三)人員訓練不足

航空公司對於新進空服人員的訓練，多半始於客艙設施與安全課程，要成為一位合格的客艙組員，除了要完成地面課程的訓練，還必須通過實際飛行的考核。機門安全裝置的操作，對於較無經驗的組員可能產生些壓力而造成失誤發生的可能，所以航空公司在地面課程和實際飛行的訓練，就必須非常嚴謹和紮實。

一旦完成訓練成為正式的組員後，每半年或一年都會有客艙組員對機門裝置操作，和其他緊急逃生訓練知識的檢視，確認組員對於客艙安全的專業能力，是否維持在一定的標準。航空公司何其多，對於安全的認知與標準也並非一致，也有許多航空公司對於人員安全訓練流於形式，並未確實要求安全的重要與落實，這也是造成人員在操作時產生失誤的因素之一。

(四)任務執行時分心

搭過飛機的人都知道，一般乘客上機後都會找座位、安置行李，如果

班機超過八成滿，登機時刻組員都會忙著帶位，處理安置乘客的行李，還有可能被乘客要求幫忙換位。此時客艙裡一定充滿了各種聲音，登機音樂、行李箱關閉的聲響、乘客交談的語音，如果此時出現轉換安全裝置的訊息，很有可能會被這一些聲音或事情干擾。當轉換裝置的指示出現時，組員也許會因為客艙裡聲音的干擾沒有聽見，或是聽見裝置轉換指令的訊息，但是被乘客需求干擾，忘記執行任務。所以在這段最忙碌的階段，組員應該知道隨時有可能收到這樣的指令，所以提高警覺也是提醒預防的一種好方法，除此之外聽到指令後的即時反應，放下手邊工作立即執行任務，也是防止失誤發生的最佳良方。

(五)過多任務的影響

小型飛機裝置轉換時的訊息傳遞多半是容易，因為機門量較少（3或4個）前艙、後艙裝置轉換完畢互相比出OK手勢、或是以對講系統（Interphone）傳遞訊息。較大機型起飛前、降落後安全裝置需要轉換的機門可能有10個以上（747有12個、A380有14個），要直接以手勢表示裝置轉換OK，在較長的距離、較大的空間（Main Deck、Upper Deck）實際執行並不容易。為讓事務長確實接收到每一個裝置轉換完成的訊息，可依據各個機型便於了解的溝通鏈（Communication Channel）方式接收訊息，讓最終接收訊息的事務長或是資深組員不會漏失任何一個裝置轉換OK確認的訊息。但即使如此，仍然會發生訊息溝通不良的可能，機上組員多容易發生失誤的機率也高，所以航空公司若在此時給予組員過多任務執行，就容易造成機門操作不當（ISD）的情形發生。

(六)過多訊息干擾

當航機降落後飛機從跑道滑至停機坪，可能只有幾分鐘的時間，飛機停穩、繫緊安全帶的燈號熄滅後，組員就必須將裝置轉換、確認、回報，地勤人員就會依據指示開啟艙門。所以此時組員的任務就必須單一、簡化，但不是每一次的飛行任務的標準程序都能被正常的執行。例如：飛機滑行過程有乘客起身動作（開行李箱、上洗手間），組員都會基於安全的

理由制止與處理，轉換裝置的訊息可能在此時出現，組員有可能不在自己責任機門的位置，被類似的狀況干擾時，必須更要提醒自己注意機門安全裝置已被適當的轉換，避免一連串的疏失產生失誤。

第四節　組員疲勞

國際民航組織（ICAO）對於疲勞所做出的定義是：由於睡眠不足或長時間的工作，導致精神不濟或身體機能反應緩慢的生理狀態；而在長時間工作及身體、精神持續活動的狀態下，就可能會損害機、組人員安全操作設施的準確性和遇事處理的反應能力，無法有效執行與飛航安全相關的職責。機、組員在工作中身體出現疲勞狀況，會對航機飛行有安全的顧慮，ICAO從2008開始，就注意到問題的嚴重，將組員疲勞所衍生出的飛行安全問題，納入航空安全管理中討論，並於2011年頒布疲勞管理系統Fatigue Risk Management System（FRMS）的相關規範。

1997年6月8日韓航747型801號班機，從漢城金浦機場飛往關島降落失敗，造成機上乘客連同機、組人員228人罹難，調查結果是因機長飛行疲勞所導致。2007年9月16日泰航MD-9型269號班機，從曼谷飛往普吉島國際機場，因天氣原因要求重飛失敗墜毀，造成乘客和機、組員共90人罹難，調查結果顯示也是駕駛疲勞所致。

因為缺乏睡眠及超出負荷之工作量所導致的疲勞，以致在工作時表現不如預期，或是發生錯誤，如：精神不集中、判斷力降低、行動力變得遲緩。如果組員於工作中產生疲勞，在飛行中執行安全任務時就容易產生錯誤判斷，會因為人為疏失造成客艙安全上的危害。組員疲勞的議題雖然在客艙安全中被討論，但真正落實與執行卻常常被吃緊的人力拋諸腦後，有待相關單位的明確法令與條文的制定，才能對執行任務的機、組員有實質的意義與幫助。

組員於長途飛行中，因為睡眠與休息的時間太短，容易讓身體產生疲勞使注意力不集中，也可能造成短期記憶障礙和決策判斷發生錯誤。短期記憶障礙會讓才接收到的任務訊息無法有效記憶，決策判斷發生失誤會暫

時無法分辨接收訊息正確與否，如此也提高了裝置操作失誤的風險。當然組員疲勞並非僅止於長途飛行這一個因素，也有其他原因使組員在任務中產生疲勞，而發生裝置操作不當的失誤。

輕度疲勞時會有的狀態：
1. 不停的打哈欠。
2. 眼皮有沉重感會不斷的揉眼睛。
3. 不時的點頭打瞌睡。

中度疲勞時會有的狀態：
1. 缺乏注意力、注意力無法集中、工作效率降低。
2. 訊息無法有效傳遞。
3. 警覺性降低、影響判斷力。

一、組員疲勞的因素

機、組人員因為工作型態的特殊，要維持正常生理時鐘作息避免疲勞幾乎不太可能，但除了工作時間不定的因素造成生理機能不適應所產生的疲勞外，超時工作、心理及情緒壓力、生理年齡、不適當飲食攝取及缺乏運動，也都是影響身體造成疲勞的重要因素。

(一)時差（Jet Lag）

國際航空公司的組員工作最普遍遇到的困擾，就是飛越跨洋（太平洋、大西洋、印度洋）、跨時區（四個時區以上的差異生理就容易產生明顯反應）後所產生的時差。比如臺灣時間中午12點，這時美國東岸的城市紐約市凌晨12點，如果組員飛到紐約是當地時間晚上10點，再過一個多小時該是臺北吃中飯的時間，這時的紐約正是晚上睡覺的時間。組員可能睡不著或是小睡一、兩小時，當紐約大白天時，組員走在路上可能還不時的打哈欠。對於旅行的乘客或許時差的影響是短時間的，但對於每個月都會有跨時區飛行的組員而言，就會是體力與健康的考驗了。因為該睡的時候不能睡，組員會因為熬夜造成精神上的疲勞，讓工作時注意力無法集中，很多工作上的疏失就容易在這個時候發生。

多年前有一回搭乘他航的飛機，因為與自己的工作相關，本能的會觀察其他航空公司組員的工作方式與手法，一切就緒飛機在跑道頭準備起飛。起飛後好奇的前後左右觀察不同機型的機門長相，此時突然撇見機尾附近組員位子上的組員在打瞌睡。雖然基於同是組員同理心的情境下，會替這位組員找出一些造成疲勞想睡的合理原因，但是因為值勤中疲勞造成安全疏失，再合情合理的理由都不能當作這種失職表現的藉口。

(二)超時工作

　　航空公司正常狀況下對於組員跨時區班表，都會依照航空安全作業管理規則安排，像是長程飛行後或超長飛時班機前、後的保證休息時數。但有時候航空公司會因為航線、班次增加，但相應的人力需求並沒有做妥善的規劃，導致某時段（假期、節日）組員必須增加飛行平均時數，才能填補這一段人力吃緊的狀況。但這幾年各航空公司應應市場需求，增加航點、購機後交機潮、廉價航空的興起，對於機師、組員的需求出現前所未有的高峰。雖然組員人力招募訓練持續不斷，但仍無法完成有效人力的銜接，的確也是造成組員超時工作的最大因素之一。

　　有時組員人力吃緊，航空公司班表安排雖然在規定的範圍下，但少了一些合乎人情的考量。例如任務與任務之間的安排，期間休息的時間一定合乎規定的小時數，但是有些組員交通時間的計算，沒有將可能時段的塞車時間納入。熬夜或紅眼班機的休息時間沒有彈性，可能是認為每個人上了床、閉上眼間就可以馬上入睡。當然航空公司有航空公司的營運、調度考量，但多一點組員實際工作需求的人性考量，會少一些因為長期疲勞造成的工作倦怠，多少也能緩解一些人力吃緊的惡性循環，進而減少因疲勞所致的安全疏失。

(三)心理、情緒壓力

　　所有的工作都會有工作可能面臨的壓力，客艙組員會面對時間的壓力

（交接航班延誤壓縮準備時間的壓力），乘客的壓力（隨時提醒自己不忘乘客的需求），任務執行的壓力（阻止乘客違反安全事項時乘客的情緒的轉嫁），這些壓力會在短時間發生，若沒有適當釋放壓力的方法，長時間處於精神緊繃的狀態下就會造成疲勞。一般人大多了解客艙組員的工作型態與正常上、下班的狀況不一樣，但比較不清楚的是，組員如果婚後、生子，就有可能面臨家庭與工作較大的衝突。假日是一般人與家人、朋友相聚或親子出遊的最佳時間，而假日即旺日是航空公司的營業特性，每一個從事飛行的機、組員，職業生涯中家人重要時間的缺席均屬常態；但並不是所有的家人都能完全體諒而不埋怨，要在喜歡的飛行工作中與所愛的家人之間情緒的拉扯，常是組員假日飛行前的必修的功課，前一晚帶著愧疚、焦慮、煩躁等負面情緒入眠，絕對會影響休息的品質，低落的情緒加上情緒造成的失眠，就會有可能在任務中出現疲勞狀態。

(四)年齡

年齡並不是造成疲勞的直接原因，但隨著年齡的增長，人體的免疫系統和其他機制，不可能跟10年20年以前的狀況相比，如果執行一個跨洋長途飛行的任務，下機後的狀態25歲的你一定和45歲的你絕對不一樣。

25歲時從東京飛洛杉磯，經過熬夜跨時區的飛行後，下了飛機到了入住飯店換裝後，和我的同期同學就趕忙的拿著飯店櫃檯的市區指南，帶著興奮的心情立馬衝出飯店，一定會先做個市區一日遊。35歲時臺北飛夏威夷，下了飛機到了休息的飯店，必須得上床小睡片刻，充電完成後就會走出飯店，來個緩慢的Window Shopping。45歲的我從臺北飛巴黎，下機後所有的計畫行程都必須安排在第二天，因為第一天抵達的行程就是休息、休息、休息。明顯的年齡區分讓身體恢復體力的時間增加，若在還未恢復體力的狀況下執行與以往相同的任務，身體疲勞使得免疫力下降，感冒次數增加、恢復時間拉長，皮膚也容易出現狀況，若獲得充分的休息這些症狀就會降低、減少。所以年齡雖然不是造成疲勞的直接原因，但作息時間不同於一般人的組員，隨著年齡增加生理調整機制的反應也跟著降

低，就會影響組員的體力的恢復造成疲勞（Kirchner., 2004）。

(五)水分攝取不足

客艙組員最常見的疾病，除了流行性感冒之外，應該就是尿道炎了，因為機上忙碌起來可能連上廁所的時間都沒有，擠出時間想進洗手間，卻得和其他排隊乘客一起等待，所以組員常常就得憋尿工作，長時間下來，尿道炎就是一個揮之不去的夢魘。也可能這樣的原因令組員不太敢補充水分，但當人體缺乏水分的補充就會造成脫水現象，除了讓惱人的尿道炎無法遠離，也會讓身體感覺疲勞。

(六)暴飲暴食、飲食營養不均衡

客艙組員用餐時間不定，尤其航班全滿的狀態下，客艙組員為服務乘客，有時候會因為機上忙碌誤餐時間太久，休息或下機後可能代償心理作用，就不忌口的大吃大喝或暴飲暴食，這樣的飲食攝取，會因為快速大量進食影響腸胃正常吸收，對身體健康有礙若長時間未進食也會因為缺乏熱量、血糖過低而產生疲勞。

第五節　如何降低疲勞的發生率

一、充分睡眠

常有人說空服員這行飯不是人人能吃的，並不是說這個行業的進入有多麼不容易，而是說成為一名正式的客艙組員後，這名客艙組員對跨時區飛行生理調適的狀況，是否能支持持續往下走的重要原因。進入航空業的第一、二年會是第一個離職高峰期，有很大一部份原因是因為組員生理狀況的調適能力不佳，部分組員在飛不到幾年的時間會選擇離職或是轉任地勤工作。長時間的飛行和生理時鐘紊亂，讓身體的無法得到充分的休息、免疫力降低，許許多多大、小狀況就接踵而來。大部分長程飛行起飛時間可能在晚上10點以後，也就是說組員這個工作時間就是生理上該休息的時刻，想睡的時候不能睡，但更害怕的是輪休時段能睡的時候睡不著。對

於生理調適狀況不好的組員而言，長時間的睡眠不足，都是無法在這個工作上久待的原因。

　　客艙組員的工作性質無法獲得規律正常的睡眠，但好的睡眠習慣及睡眠環境也能幫助組員在短時間恢復體力：

1. 有些人休息時需要安靜的環境，若機上的休息區只有使用布簾與乘客座位區隔，單薄的布簾不太可能阻隔一旁乘客說話的聲音。此時可以使用耳塞降低聲音的傳導、或是戴上眼罩減少光線的影響，讓自己在可利用休息的時間內，不被其他降低睡眠品質的因素影響。若在有隔間的組員休息區，在休息區輪休時也能將溫度調低於客艙溫度1-2度，因為較低一點的溫度較容易入睡。

2. 如果夜間有熬夜值勤的飛行任務，在可能的狀況下，下午時段小睡片刻，可以減低夜間任務執行因為熬夜產生的疲勞感。

3. 控制休息前水分的攝取，值勤中的輪休時間本就不長，若期間因為休息前水分攝取過多產生尿意，要起身如廁，這一來一回時間的浪費不打緊，怕是回到休息處折騰好久能才入睡，也間接影響睡眠品質。

4. 非執行勤務時，盡量維持規律的睡眠。當然對適應較好的組員而言，倒頭就能睡是幸福的，有時間補充睡眠就要好好休息，組員雖然飛到外站可以休息，但常常有組員因為工作之便，有機會飛到不同國家、城市，下機後想要利用時間認識當地的人文、景色，這樣的想法都是人情之常；但別忘了此時仍然屬值勤時間的範圍內，所以任何的娛樂休閒都必須要在安全值勤的考量下進行，如果犧牲太多休息時間從事其他活動，上機後會因為缺乏充分的睡眠休息時間產生疲勞，工作時發生安全上的疏失不是不可能的。

二、養成運動習慣

　　運動可以增進血液循環，也能增加血液中的帶氧量，有助於消除工作後的疲勞感，組員因為工作型態的限制，要維持規律的運動習慣，理想與實際執行會有差距。在條件的限制下，許多組員下了飛機（尤其是長程熬

夜航班），就希望能立刻跳上外站飯店舒服的床，好好的補眠休息，有時一睡就是十幾個小時，雖然睡了長長一段時間，但仍然有越睡越累的感覺。

一般的組員休息飯店都有游泳池，或是飯店附設的運動健身的器材，如果可以利用這些設施達到運動的效果，對於長途飛行後的疲勞會有較好的恢復作用。如果不想使用這些運動設施，也建議休息後離開房間到戶外走走，曬曬太陽和呼吸新鮮的空氣也會比一直待在房間裡健康，也較容易恢復生理上的疲勞感。

三、飲食保持正常

對一般人而言飲食保持正常不是一件難事，但是對於組員而言，要在有飛行任務的期間（不論是長程、短程），時時維持正常的飲食是一件不容易的事。拿一般短程當天來回的班機（臺北─曼谷─臺北）來說，早上6點20分報到，組員依據報到車程遠近起床時間約在4～5點，飛機大約在8點20分起飛。當起飛後為乘客提供餐點和免稅物品的服務結束，輪流用餐的時間大概是在十點左右，忙一點的時候可能降落前半小時可以用餐。當班機全滿狀況較多時，可能得等飛機降落後再找空吃點東西，這時候已經是臺北時間的中午時間，組員如果清晨出門到上機前，沒有找時間吃個早餐，一趟任務兩餐作一餐解決是常有的事。即便在中途停靠站飛機上下乘客餐點的空檔用餐，也必須在短時間內完成，所以用餐的品質不算太好。

客艙組員在實際狀況無法達成正常時間飲食，就必在用餐時對吃進的食物做些選擇：

1. 若對咖啡、茶提神等飲料反應較大，休息前幾小時就不宜飲用，以免機上輪休時無法獲得較好的休息品質。

2. 組員忙完餐飲服務可以用餐的時間多半不是正餐時段，若此時已經有明顯的飢餓感，也不要一次攝取過量食物，仍然依照平常的量攝取。若在輪休前感到飢餓，可以吃一些份量較少、口味較清淡的食物，以

免大份量、重口味影響睡前消化狀態不易入睡。

3. 睡前避免酒精性飲料，酒精也許容易讓人入睡，但酒精會影響睡眠品質，避免依賴酒精、藥物幫助入睡，以免成癮影響身體健康。

4. 飲食務求營養均衡，若工作中無法有效讓飲食均衡，富含蛋白質的食物和輕食會是比較好的選擇，睡前也避免含糖量與脂肪含量較高的食物。

> 在日本受訓時期，曾參與日本ANA航空國內線和國際線的實習，日本國內線的飛行，飛機在地面等待上、下餐點的時間恰巧是用餐時間，組員也會利用這個時間吃飯。記得一次東京-鹿兒島-東京當天往返的飛行，在鹿兒島停留上、下餐時，當天帶著我飛行的資深ANA教官很親切的告訴我說：「因為妳是訓練生（Trainee）動作可能慢一些，我給你5分鐘用餐，所以你可以慢慢吃。」「啥？」聽完教官輕聲細語的解說後心中一驚，5分鐘如何慢慢吃啊！眼見教官和其他同機的組員都將餐點在3分鐘內陸陸續續吃完。緊張的我早已食之無味且食不下嚥了，不但沒有在時間內吃完自己的餐點，還因為沒有細嚼慢嚥加上緊張，起飛後沒多久就帶著微笑伴著胃痛一路飛回東京。下機前因為自己用餐時間太慢向教官道歉，也很佩服他們的用餐速度和鋼腸鐵胃，沒想教官還很幽默的說：「日本製的胃藥一級棒！」。

跨洋長途飛行的航班，目的地因為時差作息的差異較大，要照臺灣時間三餐正常攝取也有一定的困難，這樣的狀況讓組員正餐與正餐間的間隔時間拉大，也會使得身體無法獲得所需要能量產生疲勞。吃飯用餐時間不正常，是組員不可避免也不易改變的工作型態，所以除了每一餐盡可能的按時攝取，因為工作耽誤就以少量多餐的方式，多少可以降低因誤餐減少能量攝取所造成的疲勞。

第八章 客艙失壓

客艙失壓是指因爲飛機結構發生故障造成增壓系統失效，導致客艙壓力減少或降低的狀況，而這樣的狀況發生在飛行過程中，就會使機上的機、組員及乘客出現缺氧症狀。一般國內線或是區域的飛航高度大多在22,000英呎左右的高度，而國際或跨洋航線的飛航高度大約在30,000英呎或以上的高度。飛行在這樣的高度，如果飛機機艙內沒有加壓系統保持一定的壓力，在飛機的所有人員就會因爲缺氧而昏迷。

缺氧（Hypoxia）是指人在空氣含氧量低於正常的環境所出現的狀態，人的身體缺氧就會出現一些不適症狀，若未及處理可能因此休克甚至死亡，缺氧時的身體組織沒有了足夠的氧氣，對大腦，眼睛，耳朵，肺和心臟等器官都會造成不利影響。

第一節　客艙內的供氧系統

一、氣態氧（Gaseous Oxygen System）

氣態氧是將氧氣打入容器儲存，依照機艙大小、載客數的多寡，將所需要的儲氧容器裝置在飛機上，在飛機起飛後爲機上乘客、組員提供氧氣。氣態氧和飛機壓力高度是有關係的，當客艙高度壓力超過14,000英呎時，氣態氧氣系統就會停止供氧。

二、化學合成氧（Chemically Oxygen Generated System）

客艙內的壓力高度超過14,000時，機艙的緊急供氧系統就會被啟動，緊急供氧系統的氧氣是一種化學合成氧，氧氣面罩掉落時，拉下氧氣面罩，釋氧裝置被起動後氧氣就會流進氧氣面罩。化學合成氧顧名思義是由

一些化學成分合成作用後產生的氧，作用時會產生熱，所以當乘客使用氧氣面罩時，會聞到類似燃燒的味道，若有必要使用氧氣面罩時聞到這樣的味道是正常的。

三、氧氣瓶（Portable Oxyeng Cylinders）

氧氣瓶的數量在每一臺飛機上，會依照機型的需要配置，氧氣鋼瓶內有一定容量的氧氣，使用時將開關打開就能釋氧，而氧氣的流量大小，也可以使用流量筏來控制。這個緊急設施是提供乘客航程中有緊急需求時使用，可能是生病乘客臨時醫療需求。使用氧氣瓶需要氧氣面罩，所以每一個氧氣瓶都會有氧氣面罩附在瓶身上，在安全衛生的考量，這樣的氧氣面罩會使用拋棄式面罩，如果不是使用拋棄式面罩，使用前後都必須使用酒精消毒。飛行中氧氣瓶的使用不會將氧氣瓶的氧氣用罄，如有持續需求再換一瓶新的使用，會留下一定標準的量後換新的一瓶繼續提供。留下一定的標準量是為了提供緊急狀況發生後，有缺氧或需立即提供氧氣的乘客緊急使用。

四、氧氣面罩

氧氣面罩在客艙壓力高度超過14,000英呎時會自動落下，氧氣面罩除了位在乘客和組員座位上方的位置外，廁所內和廚房內也都氧氣面罩的裝置。客艙失壓發生時組員可能在廚房工作，廚房位置與組員座位可能有些距離，狀況發生在廚房工作未及返回座位的組員，可以使用廚房內掉下的氧氣面罩。使用廁所時如果發生失壓狀況，在無法立即回座的情形下，也可以利用廁所上方掉落的氧氣面罩（如圖8-1）。

第二節　客艙失壓的種類

客艙失壓有時發生在一瞬間，有時卻是緩慢的進行，由時間發生緩速、久暫區分為漸進式失壓及瞬間失壓。造成客艙失壓的原因有飛機的增壓系統失效、機身損害如爆炸造成的機身破損、艙門脫落玻璃破損等等……。各類狀況分述如下：

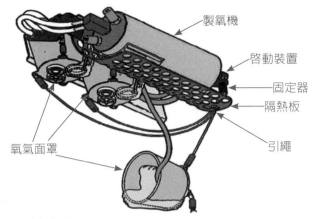

製氧機

啓動裝置

固定器

隔熱板

引繩

氧氣面罩

圖8-1　圖片來源：ScienceABC/Photo Credit：The National Transport Safety Board / Wikimedia Commons/https://www.scienceabc.com/eyeopeners/ do-airplanes-really-carry-oxygen-for-the-oxygen-masks.html

一、漸進失壓

漸進失壓的顧名思義，失壓的的狀況是緩慢進行的，會形成緩慢失壓的原因有：

㈠門縫邊條失效

飛機機門和飛機本體結構都是金屬材質，要讓飛機門關閉後與機身完全閉合不太可能，爲了使機門和機身達到密合的狀態，機門和機身接合處會有防漏邊條。其目的是爲了讓航機起飛爬升到一定高度，客艙裡加壓後的艙壓高度的壓力，不會從接縫處洩出造成失壓。門縫邊條在正常使用與機門操作，關門後會密合，但當門縫邊條因爲使用產生損耗，就有可能會在起飛後，因無法密合產生縫隙出現漸進失壓狀況。另外一種可能的狀況是發生在機門操作時，這時如果機門在開起、關閉過程中，沒有注意有其他物品在動作時被夾入門縫中，關門起飛後也會因此緩慢失壓。當組員操作機門開啟或關閉，都要注意操作軌道與機門附近的狀況安全無虞，機門關閉後也要用手觸摸門與機身接縫處，檢查接縫處沒有不愼被夾進的異物。

(二)窗戶有裂縫

飛機結構除了機艙門，最有可能發生漸進失壓的地方就是窗戶，飛機窗戶的數量也不少，如果沒有注意有破損，飛機起飛加壓後，壓力就可能從窗戶的裂縫洩出。飛機從正式出廠後，除了必要的維修組都是在高度使用的狀態，起飛、降落常經歷極端的溫差變化，雖然窗戶是雙層防護結構，但窗戶的材質不如機身金屬般，有相同承受極端溫度差異的耐受度。組員在機上檢查時，也可以注意一下窗戶是否出現裂痕，乘客靠窗而座發現異狀的機率較高，當有乘客告知感覺窗戶有異狀，就要立刻警覺是否有破損的可能。

(三)艙壓系統失效

當飛機起飛後隨著高度上升，艙壓系統就會慢慢增加，讓飛機裡的乘客不會因為飛機高度增加、壓力減少、讓空氣中的含氧量降低，不足以供應正常所需而發生缺氧情形。飛機的艙壓系統在起飛後就會開始運作，讓客艙壓力高度維持在一定的範圍，保持客艙內氧氣供應正常。但有時艙壓系統會因為一些原因，起飛時無法正常運作，或是在巡航過程中故障無法維持正常艙壓，也是造成客艙失壓的原因。

我們知道高度越高空氣中的含氧量就越低，就像地處高原的青藏高原，與平均高度有8,000公尺世界最高山群區接壤，高原平均的高度也有5,000公尺，到了這裡許多人就會因為缺氧而不適。國際航班起飛後的飛行常見巡航高度大概在30,000～38,000英呎間，當高度到到達14,000英呎後，空氣中的含氧量就不足以供給人呼吸所需。起飛後爬升到一定的高度，飛機裡的加壓系統就會啟動，將客艙壓力高度維持在標準值。艙壓系統有可能發生故障，為防止這樣的狀況，飛機艙壓系統失效而客艙壓力高度超過14,000英呎，這時飛機裡的緊急供氧系統會被啟動，乘客上方的氧氣面罩會自動掉落，提供緊急狀況使用。

漏氣（Air Leak）通常會是窗戶有裂縫，起飛加壓後壓力從裂縫中洩出，或是艙門的邊條不密合，造成關門後機身與機艙門無法密合產生漏氣

洩壓的情形。Air Leak是緩慢且不易察覺的，所以當客艙發生漸進失壓時可能有幾個現象可以觀察：

1. 當客艙失壓的狀況發生時，此時正常狀況下不會出現在客艙的氧氣面罩裝置，當客艙失壓的狀況發生時，面罩會自動地從乘客座位上方，收納氧氣面罩裝置處落下。組員如果在客艙中發現這些狀況，務必立即將氧氣面罩戴上（避免因缺氧失能），同時迅速的通知駕駛艙，讓機長了解狀況做最快且適當的處理。

2. 會聽見像是吹口哨的聲音，因爲氣體會從縫隙中快速流動所發出的聲響。漸進失壓是因爲客艙有可能的密合處細小破損，讓加壓後的氣體從縫隙中洩出，所以組員會聽到氣體經過縫隙發出類似口哨的聲響，一定要立即檢查聲音來源處，避免失壓狀況持續進行造成缺氧。

3. 當壓力產生變化時，人體耳朵內的中耳耳膜會因爲壓力的變化產生不適感，或是關節疼痛。除了觀察漸進失壓在機上產生的物理現象外，漸進失壓也會在初期產生一些生理不適的症狀，如胃部因爲壓力的關係疼痛、耳朵耳膜有脹痛感、關節部位疼痛。若這些症狀的發生不是因爲感冒或其他病痛引起，若同時其他人也有相同的症狀，就要警覺漸進失壓正在進行。

二、瞬間失壓

瞬間失壓會導致客艙內的壓力迅速降低，若在30秒內未戴上氧氣面罩，人員就會因缺氧休克、死亡。

2018年4月17號美國西南航空737型的1380號班機，從紐約瓜底亞納機場飛往達拉斯，起飛20分鐘左右，左側發動機故障鬆脫，掉落的零件噴射到靠近左側機翼的窗戶，外力重擊造成窗戶破裂，機身出現破洞讓機艙壓力瞬間改變，坐在破窗座位的女乘客，瞬間被吸出並卡在窗戶洞口不幸身亡。機長在5分鐘內將飛機從30,000英呎高度下降到13,000英呎，爲的就是希望將飛機降到讓乘客能夠呼吸的安全高度。機艙內瞬間失壓可能造成的原因：

㈠飛機機身瞬間破裂

　　飛機經過無數次的起飛、降落，客艙內也必須因為高度加壓、減壓，這樣的週期長時間會讓機身蒙皮產生金屬疲勞，此時如果有嚴重破損沒被注意，起飛後因為壓力的關係，會使破損處的作用加劇，可能產生破洞讓飛機內部的壓力瞬間變得和機外一樣，瞬間失壓就會發生。1988年夏威夷航空就曾發生這樣的悲劇，除一位組員從破洞處被吸出機外而罹難，機長安全的將受損的飛機降落在地面，幸運地讓所有的乘客都安全生還。

㈡機上爆裂物

　　飛航安檢的目的就是為了保障航機安全起飛，但仍有一些恐怖份子會想辦法逃過安檢，將爆裂物夾帶上機在機上引爆，造成機身破損讓機艙瞬間失壓。瞬間失壓可能發生在機身的任何一處，或是發生在航機飛行時間的任一點，發生時必定造成機身劇烈搖晃。機外、機內氣體快速流動，會瞬間將移動未固定的物品吸出機外，此時未繫安全帶靠近機身損害處的旅客或組員，就有可能被吸出機外，如此說明就應該知道，搭機時隨時繫緊安全帶是多麼重要的觀念了。瞬間失壓時客艙內的狀況：

1. 巨大聲響

　　機身某處破裂讓使得機內與機外壓力一樣，機內氣體快速向外流動會產生巨大聲響，聽到這樣的聲音就應該立即採取自我保護的安全措施。

2. 溫度降低

　　因為客艙內、外已有氣體流通，航機大部分飛行時的高度在25,000～35,000英呎之間，這樣高度的機外氣溫大約是攝氏負30度到負50度左右。當機外溫度進入機內，溫度一定會急速下降，所以此時的低溫一定會讓坐在客艙裡的乘客有寒冷的感覺。

3. 煙霧迷漫

　　當客艙壓氣體迅速向外流動，除了讓機外、機內的壓力高度趨於一致，也會讓機艙內的溫度快速下降，因為溫度的快速變化，使得客艙內會產生白色煙霧的現象。

4. 氧氣面罩落下

飛機的客艙壓力高度超過14,000英呎,氧氣面罩就會從乘客座位上方自動落下,為避免乘客因為失壓造成缺氧,在這種緊急狀況下設計保護乘客的安全裝置。若此時看見氧氣面罩落下,要盡可能的在缺氧狀況發生前戴上,因為在30,000英呎左右的高度沒有氧氣系統的支持,人在30～60秒之內會缺氧昏迷,若持續沒有氧氣供應就會造成死亡。當瞬間失壓發生,航機一定會造成劇烈搖晃,可能無法讓人順利的將氧氣面罩戴上,所以自救最好的方式就是想辦法戴上氧氣面罩,組員必先自救才可能有辦法提供其他乘客必要的協助。

第三節 缺氧症

客艙失壓時會造成缺氧環境,在機上的乘客若是沒有立即使用氧氣面罩,會有缺氧症狀(Hypoxia)發生,若仍未即時給氧會造成失能並在短時間內失去意識。失壓造成的缺氧不會只發生在乘客身上,同一班機上的組員也有可能會因失壓產生缺氧症狀。缺氧的症狀也許不會造成立即致命的傷害,但缺氧的過程會降低判斷力和知覺,對於仍然在執行任務的組員因為判斷力與知覺能力降低,或許就會對正在執行的任務發生錯誤決定而產生危險。尤其出現漸進式失壓,若發生的初期一些細微的現象未被注意及發覺,當驚覺危險時肢體、知覺的反應可能已無法有效控制。

多年前一架波音737客機失事墜毀在希臘附近的山區,失事調查結果顯示,飛機在墜毀前客艙就已經失壓。因為在飛機與塔臺失去聯繫之後,曾有軍機因為安全理由升空攔截,發現這班飛機當時約在30,000英呎高度飛行,軍機飛行員呼叫卻無人回應,也發現駕駛艙的駕駛已昏厥在駕駛艙裡。所有的跡象顯示,這架737發生失壓後飛機仍然維持自動駕駛模式,燃料用罄引擎停止後墜毀。

從航空醫學的實驗證明,一般高度在10,000～20,000英呎高度漸進失壓初期缺氧現象發生時,人會產生的生理狀況有:

1. 頭暈、想吐。

2. 呼吸變得急促。

3. 頭痛。

4. 手指、腳趾末稍有麻感。

5. 身體有膨脹感。

　　缺氧狀況更嚴重時會產生的症狀：

1. 喪失判斷力。

2. 無法專注。

3. 口齒不清無法清楚表達。

4. 皮膚因缺氧變紫。

5. 無法控制身體行動。

　　若在有效意識時間（TUC）內未做出反應，就可能對安全造成影響。Time of Useful Consciousness簡稱TUC，是指飛行中若因為某種原因發生缺氧，也就是氧氣不足或是氧氣無法正常供應的狀況，從缺氧開始到影響個體行動、思考、判斷無法正常運作，到最後失去所有的行為能力前的時間。影響有效意識時間（Time of Useful Consciousness）的因素：

1. 生理狀況

　　客艙失壓會造成缺氧引起缺氧症，有幾個因素會左右個體症狀發生速度的快慢，也就是說相同原因造成的失壓導致缺氧，不同個體缺氧症狀的發生也有先後之別，差別在於個體當時的生理狀況。若缺氧當時若精神或肢體處於疲勞狀態，此時身體需氧量較高，在缺氧的環境中會比其他人更快產生缺氧症的現象。長期抽菸的人，造成肺部受損也會降低呼吸時的攝氧量，缺氧症的發生也會比一般肺部健康的人來得快。另外年紀較長者，因為年老身體各個機能也跟著老化，肺部的攝氧量也不比年輕時，在缺氧環境下發生缺氧症的危險程度也較高。

2. 活動量

　　運動或活動量大時身體需氧量會增加，在缺氧環境中活動量較大的人，發生缺氧症的速度比靜坐者更快，如果客艙失壓缺氧，正在工作的組

員TUC會比座位上的乘客更短。所以客艙組員有感到任何異狀時務必迅速反應，若因缺氧失能就不可能對其他缺氧需要幫助的乘客提供適時的協助。

3. 溫度

　　環境溫度的高低影響身體能量消耗的多寡，環境溫度太低或太高都會讓身體消耗更多的能量，就像是另一種身體活動量增加的形式。

4. 酒精

　　喝完酒後可能有的反應會有行動協調力降低、思考判斷及反應力變差、也會有昏昏欲睡感，是因為酒精會降低血液中細胞的帶氧量，失壓、缺氧時個體血液中的酒精成分，會縮短TUC的時間加速缺氧症的發生。

5. 高度

　　喜歡登山的人都知道，海拔高度愈高的山嶽空氣愈稀薄，空氣中的含氧量隨著高度增加而遞減，一樣的道理，客艙高度愈高也就越容易缺氧。個體缺氧時有效意識（TUC）會因會生理狀況的變異而改變，不同的高度同樣影響著有效意識（TUC）時間久暫的變動。排除個體生理因素的個別差異，一般的情形下大約高度的TUC時間如下：

15,000英呎	30分鐘
22,000英呎	5～10分鐘
25,000英呎	3～5分鐘
30,000英呎	1～2分鐘
35,000英呎	30秒～1分鐘
40,000英呎	15～30秒

　　客艙發生失壓狀況，緊急供氧系統啟動可維持10～20分鐘的氧氣，航機必須在最短時間，也就是緊急供氧系統可提供氧氣的時間內，盡速下降到安全高度（8,000～10,000英呎）。

第四節　客艙失壓時的處理

一、立刻戴上氧氣面罩

　　當客艙失壓時組員必須立即戴上氧氣面罩，如果這時候不先戴上氧氣面罩，就可能因為缺氧而失能。機上遇到任何緊急狀況，組員安全的考量絕對優先於乘客，組員必須先確認自己的安全，才能行有餘力的提供乘客適時的協助與專業的照顧。

　　一些相關的飛航安全調查報告，對於客艙失壓當時的處理與反應，有些組員表現的不夠積極，比如客艙失壓的訊息出現（客艙內的氧氣面罩自動落下），組員並沒有在第一時間將氧氣面罩戴上。有時機上氧氣面罩會因為故障，或不明原因被啟動而自動落下，就是所謂的假警報，也許讓組員反應變得不夠警覺，當真正發生失壓狀況時，若沒有警覺立即執行正確的安全步驟，就有可能在短時間因缺氧而失能。

二、繫緊安全帶

　　當瞬間失壓發生時多半出現在機身破損的狀況，壓力的變化會將機上未固定的物品吸出機外，當然也包括沒有繫緊安全帶的乘客或是組員。這時候組員必須迅速尋找身邊的空位坐下，並且立刻繫好安全帶，如果此時沒有空位而離自己的安全座椅仍有一段距離時，就要立刻蹲坐抓緊乘客座椅扶手，或是任何一個固定可以抓握的設施。這時也可以請求坐在位子上的乘客抓緊自己的手，避免因為強大的吸力而受到傷害。

　　飛機製造商設計的機型有偵測艙內可能發生的失壓裝置，當客艙艙壓高度到達一定數值表示有失壓狀況，此時氧氣面罩會自動落下、繫緊安全帶的燈號亮起、同時預錄播音系統會播放指示乘客「繫緊安全帶！戴上氧氣罩！」，但廁所如果正在使用中，廁所內立即回座（Return to Seat）的指示燈不會亮起，而廁所內的氧氣面罩也會自落下，讓在廁所中的乘客或組員使用。

三、聯絡機長

　　當組員看見機艙內的氧氣面罩落下，除了要立刻將氧氣面罩戴上，立刻繫上安全帶固定後，如果實際的狀況許可，必須盡可能的聯絡機長，告知機長此時客艙的狀況，讓機長立刻將飛機降至安全高度。因為組員沒有立即連絡機長，飛機可能會繼續爬升或維持原來的高度，氧氣面罩供氧的時間有限，若未即時降低至可自行呼吸的高度，氧氣用罄仍有缺氧危險。

　　聯絡機長是為了讓機長立即掌握狀況，若發生漸近式失壓也能提醒或確認機長是否已經戴上氧氣面罩，如此才能保障飛機上所有人的安全。

　　客艙高度壓力超過14,000時，乘客座位上方的氧氣面罩會自動落下，這時只要將氧氣面罩拉下，氧氣就會從管線流出。如果氧氣罩沒有掉下來，駕駛艙裡有一個手動按鈕有一樣的功能，按鈕按下後客艙裡的氧氣面罩會從上方落下。

第五節　客艙失壓後的處理

　　客艙失壓時不論發生的方式是瞬間、漸進，都要依照安全作業規範執行，保護自身安全為優先，當飛機緊急下降到安全高度後，必須等待機長指示才能將氧氣面罩取下。一旦接到機長指示客艙已經在安全高度，可以執行其他任務時，組員就必須起身將失壓造成客艙損壞、乘客缺氧的狀況仔細的檢視並做適當處理。

一、確認駕駛艙狀況

　　客艙失壓可能發生在飛行途中的任何時間，有時未必正、副駕駛都會同時坐在駕駛座上，當發生狀況，若有其中一名駕駛失能，若飛機降至安全高度後，客艙組員就必須待命提供另一名駕駛必要的協助。

二、確認客艙狀況

　　飛機下降到安全高度，機長會透過廣播讓組員知道訊息，當組員接收到這樣的訊息後，就代表現在客艙的狀況是安全的，可以執行失壓後安全

檢查的任務。千萬不能在失壓持續進行的時間，任意將氧氣面罩摘下，如果有必要提醒乘客將氧氣面罩戴上，也必須戴著面罩大喊：「戴上氧氣罩！繫上安全帶！」（Put on Mask! Fasten Seatbelt!），避免吸氧量不足而失能。

　　有些飛機有較完備的安全考量，會預先錄製客艙失壓時應遵守的安全指示廣播，會在客艙失壓狀況發生時被啟動播放，讓乘客能清楚聽到並依照指示執行安全措施。避免發生瞬間失壓時，客艙大量噪音會壓過組員指示時的音量，影響乘客接收正確指示造成缺氧或受到其他傷害。

　　組員在責任區域（客艙、廚房、廁所）內確認乘客狀況和客艙損壞情形，了解所有狀況後報告機長，讓航機降落後能立即得到協助（乘客受傷），在這當中如果有受傷乘客、客艙損壞都要做即時的處理。

三、乘客的照顧與處理

　　當飛機降至安全高度後，客艙高度壓力維持在可以讓乘客不使用氧氣面罩的狀況下自呼吸，客艙氧氣系統會停止運作。如果仍然需要使用氧氣的乘客，組員可以提供需要的乘客使用氧氣瓶，讓缺氧乘客能繼續使用不致造成更大的傷害。除了缺氧情況容易在失壓時發生，機身破損、搖晃也有可能造成人員受傷，若有乘客有受傷狀況，可以使用機上醫療裝備（First Aid Kit、Medical Kit）做初步處理。失壓造成的影響不僅只有乘客或組員，駕駛艙的機長、副駕駛都會有缺氧的可能，組員在確認客艙狀況時，也必須確認駕駛的狀況是否良好。

四、報告機長

　　飛機降低至安全高度後，機長會連絡塔臺找到最近的機場安全降落，組員檢查客艙狀況完畢，檢視乘客受傷及飛機損害狀況，務必讓機長了解並確實掌握，在與地面塔臺聯繫時，若客艙乘客受傷可以通知醫療系統，在航機安全降落後能立即提供醫療照護；若客艙結構被破壞，機長也可以告訴地面消防救災系統待命，預防緊急降落時非預期的災害發生能立刻實施救援。

第六節 如何預防

一、加強訓練

　　每當飛航意外狀況發生時，許多乘客當下的反應可能是驚慌、害怕甚至會尖叫，若此時的組員也無法立即做出正確反應，就會讓驚慌失措的人更加失控。從許多飛安相關影片中可以發現，狀況發生時，客艙組員的表現都非常稱職，並不是客艙組員此類經驗豐富，而是平日訓練有素的結果。航空公司的年度複訓都會依照飛安規範，將客艙失壓的情境訓練放入其中，作為必要考核項目，可能許多機、組員終其飛行生涯都未曾有客艙失壓的經驗，但誰都不能保證類似的狀況不會發生，組員平日的加強訓練，有助意外狀況發生時，能在當下做出最即時的反應有效解決問題。

二、溝通良好

　　飛機載客量大組員人數配置也會增加，但不論組員人數的多寡，每一趟飛行都要仰賴組員之間的溝通，正、副駕駛之間的溝通、駕駛與客艙組員之間的溝通、客艙組員與客艙組員之間的溝通。漸進失壓的進行是緩慢的，所以當有細微異狀出現，發現異狀的任何組員、或是經乘客反映警覺的組員，都必須立即通報機長，機長接到通報會將飛機降至安全高度。曾經有一些飛安狀況是因為機械故障，讓氧氣面罩掉落，客艙組員見狀就立即通知機長，但駕駛檢查所有儀器都無法確定是否是因為失壓造成，為了全機安全仍然將飛機降至安全高度，雖然虛驚一場但卻是適當的處置。漸進失壓的一些徵兆被忽略，如果沒有即時通報機長而飛機如果仍然繼續爬升，就可能對人機安全造成影響。

　　美國飛安史上曾經有一架小型飛機，因為發生漸進失壓而無人警覺，導致駕駛與乘客因為缺氧昏迷，在無人駕駛的情況下，飛機燃料用罄後墜毀。

　　如果瞬間失壓狀況發生，客艙內的噪音會讓駕駛和組員溝通不易，此時組員戴上氧氣面罩後，就必須盡可能快速的讓未戴上氧氣罩的乘客或其

他組員動作，例如：大聲提示或利用廣播系統提醒客艙所有人員。

三、立即反應

　　瞬間失壓的原因可能是因爲爆炸、飛機破損造成，發生時間短暫不容易有任何準備，一旦發生就必須立即有適當反應才能降低傷害。發生狀況若正行進在客艙，如果靠近組員座位就立刻坐下，繫緊安全帶戴上氧氣面罩，同時大聲提醒乘客安全指示。如果離組員座位仍有距離，可能的話就立即找座位坐下繫上安全帶，立刻戴上掉下的氧氣面罩，同時大聲告知周遭的旅客，繫緊安全帶、戴上氧氣面罩。如果來不及找到乘客座位坐下，盡可能地立刻蹲，抓住可以固定身體的乘客座位扶手、機內設施的固定扶手，保持冷靜且正常的呼吸，仔細聆聽安全廣播指示。

第九章

客艙失火

第一節　客艙失火的原因

　　現在航空公司飛機上都禁止吸煙，也對機上吸菸者提高了刑事責任與罰則，再加上飛機製造公司針對防火裝置的不斷研究發展，的確可以降低因吸菸引起客艙失火的可能性；但仍有一小部分乘客會在廁所裡吸煙，機上的電子設施及裝備損壞，還包括了3C產品高度使用，搭機乘客隨身充電電池也多半是鋰離子電池，這些電池反覆充電過程會因為使用者習慣、電池品質不佳造成漏液，或放置環境的溫度的變化，使得電池狀態不穩定就有可能自燃或發熱膨脹爆炸，讓飛行中發生客艙起火的意外。

　　一般搭機乘客可能不了解飛機在飛行中失火，除了會對飛機機械結構或系統造成一定程度的損害，客艙內因燃燒產生的濃煙，也會對處於狹小空間的乘客與組員造成立即傷害。地面失火和飛機在飛行途中失火的不同處在於，客艙失火除了要盡快發現火源滅火外，駕駛還必須立即找一個最近可以安全降落的地點降落，避免因為燃燒造成飛機結構或系統損害。最令人擔心的是客艙失火後狀態無法控制，有時發生的時間可能短到讓飛機無法安全降落，相同飛航安全事故的例子的確發生。

　　1998年9月2號瑞士航空一架MD-11型111號班機，預計從美國紐約飛往瑞士日內瓦，因為飛行中失火，火勢延燒使得機上飛行系統失效而墜機，造成機、組員、乘客229人罹難。這架失事的班機從駕駛發現失火到飛機失事不到20分鐘的時間，顯見飛機在飛行當中失火是非常危險的，盡可能的迅速了解失火的原因，才能爭取更多可以安全降落的時間。

　　會引起火災一定有其必要的因素：

一、可供燃燒的物質

可供燃燒的物質就是一般所謂的可燃物，紙張、布料、木頭都是可燃物，若客艙失火，滅火前如果情況許可，先將火源附近未燃燒的物品先移除，減少可供燃燒物質，讓滅火器使用更有效率。例如組員座位區失火，組員座位附近有氧氣瓶的設置，此時將氧氣瓶移除，可以減少氧氣瓶經過高熱會產生爆裂的危險。如果客艙裡儲物間失火，滅火前可以先將儲物間未燃燒的物品移出遠離火源，減少助長火勢燃燒的物質，讓火勢能在短時間內被撲滅狀況獲得控制。

二、氧氣

一般物質起火燃燒後隔絕燃燒時的氧氣供給，會因為助燃的氧氣用罄而無法繼續燃燒，所以當火勢在能控制的情況下，你可以澆水、以砂土掩蓋、或是用毯子蓋住火源都能有效的將火勢撲滅，因為這些物質都能暫時將氧氣和燃燒物隔絕，讓燃燒中的物質得不到氧氣的幫助而熄滅。例如廚房的烤箱內失火，第一時間可以將烤箱門關閉，將提供烤箱電力的開關OFF，烤箱門關上後讓提供燃燒的空氣阻絕在外，烤箱內的火就會熄滅。

三、燃點

燃點是指物質燃燒時溫度，物質的燃點有高有低，易揮發的物質燃點比較低，所以機上對於裝置有易揮發物質的容器或是物質，安全限制與規定都會比較嚴格，怕的是在運送過程中容器破裂不小心引起火災，對於航機的安全就會有顧慮。可燃物+氧氣+燃點和這些物質碰在一起所引起的化學反應，就有可能起火，失火時使用滅火器的原理，就是要隔絕氧氣的供應、降低燃燒的溫度讓火無法繼續燃燒。

第二節　客艙失火的地點

一、駕駛艙

駕駛艙如果失火，多半會危及駕駛艙內的操作儀器，就有可能對航機的飛行安全立即發生威脅。

二、客艙

飛機機型不論大小，客艙規劃區域在整架飛機的比例都是最大的，如過客艙有失火狀況發生，都必須盡快找出火源的位置滅火。因為當客艙某一處區域起火，燃燒造成的濃煙會在客艙間的縫隙中流竄，所以看到縫隙間有煙竄出，必須先確認此處是否為起火點，確認後立即進行滅火，減少時間的浪費不要讓火勢蔓延影響航機的安全。

㈠行李廂

電子產品被廣泛使用，人手一支智慧型手機、一臺平板電腦是很平常的事，供應這些電子用品電力的鋰電池，一定會跟著使用者一塊兒上飛機，鋰電池使用不當或過熱起火的風險，就有可能在飛行中發生進而影響飛航安全。

行李廂中如果有因為燃燒產生的煙霧，多半是乘客的手提箱中放置的物品所引起，有可能是電子用品、隨身行李中的鋰離子電池，都會因為放置不當或是未確實關機，產品因過熱起火燃燒。當發現行李廂因起火而冒出濃煙時，最好能使用滅火器滅火，將行李箱稍微開啟，把滅火器的噴嘴對著起火點直接噴灑，直到火勢完全撲滅為止。

鋰電池起火時要使用H_2O滅火器，也可以用大量清水或是其他不含酒精性的液體（冷的茶或咖啡），千萬不要使用物體覆蓋在鋰電池上，或是用冰塊企圖降溫，當火勢撲滅就必須仔細確認燃燒損害的範圍，燃燒時對行李廂連接天花板上方的設施（電線線路、管線）有沒有造成影響。

㈡天花板上方

　　客艙失火如果發生在可以立即發現火源的狀況下，其實都能在燃燒初期就將火勢撲滅，讓飛機能在可控制的狀況下降落，能迅速的檢修確認飛機的狀況。一旦火源發生在不容易立即發現處，像是天花半板上大片區域的隱藏空間，從知道有異狀（濃煙飄出、客艙有燃燒異味)），到找出火源可能已經用掉不少時間。

　　客機的機型設計不論是是窄體（Narrowbody）、是廣體（Widebody），絕大部分機艙內空間被乘客座椅、廁所、廚房、儲物間和行李廂佔據分割後，能利用的空間也所剩不多，機上的空調系統、乘客的娛樂系統、緊急氧氣供應系統（客艙失壓）、大量的電線電纜，大都會裝置在不會和乘客使用空間產生衝突的天花板上。因為有大量的電線裝置，在使用的時候有可能損壞造成短路或過熱起火。當有火燃燒產生的濃煙從天花板或其他的縫隙飄出時，就要反應是否是這些裝置或是電器設備燃燒所造成的。

　　起火點有可能是在上方天花板的位置，如果不是機務可能沒有合適的工具，能將天花板迅速的開啟，此時可以利用隨手可得的工具（廚房中的剪刀、冰夾等任何可用工具），將天花板撬開，盡可能在最短的時間內發現起火點，找到火源立刻滅火。

㈢電子操控制面版後

　　機上有許多控制操作模組會裝設在客艙牆面，或靠近機門附近的牆面，這些有不同功能的電子操作控制面板，正常操作模式下，不太容易發生異常狀況。操作面板可以感覺面板下有異常的高溫、聞到燃燒的焦味、看到面板縫隙有煙霧飄出，就必警覺面板下方是否有起火燃燒的可能。

　　面板下方有高溫、異味、煙霧傳出，產生的火就是我們提到的隱藏火，如有立即滅火的必要，可以使用工具將操控面板撬開檢視起火來源，發現火源就將滅火器深入孔隙中滅火。

㈣乘客座位娛樂系統

　　當起火點發生在座椅後方的線路（起火點），就有可能是乘客座位上

個人服務裝置（PSU）或是娛樂系統故障所導致，在滅火的同時，也必須將控制這些系統的總開關關閉，避免連接的線路發生相同的問題。

三、廁所（Lavatory）

廁所是客艙失火的熱點之一，常在電視或電影的畫面中，看到有搭機的乘客菸癮犯了，躲進廁所裡偷抽菸，爲了怕廁所裡的煙霧偵測器，因爲偵測到煙霧鈴聲大作爲怕引起組員的注意，所以都會有一些不正確的行爲與動作，爲的是阻止偵測裝置啟動。像是一面抽菸一面不停地搧風，試圖將吐出的煙霧搧去，或是誇張地將煙霧偵測器用膠布貼起，以隔絕煙霧偵測器的作用。這些違法且不正確的行爲其實非常危險，因爲吸完菸後的菸蒂就是最好的引火媒介，而廁所內大量的紙類用品（捲筒衛生紙、擦手紙、紙杯、馬桶坐墊紙），也都是助燃的最好物質。當有任何一個未熄滅完全的菸蒂被丟入充滿紙張的垃圾桶中，就有可能引起火勢。發現有煙霧從廁所的縫隙竄出，先觸摸一下廁所門板，如果門板的溫度正常，代表火勢可能不大，開門確定火源處使用滅火器滅火。

如果觸摸門板時溫度高或有灼熱感，代表廁所裡火勢較大，不要貿然開門，穿戴防火手套和防煙罩後，將廁所門推開至可以使用滅火器噴嘴的距離，將滅火器對準火源處滅火直到火勢完全熄滅爲止。燃燒造成的濃煙可能無法讓人立即發現火源，將滅火器對準濃煙竄起的方向噴灑，不要因爲找不到火源停止使用滅火器，因爲短短20分鐘的燃燒，就會對航機安全造成很大的威脅。

燃燒時如果有大量濃煙產生，滅火前一定要先穿上有供氧系統的救火衣（PBE），如果在濃煙密布的環境滅火，沒有任何保護穿戴一定會吸入濃煙，導致嗆傷甚或窒息。因爲燃燒後會在短短不到10分鐘，濃煙就會瀰漫整個客艙內，將會造成所有乘客和組員生命的威脅。

滅火前滅火器的收集絕對必要，因爲火勢較大時一個滅火器的用量，未必能完全將火勢撲滅，當一個滅火器使用完畢，就必須立即使用其他備用的滅火器。這樣的做法是爲了避免使用中的滅火器用罄，還無法將火勢

撲滅就要花時間至他處取用，拖延幾秒的時間都有可能讓火苗再起，讓可能已經壓制七、八成的火勢，因為滅火時間的延誤造成更大的損害。

四、廚房（Galley）

廚房內有大量用電設施，有烤箱（Oven）、咖啡機（Coffee Maker）、微波爐（Micro Wave）、保溫箱（Warmer）、加熱壺（Hot Cup、Hot Jug）、冷藏室（Chiller）、蒸氣烤箱（Steam Oven）等，用餐時刻是這些用電設施使用的高峰，為了防止機器因長時間使用發生過熱電力超載情況，廚房裡電器使用開關有斷路器的設計。斷路器的功能就是為了降低電器使用過程中發生過熱或電力超載的風險，這時斷路器就會自動斷電，預防電器過度使用引起火災。當航行中斷路器自動跳起也代表電器設備的線路或零件可能故障，必須要報告機長，下機後也務必讓機務了解並立即檢修。

廚房中的電器用品使用不當也可能引起火災，相關的飛安事故調查，有超過四成的客艙失火是來自於廚房，所以廚房中電器的使用與維護，對於飛航安全相形重要。

廚房中最容易失火的電器就是烤箱，烤箱加熱後的溫度很高，只要加溫過程不注意時間的掌握，很容易因為高溫讓加熱中的食物烤焦失火。廚房組員使用烤箱加熱食物前，務必將至於餐點上便於標示的紙片移除，因為這類紙片很有可能在加熱過程中起火燃燒。

廚房中並不是只有加熱烤箱和其他電器設備使用不當容易失火，廚房裡的水也可能讓電線短路起火，廚房裡供飲用、清洗的水，若不慎潑灑在機艙地板就要立刻擦乾。廚房地板結構由隔板組成，隔板相接處一定有縫隙，縫隙雖然細小仍然無法完全防水、隔水，如果任何液體不慎潑灑應盡速擦乾，若因疏忽未處理水分有可能經縫隙滲漏。地板下可能有大量電線線束，滲漏的液體可能導致短路起火，所以液體的潑灑在客艙內要盡速處理避免危險。廚房失火需要執行的重要步驟：

㈠立刻通知機長

廚房內所使用的裝置有烤箱、微波爐、茶/咖啡機等都是需要用電的設備，所以一旦廚房失火，就很有可能引起設備機電線路失火而蔓延到其他的區域。如果在廚房內發現火源立刻通知機長，第一時間讓機長立即獲知訊息做危機應變的處理與決定。機長也能在獲知訊息後將廚房電力的總開關關閉，可以避免不確定因素造成電線走火的機會。

㈡要求其他組員協助

發現火源的組員可能必須立即撲滅火勢，此時可以請其他組員協助通知機長，或當發現火源者報告的同時，請其他組員協助滅火，不管是請求支援報告或執行滅火，這兩種任務會在同一時間進行。在緊急的當下希望組員能視當時情況彈性作為，唯一的重點是要能掌握分工合作的原則，發揮團體合作的效率將火勢盡速撲滅。

㈢執行滅火

廚房失火的起火原因多半是因使用的加熱裝置過熱所引起，廚房內裝置都與機電設施有關，必須選擇機上的海龍滅火器，才能有效的將這類的火勢撲滅；若有實際滅火的需要，將滅火器的安全插銷取下，滅火器保持直立，將滅火器的噴嘴對準火源滅火，直到將火勢完全滅為止。

對於滅火器的使用與操作，前面已經提到許多，但這裡要分享一個小故事，成為組員以前對於滅火器是既熟悉又陌生，熟悉的是在許多公共空間或場合，常常在角落看到紅色的滅火器，也知道這全身紅通通的罐狀設備是用來滅火的。但陌生的原因並不是因為安全宣導不夠，而是認為發生火警應該是消防員該處理的事，所以縱是看它千百回，卻仍然不知道要如何使用。工作需要接受緊急設施課程及操作訓練後，才知道如何正確使用滅火器，也了解當火勢大到需要消防人員處理時，人員財產的損失可能難以估計了。一次在一同受訓的同學家中使用廚房，因為大火熱炒火苗將抽油煙機附近的油漬引燃起火，幾個人發現火勢變大，同學家電梯旁有一個海龍滅火器，隨手拿起立即操作，不一會兒火勢就立即被撲滅。當大樓管

理員接到我們的通知後，也很驚訝一群女生使用滅火器怎會如此熟練，回想起來如果沒有及時使用滅火器，或是不知如何正確使用，都有可能讓火勢況擴大至不可控制。而這些受訓時接受的安全知識，在日常生活中也能幫助我們面對緊急狀況的發生。

㈣滅火後的狀況回報與監控

執行滅火後不管火勢是否獲得控制，都必須回報機長滅火後的狀況，讓機長能掌握所有訊息。若火勢已經撲滅且獲得控制，必須報告所有詳細狀況外，仍然必須留置組員在已滅火地點間監控。監控的目的是爲了避免抑制火的火勢再起，直到飛機安全降落前都要隨時觀察狀況是否仍有變化。

第三節　如何處理

機上無論什麼地方發現失火狀況，都有相同的處理過程，最重要的是要找出起火點，也就是火源處，發現之後立即滅火及狀況通報，直到飛機安全降落，狀況發生這段時間的任務執行。

一、尋找火源

爲了安全客艙內發現火源可以立即使用滅火器滅火，預防失火機上有煙霧偵測器，但機上裝設煙霧偵測器的區域只有在洗手間、組員休息區、機上娛樂系統操作系統區等，許多時候失火的地方並不容易被察覺，所以往往不容易在起火時的第一時間被發現。但只要因爲高溫燃燒就會產生濃煙，同會有燃燒產生的焦味，如果在客艙內看見煙霧從某處縫隙竄出，或是聞到異常燃燒氣味，就要即刻尋找產生煙霧及氣味的來源，很有可能是失火造成的。

組員在客艙內只要發現有異常的熱源（操控面板過熱、電器未使用產生高溫、牆面隔板有熱感）、燃燒的味道、縫隙中飄出的煙霧，當下一定要有所反應，迅速地找出造成這些異常現象的原因，立刻評估狀況通知機長。

根據美國FAA對於飛機因為失火造成飛機失事的調查，有將近三分之一的原因在航機未安全降落前，火勢就變得無法控制導致飛機墜毀。而火勢不能控制的原因，就是無法在短時間發現起火點，迅速將火勢撲滅減少航機的損害情形，讓飛機能夠安全降落。若這種隱而不明的火源在機上發生，而組員又無法立即找出起火點，也必須盡快的通知機長，讓機長做最快的評估與處置。客艙起火除了明顯可視容易辨別的火源外，還有因控制不當及起火處不易被發現的火源：

㈠抑制火（Suppressed Fire）

　　抑制火是指曾經起火燃燒的地點，經過滅火器或任何滅火方式處理後，火勢看似被撲滅但未完全撲滅的熱點，當下被抑制的看似熄滅的火，經過一段時間後，得到足夠的氧氣和其他燃燒可具備的條件，就有機會讓火勢再起。也就是因為滅火的過程不完全，執行滅火不見燃燒的火焰，就認為火已經被撲滅，也沒有將燃燒物或是燃燒區域測底降溫，使得燃燒區域內部高溫再次引發火勢。

㈡隱藏火（Hidden Fire）

　　隱藏的火源不易被發現，發現後也可能不易被撲滅，多半發生在組員工作區域不可及的地點，天花板上方的管線裝置、使用的操作面板和牆面與機身之間的區域。這些區域失火的最初通常不易被發覺，常常因為發現時間的延誤，讓火勢不易在短時間獲得控制。如果燃燒的煙霧或味道來自隔板或操作面板下方，且隔板或面板明顯有較高熱度傳遞，代表下方有可能有火源。隱而不明的火源可能發生在：

1. 天花板上方

　　客艙天花板上方有氧氣空調供應系統設施、機電設施纜線、或是安裝某些操作面板，天花板下方也可能連接行李廂，這些都是上方隱藏火可能發生的區域。

2. 牆面隔板下

　　牆面的隔板會有機上系統操作面板的設置，操作面板下的機電線路，

使用時也有可能發生故障、過熱，隔板下有火源也是不容易被發現的區域。

3. 地板下方

地板與乘客座椅連接使用系統的線路、地板下方的貨艙會是下方掩藏火最可能發生的地點。客艙失火原因將近有一半的機率起火點不易確認，所以組員提供給機長的訊息就變得非常重要，讓機長藉以判斷是否有啟動自動滅火裝置的必要。若煙霧來自於地板間縫隙，機長就會先排除天花板上、牆面隔板中機電設施所產生的問題，節省尋找問題來源的時間。

如果可以確認熱源來自於隔板下（天花板、地板、牆板），但沒有工具可以敲開隔板，可以使用駕駛艙的斧頭，將隔板敲一個可以將滅火器噴嘴噴灑的孔洞執行滅火。熱源如果來自操作面板下方，而下方又布滿許多線路時，為避免斧鑿會損壞機上其他機電設施線路，可以利用斧頭鉤狀部分將隔板拉出縫隙，將滅火器的噴嘴靠近縫隙處噴灑滅火。

二、通知機長

除駕駛艙失火外，如果客艙任何一處失火，除非儀器顯示異常，不然機長不太容易知道失火的狀況，這時一定要靠組員的溝通聯繫，才能讓機長得知訊息並了解狀況。當機長得知客艙失火的訊息，必須立即處理，會立即通知塔臺準備緊急降落，也同時會讓組員在客艙實施緊急降落前的準備。客艙失火通知機長時內容務必簡明、扼要，也就是報告內容清楚、確實讓機長在第一時間就能收到訊息，也能在短時間就掌握實際的狀況，通報的內容包括：

(一)發現的位置

發現失火的通報可能有煙、有燒焦味道，但不見得是確切火源發生處，報告時必須要讓機長知道發現異狀的位置，如果有明確起火點的位置就更能讓機長判斷，可以與地面聯絡時獲得更多處理上的協助。比如是37A乘客座位與牆裙接縫處有濃煙飄出，或是3F-RC（機上廁所位置的代號）廁所垃圾桶失火……。

㈡狀況描述

　　發現客艙失火通報，如果明確發現火源處，就直接描述引火物質，廁所垃圾桶中紙類火災、廚房電氣設備引火的電器火災。無法明確查知的隱藏火，可以從發現煙霧的顏色（灰色、黑色）聞到燃燒的味道（塑膠味、化學、電氣燒焦味），這些資訊都能提供機長判斷的參考。

㈢採取的行動

　　機上的所有組員是一個有組織且相互分工的團體，在緊急狀況發生每一個組員都要立即反應，如果客艙失火，有人通報機長、有人收集滅火器、有人滅火、也就會有人處理受到影響的乘客。如果起火、冒煙處在乘客座位附近，就必須將這一區的乘客立即疏散，因為冒出的濃煙可能會讓人受傷，所以必須將受到影響的乘客移置他處。這些緊急狀況的處理，都在通報機長時必須讓機長了解的訊息，如此機長可以知道客艙失火的情況、組員處理的的方式及組員乘客是否有受傷情形發生。

1. 氯化氫中毒

　　燃燒的物質中有電線設施會產生大量氯化氫，而氯化氫會刺激眼睛和呼吸道黏膜受損，吸入後會產生疼痛感，眼睛接觸後會不停的流眼淚。

2. 一氧化碳

　　客艙失火可能會造成一氧化碳中毒，因為機上許多材質都含有大量碳元素，像是地毯、布簾、座椅坐墊材質都是含有碳元素，客艙一旦失火就容易產生一氧化碳，讓不慎吸入者會有中毒現象。一氧化碳中毒現象會頭痛、頭暈、嘔吐、漸漸缺乏判斷力、視線變得模糊最後失去意識。

3. 氰化物中毒

　　氰化氫會從燃燒的毛料、絲製品中產生，吸入燃燒產生的氰化氫會破壞血液中的帶氧量，讓呼吸系統發生障礙，中毒後因為窒息而死亡。

　　當客艙起火不論燃燒的是什麼樣的物質，都會對人體造成傷害，這時必須指示乘客以手掩住口鼻降低姿勢（燃燒產生的煙比空氣輕，放低姿勢較不易吸入）。組員此時滅火務必穿戴PBE，將可能造成傷害的有毒濃煙

隔絕，執行滅火才會更有效率。

三、使用滅火器滅火（1211、1301）

當濃煙從某處竄出（天花板、地板縫隙間），並不代表起火點或是火源就在濃煙竄出的位置附近，如果要確認火源處，可以先用手觸摸一下煙霧竄出位置附近是否有熱度。如果有感覺明顯熱度不同於其他範圍，就代表火源或起火燃燒的的區域就在此處。

發現火源通知機長的同時，可以請其他組員協助滅火，機上依照機型的需求，都會將一定數量的滅火器放置在固定的位置，一旦有需要使用的時候就可以在最近的位置取得。火勢引起大量濃煙時，滅火時務必戴上防煙罩，避免在滅火時吸入濃煙嗆傷，而防煙罩也和滅火器一樣，依不同機型需求的數量，放置在機上固定的位置，需要時可以迅速取得使用。依起火燃燒物的材料、物質不同火災分為A、B、C、D四種（內政部消防署）：

A：指的是紙張、木材、棉布、合成樹脂、塑膠等製品所引起的火災。這一類的火勢必須快速降溫，燃燒產生的煙霧顏色會是棕色或是灰色。可以使用H_2O滅火器（Water Extinguisher）或是大量含水液體（果汁，茶、咖啡），但千萬不要使用含酒精的液體。

B：指引起火災的物質包括了可燃性的液體（如汽油）、可燃性氣體（如乙烷）、可燃性油脂（如油漆）等，這一類的火災又稱為油類火災。此類火勢會引起黑色濃煙和揮發性油類的氣味，因為油比水輕，如果使用H_2O滅火器（Water Extinguisher），會使油浮在水上繼續燃燒，必須使用海龍滅火器才能達到較有效的滅火效果。

C：起火的原因是因為電器使用時，用於通電的電線、變壓器、配電盤等設配，因短路、損壞所造成的，這一類火災又稱作電器火災。這一類的火勢會產生灰白色帶點藍色的煙霧，必須使用海龍滅火器滅火，在此同時務必切斷設備電源才能阻斷電路完全滅火。

D：引起火災的物質是可燃金屬，包括含有鎂、鉀、鈉、鋰金屬成分的物

客艙安全管理——理論實務與案例

質，產生的火勢稱爲金屬火災。此類火勢產生不可使用H_2O滅火器和海龍滅火器，滅火器中水和其他的化合物，會和此類金屬物質產生化學反應，更有可能助長火勢，必須使用特殊的粉末型滅火器才能有效滅火。

飛機上的滅火器有H_2O滅火器和海龍滅火，兩者的區別在於，H_2O滅火器使用在燃燒物質是屬於紙類，對於電器類、油類引起的火勢無法有效撲滅。而海龍滅火器使用的範圍較廣，對於電器、油類引起的火勢，是採用化學成分阻斷燃燒時的連鎖反應，控制的初期都能完全將這類火勢撲滅。如果廁所中失火引起大量紙類燃燒，可以使用H_2O滅火器，起火的原因是因爲機電設施、電器或線路的關係，建議使用海龍滅火器，較能迅速滅火。但當起火的原因無法確切的判斷時，使用海龍滅火器會是較好的選擇。

組員在機上如有使用滅火器的需要，一次最好準備多支的滅火器，避免當一支滅火器無法將火勢完全撲滅時，不需要浪費更多取用滅火器的時間。

使用滅火器滅火時，一定要非常確定火勢已被完全撲滅，滅火器對準火源滅火時，燃燒可見的火焰可能被撲滅，而燃燒火焰消失並不意味著火勢不會再起。因爲火勢暫時被抑制（Suppressed Fire）後，燃燒可見的火焰此時雖不復見，可燃燒的溫度仍未降低，此時如果停止滅火，高溫就可能讓火勢再起，所以滅火時一定要確認火勢已被完全撲滅。

各航空公司因爲需求的不同，機上滅火器裝載的大小、型號可能會有差異，但是滅火器的操作使用方法，都有一個能快速使用的共同特點，爲的是爭取滅火的時效，和減少繁複操作時間的浪費。滅火器上一般會載有使用方法及說明，爲求可迅速滅火，基本設計方法簡單並容易操作，拔下滅火器的安全插銷，按下把手就可以滅火，但使用滅火器仍有幾個事項必須注意，就能讓滅火器達到最高的使用效率，而能迅速的將燃燒的火勢撲滅。

1. 滅火器的噴嘴一定要對準火源

　　滅火時滅火器不要上、下、左、右移動式的噴灑，要對準起火點或是火源處直接噴灑，直到火勢完全撲滅為止。也許發現火勢時，可能因為濃煙而無法清楚判斷火點，但若從煙霧最集中及飄散出的源頭處噴灑，較接近火源的機率較大。

2. 滅火器保持直立狀態

　　手持滅火器滅火時，滅火器一定要以包持滅火器直立的狀態，因為滅火器是以虹吸原理的方式構造，如果滅火器在使用時沒有保持直立的狀態，或是手持滅火器滅火時傾斜度過大，就會讓滅火器的效能降低。

3. 持續觀察

　　使用滅火器將火勢撲滅後，仍然要持續觀察火是否完全熄滅後的狀態，因為滅火後的狀態可能的情況是火是暫時被抑制，看不到火焰燃燒後便以為火已經被撲滅。在沒有注意的情況下可能火勢又起，執行滅火完成後，仍然要持續觀察直到航機安全降落為止。

四、乘客處理

　　火源來自於乘客座位區（乘客座位後方線路），必須立即將座在該區的乘客移至其他空位，若班機全滿，就必須先安置與其他乘客暫時同座。

　　如因失火產生的濃煙瀰漫在客艙時，務必請乘客以衣物、口罩、手帕掩住口鼻必且保持低姿勢（煙霧比空氣輕會在客艙的上層飄散），避免乘客因吸入濃煙而嗆傷。若機上有濕毛巾可以分發給乘客使用，如果沒有濕毛巾乘客身上的衣物沾水，也同樣有過濾有毒煙霧的功能。在火勢無法控制時，機長會通知塔臺尋找最近可降落的地點，降落後可能因為機身仍繼續燃燒，飛機停止後組員就必須利用最快的速度疏散乘客，避免因為持續的火勢和濃煙造成人員更大的傷害。

第四節　排煙

　　排煙顧名思義就是將煙從原有空間排出，但在航行中的客機要將客艙

裡的煙排出飛機外，聽起來就不太實際，飛行中客艙內外的壓力差，很難想像飛機在高空如何將機艙門打開。在航空安全的思考範圍裡，要考慮任何可能造成機上人員受到傷害的原因，當這些原因不能避免發生時，必要採取什麼樣的緊急措施來保護機上所有人不受傷害，機上排煙就是在這樣的思維所衍生出的緊急處理程序。飛機在高空中失火，最好的狀況是飛機在能控制火勢的情況下安全降落，但有時火勢造成的濃煙才是讓人擔心的問題。濃煙除了讓人無法呼吸外，其中的有毒物質更可能奪人性命，客艙裡濃煙密布，緊急降落地面需要時間，人在短時間缺氧就會致命，所以排煙可能是一個不得不的選項。

　　如果機長從狀況分析判斷後做出客艙排煙的指示，客艙組員就必須依照機長指示執行排煙任務，各個機型大小和濃煙產生的地點不同，開啟排煙的機艙門也會不一樣。相關重要注意事項：

1. 飛機降至8,000到10,000英呎以下的安全高度，使艙門開啟時不會發生嚴重缺氧狀況，同時客艙內會開始減壓，降低機艙內外壓力差容易開啟艙門。

2. 機長會廣播告知所有乘客，同時將繫緊安全帶燈號亮起，讓乘客確實繫上安全帶。

3. 如果許可及尚有其他空位，將坐在將開啟艙門附近的旅客，移至其他遠離該區的座位。

4. 飛機降至安全高度、客艙減壓後，機長會指示組員開啟特定的機艙門，特定艙門的位置不一定是幾號門，但一定會是相對的兩個艙門，讓空氣產生快速對流將濃煙或有毒氣排出機艙外。

第五節　如何預防

　　上述幾種起火點和區域失火大多不易被發現，一旦被發現火勢通常都已不易控制，避免客艙失火做好所有的預防工作絕對必要，或是在不疑處有疑，對於任何可能影響客艙安全的所有細微末節都不輕易放過，才能有效降低因失火而致災的機會。

一、注意客艙內異常狀況

　　許多航空公司於執行緊急狀況模擬的安全訓練時，都會訓練組員在面對所有突發狀況下，對於異常事物必須保持絕對的警覺。因為一旦發生緊急狀況，生命受到威脅的是在這架飛機上的所有人，客艙組員也不可能置身事外，因此，對於所有異常狀況的注意絕對必要。

　　當機艙裡聞到燒焦味，第一時間要能立即的反應，要確定味道的來源。另外，機上裝置在正常使用的狀況下，仍有可能發生過熱的情形，類似的的狀況，為求安全關機檢查後確認恢復正常再行使用。

　　組員在乘客使用廁所的空檔，除了檢查衛生用品的使用量、廁所內的清潔，最重要的是隨時檢查廁所內有無異狀（乘客使用過後是否有煙味殘留、檢查垃圾箱是否有異常）。因為如果失火沒有及時被發現、撲滅，火勢會在短時間內蔓延變得無法控制，預防的方式就是要不斷的注意和檢查。此外，搭機乘客排隊使用洗手間的過程中，如果前一位乘客從廁所裡出來時，身上伴隨有明顯的香菸味，就必須要有警覺，可以將這個狀況告知客艙組員，請組員多加注意，也能保障自身的安全。組員在執行安全任務時除了提高警覺，也有一些辨別的方式：

(一)不尋常的味道

　　飛機起飛後因為強大的空氣循環系統運作，會聞到油料因機械運轉後的燃燒味，如果不是在用餐時段，食物、熱茶、熱咖啡、熱泡麵的味道飄散，大部分的時間客艙裡不會有其他的特殊味道。組員若在客艙的任何一個區域聞到類似不尋常的塑膠味、燒焦味，都要立刻尋找味道的來源。千萬不要忽視這些味道，這些異味都有可能是燃燒後所散發出來的，尋來源確定引發焦味的位置，確認是否因起火燃燒所致，才能在釀災前預防，或是找到有效滅火的處理方式。

(二)非發熱裝置產生熱感

　　機上大量裝置管線的位置可能在天花板上、地板下、機身與牆面的縫隙間，機內通常會維持在非常舒適的溫度，約22～23℃，如果有乘客反

映地板有熱度傳出，或是靠窗的乘客覺得牆面溫度較高，就一定要至該區確認熱度是否異常。機上操作面板使用中，若是感覺操作接觸面板的溫度，和裝置周圍的溫度過高，也必須提高警覺確認異常溫度發生的原因，是否可能因為燃燒而造成的熱感。

(三)縫隙中出現可見煙霧

氣溫較高的氣候起飛，機上的空調系統在循環時，會從空調循環出口看到一縷縷的薄霧，這是因為空氣遇熱正常的物理現象，而且這樣的現象隨著客艙裡溫度平衡會消失。但是失火產生的煙霧會從天花板、地板、牆面間任何的縫隙竄出，這樣的煙霧可能伴隨著燃燒的異味，同時用手觸摸時有明顯熱感，這些跡象都極有可能是客艙某區域失火的警示。

客艙裡有一些區域設置有煙霧偵測器，像是洗手間、機上娛樂播放系統控制區、組員休息區，一旦發生因為高溫引起燃燒產生煙霧，煙霧偵測器可以發揮立即警示的功能。但是其他大部分的區域並沒有類似的防煙偵測裝置，所以類似的狀況發生在大範圍沒有警示裝置的區域，就得仰賴組員的細心和警覺心。

(四)設備損壞

機上的許多機電裝置設施，為了安全上的考量都會安裝斷路器，斷路器的功能在防止機電設施，因為不當使用或損害造成機電設施發生短路，而自動截斷電路的一種安全裝置。機上的咖啡機、烤箱、乘客個人娛樂系統都是用電量高的裝置，一旦附載超過裝置產生高溫斷路器就會作用。當斷路器啟動就代表該機電裝置可能故障，此時必須將使用電源關閉，讓該項機電裝置停止運作，停止運作後如果裝置或裝置周圍沒有降溫，就有可能是隱藏火源所致。

二、不做違反客艙安全的行為（乘客）

每一位搭機的乘客都要有搭機的安全觀念，這些實際的行為需要安全觀念的養成，飛機上禁止旅客吸菸就不要吸菸，不要認為我小心一點把

菸蒂熄滅就不會有問題，或是只要不被逮到就萬事OK!一趟飛行最多15小時，癮君子忍不住賠掉的不只是個人的生命，也危及和你搭乘同一班機的所有人。

三、正確使用電器

以往機上每一位乘客的座位，都安裝著有可供服務的系統（PAU），提供乘客照明的閱讀燈、需要客艙組員協助的服務按鈕、機上音樂欣賞的頻道操作和音量大小的控制，都在這個服務系統提供選擇。因應時代進步的需求，飛機上新的娛樂系統，讓乘客搭乘飛機，不但有多部最新的電影可以欣賞，有電腦遊戲可以消磨時間，座位上就可以撥打的衛星電話，還有機上網路的開放，藉著這個系統的使用，可以不再受空間的限制，完成許多以往在機上無法執行的工作。也正因為功能的多樣化及便利性，越洋飛行長時間的使用，系統可能會過熱的機率提高；裝置使用後過熱就必須讓系統暫時停止運作，避免過熱情況惡化讓系統損壞，當然最重要的安全理由，就是要降低電器過熱起火的機會。如果乘客座位上的任何裝置有因使用發生過的情況，飛機在降落之後，都必須告知機務立即檢修。組員使用機上任何與電器有關的裝置，必須要依照正常、正確操作方式，減少產品使用的耗損和發生因錯誤使用產生的危險。

第六節　機上偵測系統與滅火設施

飛行中的航機一旦失火，不論火勢大小、可控制、不可控制，機長都會在最短時間讓飛機降落，目的是要讓火勢在無法控制前安全降落。因為機上的機電設施太多且複雜，一個小小的火勢都有可能損壞某些重要設施，就算火勢很快被撲滅，都沒人能拍胸脯保證一切都沒有問題。機上的滅火設備和煙霧偵測系統，就是希望如果失火能及早發現及時撲滅，為航機爭取安全降落的時間與機會。為預防客艙失火及提供可能失火的緊急處理，機上有預防的偵測系統及滅火設施裝置：

一、煙霧偵測器

　　機上所設置的煙霧偵測器主要的功能，就偵測區域內因燃燒產生的煙霧，就算煙霧少到組員肉眼不易發察覺的量，煙霧偵測器都能事先感應，讓機、組員知道飛機某處可能有異狀，能立即發現處理。這些煙霧偵測器會裝置在廁所、廚房、組員休息區、影音娛樂播放裝置系統區和貨艙內，當煙霧偵測器的進氣孔道偵測到煙霧，就會發出警示訊號，煙霧測知所在廁所位置門上琥珀色的燈號會亮起，在駕駛艙內的警示燈會亮起，偵測器的警示蜂鳴器也會響起，客艙組員也能從裝置附近的警示燈聲響和發現異狀。

　　如果是廁所內的煙霧偵測器測到煙霧，最有可能的起火點就是廁所內的垃圾桶，所以垃圾桶旁內建有自動滅火系統，如果起火點源於此，自動滅火系統就會被啟動，讓火勢在最的短時間被撲滅。

　　廁所自動滅火系統上有一個熱感應灑水裝置，當溫度超過設定（不同飛機製造商溫度設定有些微差異），滅火器就會被啟動，如果滅火器被使用過，裝置會有顏色顯示，黑色代表已使用過，白色或灰色代表未使用。廁所內自動滅火裝置，可能會因為機型不同，需要組員在執行登機設施檢查時，納入責任區域中的檢查項目。檢查廁所內應檢項目外，也必須檢查自動滅火裝置示所顯示的顏色是否符合標準（白色或灰色為正常，黑色即代表裝置已使用須立即通知機務檢修）。

　　組員休息區是提供組員長途飛行時輪休使用，有人使用和無人使用時，基於安全全考量，組員休息區除了組員進出開啟，飛行途中都必須保持關閉。使用中如果煙霧偵測器響起同時會喚醒休息中的組員，起火點若是在組員休息區，應立即使用休息區內配置的的滅火器滅火。

㈠區域型光感煙霧偵測器（Photoelectric-area type Smoke Detector）

　　這種煙霧偵測器是運用光線折射的原理，偵測空氣中的煙塵粒子，利用流動氣體將帶入偵測孔內的粒子，經過裝置內的檢測器傳輸，如果偵測

空間內有煙霧，光線被阻擋就會反射在感光器上而啟動警報。

㈡管道型光感煙霧偵測器（Photoelectric-ducted type Smoke Detector）

這個煙霧偵測器和區域型的煙霧偵測器功能相同原理一致，管道形光感煙霧偵測器不同的地方，是利用風扇將氣體導入收集區，透過探測器分析偵測空氣中的煙霧。

㈢電離子煙霧偵測器（Ionization-area type Smoke Detector）

這一類型的煙霧探測裝置，利用電離子偵測物質燃燒時釋出的電離子，藉以偵測空氣中的煙霧，達到警示安全的功能。

二、海龍滅火器（Halon）

海龍滅火器使用的原料在多年前開始被討論，其中的化學成分會破壞大氣臭氧層，近幾年的溫室效應改變氣候的速度愈來愈明顯，機上必須裝載的滅火系統除了水以外，使用在機上的機電類失火滅火器，海龍滅火器的滅火功能具有一定的效果。在環保議題和緊急狀況的兩擇下，對於現有裝載的海龍滅火器暫不改變外，未來較環保且具相同滅火功能的滅火器仍會不斷發展，期將替代現有的海龍滅火器。

以現有的海龍滅火器，機上裝載的數量、大小會依據裝設的位置與飛機大小需求不同而有差異。一般客艙裝載的海龍滅火器，重量約在2~2.5磅，使用距離2~3.5公尺不等，有效的使用時間在10秒左右。如果是客貨兩用機型（一部份客艙改為貨艙使用，由組員定期檢查貨艙內狀況），這個區域所裝載的滅火器容量相較之下，也比客艙使用的滅火器來得大。

三、H2O滅火器

H2O滅火器多半使用於非油、電或其他化學物質因引起的火勢，若機上意外起火H2O會用於紙類（廁所）或降溫（鋰離子電池燃燒）。

四、垃圾桶內滅火裝置

有一些機型爲防止因爲乘客在廁所抽菸,將未完全熄滅的菸蒂丟進垃圾桶,垃圾桶中大量使用過的紙類可能被引燃起火,於是在垃圾桶的上方設計了一個自動滅火裝置。當垃圾桶因爲燃燒高溫到達上方感應器設定的溫度,內置的滅火器就會被啟動滅火,避免起火發生在在無人使用無人檢查的時間,讓火勢蔓延以至於無法控制。

第十章
特殊乘客處理

第一節　特殊乘客定義

　　航空公司對於特殊乘客搭機都有一定的規範與處理，這些規範和處理包括了登機前、飛行中、下機後的協助，航空公司依照特殊乘客的不同需求，提供適當的服務。所謂的特殊乘客乃針對不同於一般搭機乘客，於搭機時需要航空公司在搭機過程中協助，這些協助包含服務的需求與安全的考量，從乘客的角度來看，服務是考量首要；對於航空公司來說，服務之外的安全顧慮才是重點，提供特殊乘客的服務，一切依照飛航及客艙安全規範制定服務手法執行。

　　特殊乘客包括：因肢體或生理造成行動、溝通不便，於搭機時需要提供協助的乘客，如輪椅乘客、聽覺障礙乘客、視覺障礙乘客、擔架乘客；違反法律規範被遣返、引渡者，搭機時需要照看行為的乘客；年紀較長或未成年單獨搭機旅客，搭機過程中需要地勤、客艙組員協助者，如UM、YP、MAAS或生病乘客。這些特殊乘客會因不同的需求航空公司會提供相應的服務，當緊急狀況發生時，也會針對安全有適當的照顧與處理。

　　一些登機時需要協助的乘客如：輪椅乘客、擔架乘客，登機的時間會比一般乘客登機時間提前進行，而下機的時間會等待一般乘客下機後，再由人員協助下機事宜。雖然民航法規有揭櫫航空公司不得強制規定，行動不便者必須在一般乘客登機前上機，也不得強制行動不便乘客在一般乘客之後下機，而航空公司也並未對這些乘客強制要求。但在實際工作執行上，這樣的方式是最有效率的方式，分別登機也不會容易造成紛擾，絕大多數的輪椅乘客也不喜歡坐在輪椅上和一般乘客排隊登機。這些服務規定不會強制特殊需求的乘客配合，但一些安全規範的限制，就必須確實執行

沒有彈性（UM、輪椅乘客不能安排坐在緊急逃生口的位子），也是為了在緊急狀態發生時可以爭取較多逃生時間，目的要讓所有人都能安全撤離。

第二節　行動不便乘客

根據IATA定義的行動不便者Persons with Disabilities（PWD）：由於年齡或生理機能，因為老化、疾病或意外事故造成身體感官、肢體運動上的行動不便或無行為能力，搭機時有提供協助之必要者。航空公司提供服務的對象，會依需求提供相關的服務，對於行動不便必須使用輪椅或其他協助的乘客，依使用範圍不同分為幾類Wheelchair Ramp（WCHR）、Wheelchair Steps（WCHS）、Wheelchair Carry（WCHC）。

許多使用輪椅的乘客會有這樣的經驗（尤其是完全無法行走的旅客），在航空公司Check-in櫃檯，會提供輪椅乘客機場使用的輪椅設施。因為一般輪椅的寬度設計是被使用在空間較大或一般環境中，但飛機本身空間的限制，讓機艙內可供乘客行走通行的走道，在設計時就比一般正常空間的走道要窄。這樣走道的寬度設計沒有辦法讓一般形式的輪椅順利通過，所以機場的這種輪椅是依據飛機走道做了調整，提供給需要的乘客上、下機的服務。

一、輪椅乘客

礙於一般輪椅使用者使用的輪椅，其規格、大小（輪距寬度不符客艙走道寬度）可能無法符合搭機時的安全規範（電動輪椅鋰電池的使用規定ICAO，2014）航空公司對於搭機時有輪椅需求的乘客，提供起飛前從櫃檯辦理到登機，到下機後完成出關作業手續後的輪椅使用，對於輪椅使用的需求也有不同的代號和服務手法。針對乘客使用輪椅的需求不同，可以大致分成三類：

(一)輪椅乘客（WCHR）

英文縮寫爲WCHR的輪椅乘客，Wheelchair for Ramp乘客可以自行移動腳步及上、下階梯，使用航空公司所提供輪椅設施的時間，是在登機前和下機後。也就是上機前從機場大廳到登機口，下機後從機門到機場入境大廳出口，登機門到座位間的距離乘客可以自行移動。WCHR旅客上機後在機上不需要機上輪椅的輔助，使用乘客屬於年長行動緩慢，或有行走能力但因行動不便或行動緩慢者。

(二)輪椅乘客（WCHS）

Wheelchair for Step（WCHS）也是指輪椅乘客，和WCHR乘客不同的地方，這樣的乘客可也可以自行移動步伐緩慢行走，但無法上、下階梯，上機後一樣可以在客艙內無須其他輔助自行走動。

(三)輪椅乘客（WCHC）

Wheelchair for Cabin Seat（WCHC）是指完全無法行走的搭機旅客，乘客無法自主的移動腳步，更沒有辦法自行上、下階梯的乘客，也就是必須將輪椅推至乘客座協助入座，航空公司所提供乘客輪椅設施服務的時間，在乘客登機前和下機後。服務乘客登機前從機場大廳到乘客上機後的座位入座，下機時從乘客座位處協助將其移至輪椅後推出，到出境大廳乘客家人或朋友等待接送處。WCHC的旅客通常會有家人或有同行者，在飛行途中如果有需要離開座位，機上也有輪椅設施可以提供乘客需要。

二、腿部受傷乘客

輪椅乘客有許多是腿部因爲受傷、骨折，搭機時必須使用輪椅協助行走，可能傷肢會打石膏固定，也可能會攜帶輔助行走的支架上機，這樣的乘客在登機與上機後都會需要相應的協助與服務。腿部受傷乘客有一些是因爲腿部骨折，暫是以石膏固定，與輪椅乘客不同的是，腿上打石膏的患肢無法彎曲，所以搭機時座位的安排就有一些限制。

1. 座位可能安排在每個艙等第一排的位置：因爲大部分第一排的位置空

間會比較大，對於腿部受傷打石膏膝蓋無法彎曲的乘客，可以有較大的空間伸展患肢。

2. 不可將座位安置在逃生出口區：有一些機型艙等的安排的緣故，第一排就在緊急逃生出口區旁，若是這樣的座位劃分，縱使這一排有可以容納腿部伸直的較大空間，依據飛航安全規定，這樣的乘客是不能被安排在緊急逃生出口旁的座位。

3. 腿部因受傷石膏固定無法彎曲的乘客：搭機時會有使用洗手間的需要，對於座位的安排可以選擇靠近洗手間的位置，可以縮短乘客移動的距離，選擇靠近一片式門板形式的廁所，進出使用比折疊式門板的廁所更方便。

三、擔架乘客（STCR）

擔架乘客（Stretcher Passenger）是指受傷無法站立、行走，可能因為脊椎受傷、可能生病失去意識有搭機必要的乘客。這樣的搭機乘客，依據民航法的相關規定，規範每一趟班機上只能接受一位擔架乘客。原因是當發生緊急狀況需要逃生時，機上組員人力有限，當引導一般乘客逃生後，再協助無行動能力的乘客逃生，至少需要兩到三個的人力。如果相同狀況的乘客不只一位，對於組員和乘客逃生時間爭取，都會有不利的影響（如圖10-1）。

擔架乘客的座位需求必須是六個以上，因為這樣的空間才足夠讓乘客完全平躺，擔架裝置的方向與機身同一方向，而病人頭部的位置是在機頭，也就是乘客的頭部與機頭同方向，乘客的雙腳朝機尾。飛機在巡航時都是保持平穩狀態，但起飛、降落時、機頭

圖10-1　圖片來源：STRE-TCHER/BY: BEN GRANUCCI/https://www.airlinereporter.com/2014/09/how-lufthansa-cares-for-passengers- medical-needs/stretcher/

都會抬起，如果乘客安置的方向相反，就會在起飛、降落時有頭下、腳上的感覺，因此可能造成病人更多的不適感。

　　擔架乘客搭機的需求也有相關規定：必須要有一位以上的家人和隨行照顧的醫護人員，若是無隨行醫療人員，也必須有至少一位家人陪伴，如果不符合這樣的需求，依規定航空公司無法接受這樣的乘客上機。原因是這樣的乘客會需要專業的醫療照顧，可能還有特殊維生系統裝載的需求，如果沒有專業醫療人員或家人隨行，當病人飛行途中發生狀況，機上的組員是沒有辦法給予及時、適當的醫療協助。

　　收到擔架乘客的航班訊息後，機務會在擔架乘客上機前，就將機上可供擔架乘客使用的設施（床、安全帶、布簾、合乎飛航安全規定的氧氣設施）裝置完成。一切的裝置設施都要依照飛航設施裝置的規定，才能在飛行中提供傷、病擔架乘客的醫療需求並同時具備安全與保護的功能。

四、聽覺障礙乘客（DEAF/DUMB）

　　聽覺受損或有障礙的乘客Deaf Passenger雖然無法以口語溝通，但可以透過文字書寫、圖示和手語（若有手語技能可以手語與之溝通）、唇語（許多聽覺障礙人士會讀唇語），盡可能讓乘客了解應有的訊息，上機時主動將座位前方椅袋內的安全須知卡，遞給乘客詳細閱讀。當播放機上安全須知影片時，主動提醒乘客觀看，務必使乘客了解所有應注意之安全事項。

五、視覺障礙乘客（BLND）

　　如果有視覺障礙乘客（Blind Passenger）搭機，地勤會協助引導至登機門，上機就座後，組員必須將機上緊急逃生時的安全裝置（救生衣、安全帶）、緊急逃生出口的方向，個別且清楚和乘客說明。說明逃生出口的方向，必須以時鐘方向的位置向視覺障礙乘客解說，比如說右手邊兩點鐘的方向、左前方十點中的方向。對於沒有視覺輔助的人而言，方位描述的越仔細，越能幫助他們精準掌握方向；若航空公司有針對視覺障礙乘客設

計的安全說卡（點字），也可以提供視覺障礙乘客作為輔助使用，對於必須詳細解釋的內容，仍然要清楚地以口語說明。

視覺障礙乘客如果有輔助用的手杖，起飛降落或未使用時，基於安全理由和不影響其他人逃生，必須放置在上方的行李箱、客艙的儲物間。乘客的座位下方和與機身同方向貼著牆面的區域，在手杖必須使用的狀況下是可以暫時擺放的位置。如果視覺障礙乘客有導盲犬隨機搭乘，航空公司都會接受，也不會有任何的額外費用。但唯一對導盲犬的規範，就是在飛行途中除了飲水外不能餵食。

以上所述之行動不便者，有些必須依賴他人才能移動，另外一些無須他人協助可以自由行走，惟行走時較為緩慢且須持拐杖助行，這些行走時需要拐杖協助的乘客，可以隨身攜帶拐杖登機，但在起飛、降落時拐杖的收置也必須符合安全規範。

行動不便乘客使用的拐杖有可折疊和不可折疊兩種，可折疊的拐杖收起時的長度縮短可以放置在前方的椅袋內，無法摺疊的拐杖若放在乘客腳邊，可能因為起飛、降落造成的滑動，讓拐杖突出在走道間或緊急逃生口，在緊急狀況發生時影響逃生。以往客艙對於拐杖放置的位置在安全的考量下有一些限制，攜帶拐杖助行上機的旅客，起飛、降落時必須將隨身拐杖收在上方行李箱，或是交給組員收置在儲物間裡。當乘客有需要使用拐杖時，可能要請求組員的協助，此時無法提供乘客的即時需求，對使用拐杖的乘客並不公平。所以攜帶拐杖助行的乘客，起飛、降落時拐杖收置有了改變，但改變仍然要在一定的安全限制下執行：

1. 如果乘客將拐杖橫置在座位下方地板（3個或3個以上相連的座位下較適合），必須使其固定不會因為起飛、降落造成機身傾斜而滑動，拐杖的長度不能超出座位凸出於走道，不影響座位下方救生衣之使用。
2. 若是乘客將拐杖縱置地板上（乘客座位靠窗），也必須固定不會因起、降而滑動，拐杖縱置不能突出緊急逃生出口或緊急逃生門的範圍，避免需緊急疏散時影響逃生。

第三節　生病乘客

　　機上搭載的特殊乘客如果是乘客搭機前已告知生病的狀況，組員在搭機前得到生病乘客的訊息，必須在乘客上機後依照規定注意乘客搭機的狀況，和飲食特殊需求的照顧與服務。但仍然有一些乘客基於隱私不願意讓人知道自己生病，所以當碰到身體有不適症狀，症狀輕者也許只是造成一陣子的騷動，狀況嚴重者可能造成飛機必須返航或轉降，機上乘客包括生病乘客自己都會受到影響。沒有乘客會希望在搭機時生病，而航空公司也希望減少類似狀況發生，除了時間、費用的消耗，其他乘客的權益也可能受到影響。組員就必須在乘客登機時仔細觀察，其目的就是爲了儘量在航機起飛前提早發現異狀，建議在能獲得較多醫療資源的地面立即就醫，減少飛行時乘客非預期的醫療協助需求，機上相關的急救設施並不完善，若有嚴重急病發生機上的環境對患者而言並不安全。

　　登機時觀察發現：

1. 乘客步履蹣跚且需要協助者。

　　年紀較長乘客行走動作較爲緩慢是可以理解的，輪椅乘客WCHR、WCHC、WCHS在乘客登機時就有訊息可以掌握，但若非類似情況登機時步履特別緩滿，就有必要趨前關心一下乘客的狀況。

2. 氣色不佳、虛弱、面色蒼白。

3. 行走時肢體動作不協調。

4. 不停的咳嗽。

　　咳嗽有可能是感冒的症狀，當然也有可能是一些法定傳染疾病造成的，像是百日咳、肺結核，若是法定傳染病就必須要通報相關單位，或許感染者可能本身並不瞭解是否爲感冒或是法定傳染病。若有疑慮也可以掌握相關訊息，避免疾病被散播至少可以有詳細的訊息可以追蹤。

　　航空公司和航空公司的機、組人員對於生病乘客沒有任何的歧視，在可預防生病乘客需要緊急醫療照護前，就能盡快就醫或確認。這些預防考慮的是爲保護所有乘客的健康與安全，除了組員的觀察與提醒，乘客本身就應該有這樣的正確認知。許多航空公司在機上遇到乘客需要緊急醫療協

助時，無法提供乘客急需且適當的設備，客艙組員當時一定都是盡一切努力幫助生病乘客，有時仍無法挽回乘客的生命，事後還要面臨家屬急救有疏失的譴責，這對於航空公司和機上盡心處理的組員並不公平。

一、食物中毒

若機上發生乘客食物中毒，必須確認是否為機上食物遭汙染所致，先詢問其他食用相同餐食或飲料的乘客，有無相同不適的症狀，以消去法初步找出汙染來源。如果食用相同食物的乘客也發生類似狀況，可能是餐食發生遭到汙染，但大部分乘客發生食物中毒狀況卻不是食用相同的食物，汙染來源就有可能來自於機上飲水。

食物中毒若只是單一乘客狀況，必須將可疑被污染食物確實包裝冰存，待下機後交給地勤以應相關單位化驗之需求。

食物中毒乘客處理：

1. 尋找機上是否有醫療人員可以提供相關之醫療協助。
2. 若有上吐、下瀉狀況，也應將排泄物或嘔吐物留存低溫保存，下機後連同可能遭汙染剩餘食物交給相關單位以備化驗。
3. 由機長通知塔臺能在乘客下機後給予立即、適當的醫療協助。

二、食物過敏乘客

一般人對於食物過敏後症狀的反應大多不會危及生命，但有一些對特定食物嚴重過敏的人，不慎誤食就有可能致命。通常這類過敏嚴重搭機的乘客，上機前一定會先向航空公司預定特別餐，除了特別餐的服務外，客艙組員在提供其他飲食前也一定要再三確認，避免任何誤食意外。當食物內容或製造中的添加物無法百分之百確認，一定要避免提供給特定食物過敏的乘客食用。除了特定飲食，嚴重過敏必備氣管擴張噴劑或腎上腺素針劑，經過申請也會隨搭機乘客攜帶上機，當緊急狀況發生可以立即緩解過敏帶來的致命反應。飛機上雖然可以提供過敏乘客特殊需求的餐點，但卻無法保證客艙環境中沒有其他乘客會食用類似食物，對花生嚴重過敏的

人，不僅對吃進花生會引起過敏症狀，有時甚至聞到花生的氣味，都有可能引起激烈反應。

> 對於食物過敏的觀念並沒有那麼成熟，而因爲食物過敏可能造成的嚴重傷害也不太了解，剛開始飛行的前2年，有一次從曼谷飛回臺北，從地勤（Ramp Coordinator）的告知和乘客訊息單（Passenger Imformation List）上都已收到有一位對花生過敏英國籍的小客人會搭乘這班飛機，也確認了特殊乘客的餐點無誤。乘客開始登機，當媽媽帶著這位小客人上機後，立刻要求組員將餐點取出檢查，當下我們的反應是有一些錯愕，但當媽媽解釋她兒子是嚴重的過敏患者，食物中只要有一點過敏物，臉部就會因爲產生過敏反應而腫脹（包括咽喉），也就是說只要過敏食物吃下肚，就有可能無法呼吸而窒息，我們才驚覺特殊乘客的餐點真的是一點也不能馬虎，也替這辛苦的媽媽感到心疼。

三、傳染性疾病（法定傳染病）

全世界航空運輸網絡交通密集且頻繁，對人們的往來交流帶來莫大的便利性，如此的便利性也間接成爲傳染疾病的最佳媒介。多年前的SARS到最近讓人聞之色變的伊波拉病毒（Ebola），許多境外移入的病例都是以飛機爲工具，也使得病毒被傳染的範圍擴大，若不慎擴散疫情也更不易被控制。世界衛生組織和國內的衛福部，也都針對搭機旅客傳染疾病的管理及控制提出建議和做法，機場的疫情管制和航空公司機上也都會依據最新疫情的建議作法，實際在機上執行以避免可能的疫情被擴散。

有許多至疫情爆發地區搭機的乘客，怕被拒絕登機而刻意隱瞞，這些行爲其實是不道德的，因爲隱瞞病情搭機除了會傳染給同機的機、組人員與其他乘客，下機後也會可能將疫情擴散。

搭機乘客和機、組人員都必須保持良好的個人衛生習慣，不論在進食

前、如廁後，都應該要洗手，打噴嚏及咳嗽都要摀住口、鼻，避免飛沫傳遞病菌。若機上有乘客出現傳染疾病的症狀，根據世界衛生組織的建議（WHO）：

1. 疑似症狀者應立即戴上口罩。
2. 若機上有其他空位，盡可能與其他乘客隔離。
3. 將其使用的廁所區隔，限制提供專用。
4. 乘客下機後，須依據當地衛生機關規範，將帶原者接觸的物品及區域進行消毒作業，避免其他接觸者的感染。

四、糖尿病乘客

搭機旅客如非必要，許多人是不會在搭機時告訴組員，身體不適有疾病或病痛，但比較特別的是，糖尿病乘客因為特殊飲食的需求，尤其是十幾小時長途飛行的班機，對於飲食必須有限制患有糖尿病的乘客，一定得事先告知航空公司特殊的飲食需求（一般在搭機前的48小時告知航空公司，讓空廚有時間準備需要的餐點）。負責機上餐點的組員，得知班機有糖尿病患者搭乘，務必再三確認糖尿病特殊餐點的裝載無誤。除此之外糖尿病在長途飛行時的隨身藥物治療也是必須的，例如治療的糖尿病的胰島素注射針劑，這樣的乘客搭機時，都會將藥物及可以自行偵測血糖的儀器攜帶上機，讓血糖隨時可以控制在穩定的狀況。治療糖尿病的胰島素藥物需要較低溫度的保存，若較長時間的飛行，乘客多半會交由組員放置在冷藏區域保存；機上組員收到這樣的要求，也務必將藥物置妥後告知其他組員相關訊息，該乘客的隨身藥物和提醒。

糖尿病患者搭機時服用或施打的藥物，不會放在Check-in的行李中，必須隨身帶上機，以免需要時無法使用加重病情。乘客如果有攜帶針劑飛行途中需要施打胰島素，施打後的廢棄針頭，必須依照醫療廢棄物處理的規定，妥善、安全的處理與回收。

五、心臟病

心臟病患者多半了解自己的病史，且心臟疾病的發生時間短暫，發作

期間沒有立即獲得藥物緩解，或是一些及時的醫療急救行為，很有可能造成休克或死亡，尤其搭乘長則十數小時的飛行，一定會有隨身必須的藥物。這樣的乘客如果事前告知組員，組員必須須詢問是否有隨身藥物、藥物放置處及使用方式，若乘客心臟疾病發作失去意識，有可用的訊息可供急救方式的判斷及處理。

六、失去意識

　　飛行途中若有生病乘客需要協助，組員一定會在機上尋找是否有願意提供醫療協助的合格醫護人員，也會詢問被協助者有無其他病史，有無攜帶隨身藥物？這些訊息多半在生病乘客需要協助時發揮功用。但對於發生某些症狀後就突然失去意識的乘客，無法從失去意識者口中得知需要的訊息，若此時有隨行家人或同伴就必須從家人或同行者處獲得可用資訊。

　　患者若是一人獨自搭機，症狀出現後無法獲得任何有效訊息，這時組員可以請求機上合格醫療人員的協助，依照其指示從旁提供必要協助（Medical Kit的使用）。當機上沒有合格醫護人員可協助時，就必須依照組員相關指示說明執行任務，確認乘客有沒有休克？停止呼吸？如果失去意識的乘客呼吸、心跳停止，就必須立即實施心外按摩復甦術，也就是所謂的CPR。機上也有自動體外去顫器（Automated External Defibrillator）簡稱AED，組員對被施救者施作CPR時如果有必要也會使用ADE輔助急救。

　　以往機上有乘客需要醫療協助，組員多半會希望在同班飛機上，能找到可以且願意協助的醫療人員，但也並非每一次都能如願以償，若是如此組員就只能在缺乏醫療協助的情況下，盡力做到能做、可以做的協助。近年來因為科技通訊進步飛速，搭機旅客人次不斷攀高，搭機時會遇到醫療協助的機會增加，MedLink可以提供簽約的航空公司，當遇到實際緊急醫療狀況發生時，透過機上即時通訊設施給予病患適時的醫療協助。

　　客艙組員雖然不是合格的醫護人員，但每一年都有相關的機上緊急醫療設備的實作訓練、基本的醫療知識課程、機上可使用的醫療配備的使用

與操作,能幫助組員在遇到類似狀況及時判斷與處理。當然,同時不可少的動作是報告機長,機長在了解詳細的狀況後,依據病患危急狀況,做後續的判斷決定飛機是否轉降,若決定轉降就要執行轉降的準備。

民航局根據ICAO的規定,民航客機可載客數超過251人以上,機上必須裝載可供專業醫師使用,在緊急救護的狀況下的醫療設施,稱為Medical Kit 或是Doctor Kit。每一位合格的組員也必須完成心肺復甦術的操作訓練,隨著時間變化醫療衛生觀念的進步,組員對被施救的乘客,從必須直接口對口人工呼吸,到使用Airbag呼吸按壓器避免疾病傳染,增加ADE急救設施裝置,再到Medlink線上醫療的協助,這些進步改變都是為了保護組員在做必要的急救時,能降低操作時可能發生不明疾病感染的機率,患者能被及時施救,更能提高成功挽回生命的機會。

七、乘客死亡

飛機在航行中發生乘客死亡的情形不多見,乘客若因病發生嚴重亟需醫療協助支援時,機長通常會尋找最近機場降落,讓機上急病乘客能及時得到最適當的醫療救助、挽回生命。但有時狀況並沒有辦法在短時間為疾病乘客找到降落地點,乘客在客艙組員或其他提供醫療協助的人(機上乘客志願提供醫療協助的醫師、護士)的急救下死亡,客艙組員必須要做相關的處理。

乘客因疾病在機上死亡,相信沒有一個組員希望發生這樣的憾事,但若有家屬陪同也必須在家屬簽具相關文件後,將死亡乘客置於機上裝載的衛生袋內。以往機上並沒有相關處理的裝備(衛生袋),乘客因病在機上過世,組員會將往生乘客移至其他較具隱私的座位空間安置。在沒有其他可用空間限制,為不驚擾其他乘客,可能將往生乘客安置在座位上,用毛毯將往生乘客頸部以下覆蓋,並將安全袋繫緊固定。

衛生袋的設置是為了防止液體流出,除了要給往生乘客較有尊嚴的對待,也盡量降低周遭旅客不安的感覺。

第四節 犯罪乘客

一、罪犯（Prisoner Passenger）

　　常聽到一些人因為在國內犯了法潛逃出境，在境外被當地警察逮捕後，依照引渡協定將犯人引渡回國，為減少罪犯再度潛逃的機會，飛機是引渡犯人速度最快的交通工具。航空公司對於這樣身分搭機乘客的處理也有一定的規範，組員執行任務班機上如果有這樣特殊的乘客，必須按照規範於乘客搭機時特別謹慎並注意。航空公司必須在前提下接受這樣的乘客，為避免對其他乘客造成不安或騷動，有一些相關的條件限制：

1. 被押解的罪犯被評估後，被認定不具暴力和危險性，每一個罪犯必須要有至少有1位執法人員隨行。

2. 被押解的罪犯搭機被認定有暴力或危險性的，這樣的罪犯必須要有至少2位以上的執法人員隨行。

3. 罪犯與隨行人員在乘客登機前上機，於所有乘客離機後下機。

　　當機上載有這樣特殊的乘客，機上座位也有特殊的安排：

1. 不具危險性的罪犯和同行的執法人員座位，必須畫在最後一排的位置（如果機艙為雙走道，則避免放在兩個走道中間的位置），因為最後一排後方就是可以阻擋出入的隔板。如果有可能（班機仍有多個空位）將罪犯和一般乘客的位置區隔，盡量降低與其他一般乘客間互相的影響。

2. 對於不具暴力和危險性的罪犯，如果同行的執法人員僅有一位，罪犯應坐在靠窗的位置，而執法人員必須安排坐在鄰座的位子。

3. 如果有2位以上執法人員隨行，被認定具有危險性的罪犯乘客的座位，應該是被安排在兩位執法人員中間的座位，執法人員必須全程負責罪犯的監控。

4. 搭乘的機型有雙層客艙（Double-Deck）的設置，機上這樣的乘客座位不能劃在上層客艙（Upper-Deck），原因是駕駛艙設置在Upper-Deck，就是要避免任何可能影響駕駛安全的因素。

5. 組員在提供餐飲服務時，罪犯和同行的執法人員都不能提供含酒精性的飲料，爲避免人犯逃離執法人員的控制，造成人員與乘客的危險。

6. 提供餐飲時的餐具如有金屬刀、叉必須換成塑膠製的餐具，盛裝飲料的杯子如果是玻璃杯，也必須換成紙杯代替。

二、無人護送被遣送出境旅客（DEPU）

無人護送、陪伴被遣送出境旅客（Unaccompanied Deportee Passenger），多半是在相關單位認定無須人員陪伴下，搭機時不會造成其他乘客影響，也不會對人、機安全造成危險，不需要特殊處理的被遣返乘客，這類的旅客多半是因爲：

1. 簽證過期：滯留在臺灣時間已超過簽證機關核發的簽證有效期間者，就是一般了解的簽證過期遣返。

2. 簽證滯留期間無工作簽證非法打工：簽證核發的項目是以目的爲依據，如果以旅遊簽證目的核發簽證，來臺停留期間就是旅遊，如果以觀光名義申請簽證但有工作或打工的事實，就會被以滯留期間非法打工驅逐出境。

3. 非法入境：非法入境是指未依照相關法規，向出入境管理局申請入境許可入境者，就是非法入境。而非法入境多半是使用僞造證件入境被發現後，依照相關法規予以遣返或驅逐出境。

三、護送被遣送出境旅客（DEPA）

有人護送被遣送出境旅客（Accompained Deportee Passenger），代表有隨行人員護送被遞解出境，表示在相關單位的認定下，不具備DEPU所具備的條件，就必須有人陪同以維護航機飛行過程中的安全。

1. 被認爲有暴力傾向，曾經以肢體暴力攻擊機上人員或其他乘客者。

2. 因爲暴力紀錄已被他航拒載乘客。

3. 於境內曾因暴力犯罪判刑入獄執行結束後遣返，或因犯案潛逃被或遭遣返。

第五節　其他特殊乘客

一、孕婦

　　除了懷孕初期母體身理狀況較不穩定，若非必要，醫生並不建議懷孕婦女搭乘飛機，但狀況穩定後搭機就不會有太大的限制，一般航空公司對於孕婦的搭機規定略有不同，但必須依據航空安全標準規範。

1. 不接受懷孕32週以上多胞胎、懷孕36週單胞胎孕婦乘客，允許搭乘的時間範圍以內者，必須請醫師開立適航證明，和填寫一張免責書才會被接受搭乘。
2. 孕婦分娩的7天內有搭機的必要，必須出示醫生開立的適航證明。
3. 嬰兒出生48小時內，航空公司不接受搭機申請。
4. 嬰兒出生3到7天內有搭機的必要，必須出示醫生開立的健康證明。

　　這些相關的規定，並不是對於孕婦乘客的非善意對待，而是為了搭乘時的安全考慮，如果因為機上有緊急生產狀況，飛機會有轉降最近機場可能影響其他乘客的權益是避免不了的，轉降額外費用的求償或當地醫療費用的支出，也都不會是一個小數目，為了媽媽和寶寶的健康，懷孕週數限制搭乘有其必要性。

　　飛行多年機上所遇到的事無奇不有，機上乘客生病、喝醉鬧事、這樣的狀況碰到的機會不少，但我讓記憶最深刻的事件，是一位懷孕婦人在機上因為要生產飛機轉降在日本大阪。話說多年前一趟從舊金山返回臺北的班機，那天搭機乘客約七成，從地勤處得到特殊乘客訊息中有一位懷孕六個月的孕婦乘客，也收到這位乘客的醫生許可的搭機證明相關文件。登機狀況非常順利，起飛時間是當地凌晨，組員按照服務流程做完餐點服務後，將客艙的燈光調整，讓乘客可以安靜休息。越洋班機抵臺的時間在早上6點左右，所以降落前的2個半小時前會提供早餐服務，就在準備餐點的前半小時，有組員急忙的跑來告訴我：「有乘客要生寶寶

了！」乍聽之下覺得她在開玩笑，定神再細細一想，就發覺這不是開玩笑，感覺有事而且不是小事。於登機時知道乘客中有一名懷孕6個月的乘客，而這位懷孕乘客就坐在前來報告組員的責任區域內，6個月在懷孕的整個過程中相對而言算是穩定的狀態，除非是遇到外力撞擊或是激烈動作，否則沒有原因讓這位孕婦告訴家人她要生產了。趕緊前往乘客所在的位置後得到訊息，這位懷孕婦人上機前就有破水的現象，但孕婦的先生怕在外地生產醫療費用可能非常昂貴，希望她能忍一忍回臺灣生產，未料上機後幾個小時就開始陣痛，這樣的想法和不經思考的決定，實在讓人不知該如何責備。一般6個多月的早產寶寶，除非有醫療的維生系統支持與照護，否則分娩後很容易出現無法存活的危機，先將狀況通知機長，同時利用廣播尋找醫療的幫助。運氣還不錯，廣播後有一名醫生和一位有接生25年經驗的助產士，義不容辭地要替我們照顧這位快要生產的孕婦。在醫生專業的建議下機長決定轉降最近的機場「大阪」，我們幸運是因為有專業醫療人員的協助，組員此時接受機長指示執行飛機轉降的準備。準備降落前只有助產士安慰產婦的話語，客艙內其他的乘客異常安靜，彷彿也在替這急著從媽媽肚子裡出來小傢伙祈禱一切順利、平安。飛機停妥開門時日本大阪當地的救護車已經在機門邊待命，將孕婦送上救護車後，飛機得準備另一次起飛（大阪-臺北）前的作業準備。折騰了好一會兒，機長做了準備起飛前的廣播，除了感謝所有乘客的的耐心與諒解，也從地勤處得知這位乘客在救護車上生了一個男寶寶，母子均安。好多乘客聽到機長的廣播都高興地拍起手來，雖然當時忙著處理事情後的感覺只有「好累」二字，但看到來自不同地方的人，對這對不認識的母子，卻給了相同的祝福，這樣的畫面覺得好溫暖喔！

二、單獨旅行的小朋友（U.M.）

Unaccompanied Minor簡稱U.M.，字面上的意思是無人陪伴同行的小朋友，也就是航空公司定義在5歲以上12歲以下（以搭機日和護照上所載日期為準），單獨搭機的旅客就是U.M.。搭機前U.M.的監護人必須填妥相關的文件，航空公司才能依據訊息連絡相關人，從甲地將U.M.確實、安全的交給在乙地家人或親人的手中。

依照安全規定U.M.座位不能被安排在機門邊或緊急逃生出口旁，考慮的是飛行途中無大人陪伴的小朋友，可能因為好奇去撥弄或把玩一些安全裝置，讓裝置有故障或發生失誤的風險。

三、單獨旅行的青少年（Y.P.）

Young Passenger和U.M一樣，單獨旅行的青、少年就是Young Passenger簡稱Y.P.，都是無人陪伴同行未成年的旅客，只是年齡區分與U.M.略有不同。Y.P.的年齡是在12歲以上18歲以下（以搭機日和護照上所載日期為準）。

四、嬰兒（INFANT）

航空公司依照飛航安全規範定義的嬰兒，是指2歲以下不佔位的乘客，與照顧者一同搭乘，起飛、降落時，由照顧者懷抱或抱坐於腿上，同時必須以加長型的安全帶，將嬰孩穩固地與照顧者的安全帶連結，避免在起飛、降落期間因外力導致嬰兒滑落造成傷害。

在長途飛行過程中，嬰兒不可能一直被照顧者抱於懷中，為服務這樣的乘客，航空公司會將這些乘客座位安排在各艙間的第一排座位，第一排前隔板有可供飛行中固定嬰兒床的裝置，提供照顧者安置嬰兒的服務。嬰兒床會由航空公司提供，是符合飛航安全設計的服務設施，但若是由乘客自行攜帶上機使用，也必須符合安全規範。根據民航局民用航空運輸業使用手冊的第一章第四節2.1.3-B規定中提到FAA對嬰兒載具（嬰兒床）操作執行的說明：

1. 只有經核准之嬰兒／幼童固定系統方可在航空器於地面移動、起飛及

降落期間使用。

2. 有些航空公司允許乘客於其他飛航期間使用未經核准之嬰兒／幼童固定系統。

3. 有些航空公司則提供「嬰兒床」供乘客於航空器平飛巡航期間使用，並訂有程序嬰兒父母於任何時候「繫安全帶」的指示燈亮時，應抱持著嬰兒。

據此，了解嬰兒／幼童固定系統之使用依各國家不同，民航局規範原則如下：

航空器使用人被鼓勵使用空位來接納嬰兒／幼童固定系統。但是使用人卻沒有義務讓持有不佔客位機票的嬰兒佔用空位，不論他們是否置於嬰兒／幼童固定系統內。

使用人員工，特別是客艙組員，應注意下列有關嬰兒／幼童固定系統事項：

1. 嬰兒／幼童固定系統應具硬質背靠及坐椅。

2. 嬰兒／幼童固定系統應裝有束帶以安全地將嬰兒牢固於嬰兒／幼童固定系統。

3. 嬰兒／幼童固定系統應有標籤顯示它係經核准使用於航空器內的。

4. 嬰兒／幼童固定系統應附有使用說明標籤。

5. 有些國家規定每位未滿2歲的嬰兒應使用輔助安全帶或其它束縛用具。

6. 某些國家規定在航空器起飛、降落及滑行時，不得使用束腹式或背心式安全帶。雖然有些國家核准使用沒有硬式背靠及坐椅的「腹式安全帶」，但有些國家則規定在起飛、降落及滑行期間不得使用。

嬰兒／幼童固定系統應依照標籤說明裝設於航空器內面向前方之座椅內。此說明包含裝設嬰兒／幼童固定系統於面向前方或後方的乘客座椅內。嬰兒／幼童固定系統不得裝設於緊急出口，或緊急出口同排座位之前、後排座位。靠窗座位是較好之位置。總之，其他位置亦可接受，只要使用的嬰兒／幼童固定系統不會阻礙到任何乘客於撤離航空器時的通路。應有一位負責的成人坐於孩童旁之座位。

五、攜帶寵物搭機的旅客

現代人生活型態改變，人口結構改變，老年、單身人口增加，養寵物的人也越來越多，飼主帶寵物搭機的比例也提高，若乘客要和寵物帶入客艙（非貨艙），必須依照航空公司的規定辦理，客艙寵物全程必須置於寵物箱中（依據航空安全規定），而交通部民航局對於航空公司寵物上機也有相關規範，《第二篇民用航空運輸業使用手冊的第一章第四節2.2.10規定》如下：

1. 狗、貓、兔子和小鳥等可置於座椅下的寵物，應被視為客艙行李而被接受。
2. 客艙可接受寵物的數量及接納度，可因使用人和各國家之不同而有差異。
3. 無論如何，所有的寵物在航行全程中，都應置於經核准的容器內。
4. 攜帶寵物的乘客，不可被安排坐於緊急出口同排或艙隔板後之座位。
5. 航空器使用人因此應備妥所需文件，包含檢疫文件。
6. 使用人提供服務時應注意海關和各國家農業相關之限制。
7. 服務類動物及知名動物通常不適用此原則。
8. 每一班次僅允許一位乘客，運送一隻寵物。

如上述寵物於客艙接納度可能因為各個國家文化、規範，和各個航空公司（使用人）的配合不同會有些許差異，想要帶著寵物搭機的乘客，有義務在買票搭機前要仔細了解，讓自己和寵物小孩的搭機行程順利（如圖10-2）。

有人伴隨之寵物／客艙小型動物之運送：

1. 尺寸不可超過航空器座椅下的儲放空間。容器最少要有二邊可通風，且不可讓動物身體的任何部份突出於容器外。
2. 經核准為寵物特別設計的軟邊容器，可以被接受用以運送客艙寵物。
3. 客艙寵物應全程留置於座椅下之容器內。
4. 寵物有生病徵候或有異味時，應不得接受為客艙寵物。

六、需要協助旅客（MAAS）

所有的特殊乘客都涵蓋在需要協助的範圍中，除此之外還有一些認為

圖10-2　資料來源：UPRADE POINTS BY CHRISTY RODRIGUEZ-UPDATED: SEPTEMBER 18, 2019

在搭機時、飛行中、或下機後需要航空公司人員幫助提出申請的旅客，就是航空公司所謂的MAAS（Meet and Assist）。MAAS可以是：

(一)第一次搭機旅客

　　很多人都有第一次搭飛機的經驗，如果當時有同伴或隨行者，第一次搭機的興奮可能多過緊張、害怕，通常的第一次搭飛機會緊張、害怕的人，大多是一個人搭飛機的情形下會發生，會需要協助的人也多半是老人家、小朋友。機上如果有這樣的乘客搭乘，組員必須要解釋機上的設施使用，並隨時關心以降低飛行中的不安情緒。

(二)需要語言協助者

　　國際航線的搭機旅客會出現需要語言協助的乘客，搭機旅客如果沒有其他同行者，自己也只能使用本國語言，不了解也無法使用其他國語言溝通，搭乘目的國的語言可能是英語、法語、西班牙語，或是搭機者母語以外其他語言。乘客在下機通關時必須經過海關檢查，海關人員可能會提出一些問題，此時無法溝通就會可能無法順利通關。這時就會需要有航空公司的地勤人員協助通關，機上若是有這項需求的旅客，組員也必須在下機時將MAAS旅客交給地勤人員，協助下機後的通關或轉機事宜。

第十一章
CRM

　　根據FAA對飛航事故原因調查發現，人為因素造成所有飛行事故中佔60-80%的比例，長期研究統計中又發現這些事件都有相似的共同點。機、組人員都專注於自身工作的完成與否，並非多方考量彼此的需求，又因溝通不良、任務資源分配的管理不當、團隊合作氣氛不佳，最終導致錯誤決策而影響飛航安全。

　　鑒於飛行員失誤造成嚴重的航空事故，美國國家太空總署在1979年舉辦了名為「駕駛艙的資源管理」（Cockpit Resource Management）的研討會。到了1986年，大多數的航空公司都有一些初具形式的CRM，但為追求更高的安全品質，也必須將飛行過程中所涉人、事、物納入管理，將駕駛艙資源管理修正為組員資源管理；如此，更加符合實際狀況與需求，其中包含了機、組人員及地面處理，維護和派遣，強調以團隊合作為導向、共同決策技巧以及阻斷導致事故錯誤鏈結策略的管理資源。

　　隨著航太新科技的快速發展，新科技不斷的隨著需求改變。為此，2001起，CRM訓練發展著重在新、舊科技交替所衍生出來的議題，更新的機型操作、更複雜的訊息溝通，都是CRM下一個訓練發展過程的重點。新科技的運用不只影響飛機設施操作的機、組人員，組員資源管理事涉的所有相關人員，也都必須了解新科技對飛航安全帶來的改變，因應改變調整，減少因緩衝過程產生的人為錯誤，共同有效的維護飛航安全。

　　航空飛行是一個講求絕對安全的領域，飛安事故調查數據顯示，不良的組員資源管理一直是導致飛航事故不斷發生的重要原因，組員資源管理執行的主要目的，是為了發展組員良好的溝通技巧、有效運用每一個角色應有的功能，發揮團隊合作最大效益，減少飛行中人為疏失發生的可能性。

第一節　CRM定義

　　從廣泛的意義上來說CRM 就是利用所有可用的資源、資訊、設備和人員來實現有效且安全的飛行（NASA，1979）。

　　組員資源管理Crew Resource Management（CRM），使用最佳可利用的資源，可以提升組員執行任務的整體表現，CRM的落實與否影響組員能否有效且安全的執行任務，這些可利用的資源包括了執行任務的人、執行任務時的過程，和協助任務執行的有效設備（ICAO），也為了減少錯誤並提高機組人員的效率（Wiener，Kanki & Helmreich，1993）

　　CRM是飛行機、組人員團隊合作的一種模式，進行對可用資源的最佳管理方式，包含了飛航科技，機組人員，客艙乘客與環境，天氣狀況及行制導航輔助裝置等（Turner，1995年）。

　　CRM可以定義為飛行人員對所有可用資源，包括資訊、設備和人力資源的最佳利用與管理，最終實現安全有效的飛行（Lauber，1984）。

　　研究人為錯誤因素並加以修正，對優化飛行安全非常重要，CRM包含了機、組人員必須遵循的一系列行為和策略（Helmreich&Foushee，1993）。

　　根據許多飛安事故調查分析，事故中有許多是由於機、組人員的人為失誤造成，在航空這樣高風險工作中，因為壓力、情緒、文化、價值的影響，誤差或人為疏失是人類自然限制和複雜系統功能失效的必然結果。組員資源管理（CRM）策略不是一個消除錯誤和確保絕對安全的機制，但CRM是航空業或相關管理組織，可以用來管理錯誤的工具，藉由了解錯誤發生的原因，進而修正、改善，避免類似的錯誤再度發生。

　　1989年7月19日，美國聯合航空MD-10型232號班機，引擎失火爆炸墜毀在愛荷華州的蘇城，全機285人111人罹難，飛安調查結果，發現由於機、組人員充分發揮團隊合作精神，讓原來可能造成更多死傷的狀況降到最低。

　　從美國聯合航空公司232航班的事故經驗，了解重點應放在時間管理

和人員面對緊急狀況時的的溝通與協調。在類似的情況下，提供可能發生的緊急狀況模擬，讓機、組人員面對突發狀況時，能迅速、有效的做出反應並採取行動，加強CRM的訓練，執行和之後意見回饋，建立有效溝通管道，情境模擬學習，解決問題能力的培養，紓解壓力及情緒管理技巧。

如何有效利用這些資源就必須仰賴有效的溝通、合作、協調，而可利用資源可能來自不同方向，溝通是最重要的方法，如何透過溝通，藉由協調相互修正進而達成合作完成任務的執行，就是CRM最主要的精神。綜上所述，組員資源管理（CRM）是為了：

一、有效管理所有可能的資源

飛機在起飛後可利用資源有限，若發生緊急事件解決問題的可用資源相較於地面，飛行中可以提供選擇的方式就有許多限制，比如飛機在起飛前若客艙失火，機、組人員的第一個選擇就是立即疏散機上乘客，讓乘客遠離燃燒的機身避免受到傷害。但當飛機航行在空中發生同樣緊急的狀況，第一個考量就是如何在最短時間內讓飛機安全降落，同一時間還要執行滅火任務，將火勢控制並爭取飛機安全降落的時間。為杜漸防微，在危急狀況發生前，就應儘量降低可能造成風險的機率，一旦有任何來自乘客的疑慮或組員的警覺，就要在第一時間反應做適當處理。若不幸危急狀況發生，機、組員要發揮團隊合作精神，適時加入機上可提供協助乘客的資源，當危機發生時將傷害到最低。

二、提升安全任務的執行、降低人為疏失

從所有可知的訊息讓我們了解，機、組人員的錯誤或人為疏失既然無法百分之百消彌，就必須建立一個適當的錯誤管理模式，相關人員在管理模式中接收訓練，從訓練的過程中學習發現錯誤並解決問題。

緊急狀況發生，最需要的就是有效訊息的傳遞，當下獲得訊息越多且正確，就能讓決策執行者做出最適當的判斷。縱使一些訊息的來源不見得正確，但為保障飛行時的絕對安全，任何可能影響飛行安全的訊息都不能

被忽略。因為不在意、不重視導致訊息被忽略發生危險，就是不能被原諒的人為疏失。

曾經有一因引擎著火所致的飛航安全事故的調查報告，根據發生經過，有一坐在左邊靠窗的乘客告訴組員：「引擎著火」，組員得知便立即通知機長，機長問組員是哪一邊引擎著火？組員可能此時面對機尾方向，看到右邊機翼起火，組員報告右邊引擎，機長重複：「是右邊引擎？」組員回答：「對！是右邊引擎！」關閉右邊的引擎前機長還做了廣播，告知乘客目前狀況必須要將右邊引擎關閉。未料被關閉的是左邊的引擎，當時發生這樣的錯誤，發現的乘客和報告的組員都沒有適當反應，也許有人感覺疑惑而且不解，但就是沒有人在意外發生前提出質疑。機長關閉錯誤引擎，副駕駛也沒有在這段時間發現異狀提出疑問，這些人為疏失造成的結果就是讓飛機陷入無法挽救的狀態。

三、降低緊急狀況發生人員的傷害

機、組人員平時的訓練，其中包括每次飛行前專業安全知識的Review、任務結束後的工作簡報、定期的年度複訓與透過CRM課程的不斷溝通，將有效並有助於飛航安全的討論結果，明確加以條列規範並落實於工作中，讓可能發生緊急狀況造成人員的損害降低再降低。

四、提升團隊合作精神

機、組員間的團隊精神，在許多航空公司實際的運作中並沒有被落實，原因是航空公司文化和組員國籍來源不同，讓團結向心的力量並沒有辦法在工作過程中產生影響。一些較重團隊精神的航空公司，集體完成工作的態度明確，在工作中每個人都有協助他人的義務，反之較個人意識文化或並未強調團隊精神的航空公司，組員都在完成自己的工作後，多半不會主動去協助其他未完成工作的組員。當然這樣的態度在提供服務時，並不會對客艙安全有重大影響，但同樣的態度若生在緊急狀況時，影響的可能是機上所有人員的安全。

第二節　造成障礙的原因

一、國籍不同

　　國內線航空駕駛和組員多屬本國籍，駕駛和組員之間的溝通不太容易有問題，國際航空公司的駕駛和組員，會因為招募來源不同，不同國籍的駕駛和組員的情況非常多，當要溝通時就必須使用中介語言，目前國際公認強勢的中介語就是英語。駕駛和組員當要溝通時必須使用英文溝通，如果溝通的一方母語是非英語（駕駛是美國籍、組員是臺籍）或是雙方母語均非英語者，使用英語溝通時都會有無法精準掌握對方語意的困難。若機長下達指令或傳遞訊息時，組員可以複誦一次接收到的訊息，讓機長也能確知接收訊息者已然了解。

　　國籍不同，影響的不只是語言上的溝通，還有國籍與國籍之間的文化差異與價值觀認同，也許一般人不太能體會其中的意義。飛行期間認識幾位來自於南斯拉夫的駕駛，也許許多人不太清楚南斯拉夫的歷史，2006年南斯拉夫社會主義聯盟共和國正式解體前，這個國家內的不同種族間仇恨、對抗的歷史並非一朝一夕，期間的情緒絕對不是我們能理解的。一次飛行和其中一位駕駛聊天，聊到他的國家對於生在臺灣大部分的人是比較陌生的，很有興趣想多了解這陌生的國度，閒聊過程氣氛融洽、愉快，對方也很樂於分享自己國家的點滴與文化。突然想起另一位南斯拉夫籍的機長，就和這位駕駛提了一下，因為來自同樣的一個國家，想必有人不親、土親的同鄉情誼，未料話才一出口，這位南斯拉夫的機長就收起笑容不再多聊。當時的我非常納悶不知是哪兒說錯了話得罪了這位機長，讓我一陣子耿耿於懷，事後了解知道是國內種族問題造成的無解對立。但想想如果這樣水火不容的情緒，若同時在同一架飛機上執勤，會不會有可能影響彼此情緒、影響判斷進而影響飛航安全，實在不得而知。

二、情緒原因

　　是人都會有情緒，組員每一次的飛行如果個人情緒處理不當，或多或

少會影響一起工作的其他組員，也可能因為不佳的情緒表情或表達方式，引起乘客的不滿或抱怨。情緒是影響人與人溝通的一個很重要的因素，用不同的情緒面對相同的人、事、物，結果可能截然不同。所以有時在執行簡報的過程中，必須確認每一位組員的情緒不應有太大起伏，若有組員當天任務有情緒上的困擾，且一時半刻無法解決就必須建議組員盡速調整情緒，否則情緒絕對影響接下來的服務，也會對工作安全產生威脅。

機長是每一架飛機執行任務的Leader，組員在飛行中所有異常狀況都必需要讓機長了解，協助機長獲得正確訊息、做出適當決定，機長做出的決定組員必須依照指示執行任務。機長和組員間在工作中有一定的階級觀念，機長因職務關係本就讓人有距離，若此次任務的機長個性嚴肅、不苟言笑，或是情緒管理差容易飆罵，客艙組員通常會抱著敬而遠之的態度相待。若是這樣的氣氛沒有改變，組員對於一些認為可以自行處理的小狀況，就會選擇自行處理而不主動報告，但有時小狀況可能變成大問題，對於飛航安全一定會有負面影響。

三、簡報資訊缺乏與忽略

飛航安全組織對飛行機、組員，駕駛艙和客艙組員飛行時溝通良好與否做過調查，機長與組員作行前簡報時的飛行高度、時間、抵達地點的天氣、溫度，這種制式地的簡報內容佔了大部分。因為每一個不同的航點都會有不同的航路狀況，相同的航點不同的季節、時間飛渡，也會有不同的變化，簡報資訊的內容如果針對更多安全上的提醒，對於客艙組員而言，提供服務時注意自己和乘客的安全是很重要的。

機長提供必要且詳細的安全簡報提醒，讓組員在忙於工作時也能注意自身安全，但怕的是機長做了非常詳細的簡報後，客艙組員卻沒有將這些安全資訊往心理放，完全失去安全簡報的意義。一次飛行途中一位組員跑來問我，乘客想知道幾點會抵目的地？我反問她機長簡報時沒有說嗎？這位組員卻說她沒注意，想想這樣的組員對於最基本應注意的訊息都不花心思注意，對於其他飛行中的安全注意事項想必也不會太在意。如果機長提

醒,起飛後多久時間會遇到比較不穩定的氣流,屆時組員要注意客艙、廚房設備的固定以免影響安全。若是組員都沒有專心地將所有訊息放在腦中,長時間訊息的不在意與忽略,發生問題影響安全是遲早的事。

四、缺乏尊重

團隊工作中首重合作,也就是說在這團體中的每一份子,都必須相互合作共同完成目標,要彼此合作相互尊重的態度不可少。機上有機師、客艙組員的區別,也有資深、資淺之分;隨著時代環境改變,機師與客艙組員相處不睦,資深、資淺組員彼此責難時有所聞,在這樣的環境下談團隊合作乃緣木求魚。要營造團隊互助和諧的氣氛,不論階級、經驗如何,都必須要彼此尊重,駕駛艙與客艙間相互溝通,資深組員照顧資淺組員且不吝分享經驗,資淺者學習尊重資深者專業並虛心學習;如此,和諧工作氣氛得以建立,將飛行過程中有限資源極大化,不僅有效達成績效目標,對於人因安全係數的提升也有絕對的幫助。

五、壓力

日常生活中面臨許多不同的壓力,壓力來臨時個體處理壓力的方式決定結果的好壞,人有壓力不是一件壞事,適當的壓力可以讓人更進步、表現更好,這是一般所說的正向壓力。但當壓力超過個體所能承受的極限,就可能會對生理、心理產生影響或傷害,也就是所謂的負面壓力。機、組員的工作壓力非常大,每一次任務都載負著人機安全的責任,除此之外與同事間、乘客間的衝突;身體精神疲勞、疼痛與疾病;工作型態長時間與家庭成員產生疏離。

長期壓力無法正常釋放或調適的人,生理上會有不同的症狀反映,像是緊張、盜汗、口乾舌燥、頭痛、注意力不集中、健忘、皮膚狀況不佳等,這些生理現象表現是一種提醒與警示。壓力源沒有解除或釋放,生理上的不健康也會漸漸影響個體的精神與心理狀態,個體會變得情緒化、焦慮、恐慌。而機、組員的工作環境就充滿壓力,一旦產生負面壓力就會直

接影響機、組員的工作表現，對於飛航安全沒有助益。

　　大部分的人都了解要改變個性不是易事，個性敏感、太在意別人看法、容易為瑣事煩惱……有這樣特質的人多半睡眠品質不太好。以往有跨洋長途飛行時，熬夜忙完乘客餐飲服務撐到可以輪休時，頭貼到枕頭就能立刻睡到人事不知，但這時還是有組員翻來覆去無法好眠。你問她不累嗎？答案絕對是否定，睡不著的原因是躺下來腦袋裡還有一大堆事情不斷浮現，這樣的組員通常在下一段工作時的精神狀態都不太好，執行任務有狀況也不難理解。

　　2015年3月德國之翼9525號班機空難，副駕駛就是在長期處於負面壓力造成悲劇，因為機、組員狀況的好壞，受到影響的不只是個人，而是機上所有人的安全，所以適當的紓解壓力是絕對必要也不能輕忽。

　　如何紓解壓力：

(一)盡量保持充足睡眠與正常飲食，不菸、不酒

　　客艙組員的工作時間常常日夜顛倒，無法持續性的維持正常作息，讓睡眠時間也必須隨著任務時間長短，和不同的時區隨時彈性調整，對於不易入眠的組員就是一項挑戰。因此一些組員就會借助藥物或酒精助眠，可是一旦酒精、藥物成癮，所產生的後遺症就不只有不易入睡的單一困擾。三餐定時定量無法有效執行，可以把握休息或可利用時間少量多餐，千萬不要長時間不進食後又暴飲暴食，讓身體無法維持在最佳狀態，對於飛行工作任務的執行也容易發生問題。

(二)利用時間運動保持身體機能健康

　　機、組人員因工作性質使然，生活作息不規律是不可避免的常態，要在不規律的作息中維持身體機能正常健康並不容易，除了在飲食及睡眠上適度調整外，適當的運動也是必須。組員若於休假日可以安排或從事戶外運動，於外站停留時，也可多利用飯店設施如健身房、游泳池等，做一些有益身體的有氧運動，讓身體機能正常運作保持身體健康，這樣型態的工作才能做得長久。

㈢多與家人、朋友聯絡、溝通與交流，適時釋放心中壓力維持心理健康

組員的工作性質本就與一般正常時間工作的人不同，假日或寒、暑假通常是旅遊旺季，航空公司組員想要在每一次的過年、重大節日休假和家人同樂那是不可能達成的任務，這樣的工作模式要與朋友維持熱絡的社交關係也有一定的難度。

現代人喜歡上網交友，常常看到隨時隨地有人拍照上傳分享，到了某地很擔心別人不知道自己的行蹤，也總是要打卡通知，時不時地確認有誰按讚？誰又留言？感覺朋友多得不得了，但其實可以在網路說眞心話、交到眞心摯友的機會好像並不太多。在優游虛擬網路社交的同時，可以花一些時間面對面經營比較眞實的情感。當心中有開心想分享的事、或是難過想與人傾吐的話，這些眞實存在的家人與好友，都會是你最好的交流對象。

㈣調整態度正向思考、學習不同的思考模式

當別人給你一個微笑時，多數人會認爲那是善意的表示也以微笑回饋，但也有些人會覺得這樣的笑容是有目的，臉上可能就露出懷疑與不信任的表情。時時以負面態度揣度人、事、物，與之交流的另一方，也不會感受到友好與善意，當然也不會以友善待之，最終受到影響的會是自身。

㈤學習適時地說不，學會開口請求協助、信任他人

個性不太容易拒絕別人，對於別人的要求都會盡量提供協助，對他人而言就是一個有求必應的好人，但對自己來說，不好意思拒絕的結果會是接踵而至的壓力。這樣的壓力可以避免，適時學會拒絕、學會說不，並不是拒人千里的表現，而是在自己能力許可下去協助他人，別人在你的協助下可以完成工作或任務。但絕對不是將他人的工作攬下幫別人完成，除了造成別人的惰性和依賴性，也會使自己增加許多不必要的壓力。

一些個性好強不願開口求助他人，在工作時不但時時給自己壓力，對於一起工作的人也會造成不同程度的影響，而這些影響多半負面。許多醫

學研究的結果發現，個性要求完美、不開口求援、不會拒絕別人的人，多半會因為長期的壓力產生焦慮影響身體健康。

(六)照顧自己的需要

航空業是服務業，工作大多時間就是替機上乘客服務、為乘客解決問題，儘量滿足乘客需求；但自己的情緒與需要也必須被照顧，才能在工作中維持高工。閒暇時從事自己喜歡或能讓自己愉快的活動，聽聽音樂、一個人的時候讀一本自己喜歡的書、喝杯自己好喝的茶或咖啡、泡一個舒服的熱水澡配上薰香的蠟燭、寫下心情、打電話給朋友都會是紓解壓力的好方法。

第三節　如何提升CRM

一、有效溝通

在飛行中駕駛艙組員與客艙組員良好、有效的溝通，可以幫助互相溝通的組員在適當的時機做出適當的判斷，但客艙組員對於和駕駛艙組員的溝通，多半認為那是事務長（Purser）和機長的事，或是因為工作忙碌、文化隔閡而降低與駕駛艙溝通的意願。但組員資源管理強調的溝通，是指所有駕駛艙組員和客艙組員間雙向無障礙的溝通，機上每一個組員所傳遞的訊息，都是有用的資源，清楚有效的訊息就能提供決策者做出適當的判斷。有效溝通應具備的原則：

(一)目標一致（安全第一）

溝通就是希望對方和自己有不同看法或意見下，藉交換訊息的過程達成一定的共識，彼此有共識接下來的溝通才會有意義。飛機上的機、組人員無疑的共識就是安全，安全第一就是彼此共同的目標，也就是當所有的人、事、物影響飛航安全時就必須制止，問題被釐清和確認，將安全放在飛行時優先考量的重點，一切違反安全的事都是零容忍。例如機長起飛前必須等待客艙組員「Cabin Ready」的訊號後才能起飛，飛機已滑至跑道

準備起飛且起飛在即，機長等不到Ready訊號便逕自起飛，起飛時組員並未完全就坐繫緊安全帶。這樣的情況也許起飛後並未造成組員受傷，但機長的行為，已經嚴重影響飛行安全。

(二)創造友善溝通氣氛

太情緒化或EQ欠佳對於組員之間的溝通無益，前面提到溝通時的語氣和肢體動作可以創造或改變說話時的氣氛，不管與誰溝通，一開始就要營造一個良好的溝通環境，可讓後續的溝通產生良性循環。飛機上的階級區分及立場不同，彼此不熟悉的駕駛艙組員和客艙組員，本就存在著一個無形的牆，若是機長或是資深組員在溝通時太過嚴肅，卻又希望其他組員多多溝通無非緣木求魚。

(三)應有的表達能力

成為一個機師前的考試必須要通過各種筆試外，最後還有職適能測試，這個測試的目的就是要了解這個受試者的溝通表達與協調能力。駕駛的工作不是坐在駕駛艙裡操作飛機不與人接觸溝通，相反的，機艙駕駛必須常常要與地面塔臺、地勤人員、客艙組員等不同職司的人聯絡，要有效傳達正確的意思，就要具備良好的溝通能力。若不具應有的標準，如何能有效地的將判斷後的決定，清楚無誤地傳遞給其他人，若在緊急狀態發生溝通、表達能力欠佳，也一定會造成接收訊息上的誤差發生危險。

(四)相互提醒交換訊息

一些航空公司的機、組人員組成成分較多元，可能來自於世界各國，不同國籍組員間因文化、語言的隔閡，使得彼此溝通不如相同母語溝通的組員來得有效率，造成訊息傳遞上的斷點或不完整，當然就可能影響任務的有效執行。為避免上述狀況發生，機、組員任務執行過程，彼此間應隨時交換、提醒，確認相互間訊息一致並無落差，出現問題時隨時報告狀況，讓機長能隨時掌握有效資訊，增加團隊之間彼此信任，出現狀況時能更快、更有效的解決問題。

二、避免遲疑

　　亞洲許多航空公司的客艙組員個性比較保守，對於和駕駛艙的機長或是副駕駛溝通這件事，通常是被動、較不積極，駕駛組員和客艙組員若是不同國籍，也是降低客艙組員與駕駛艙組員溝通意願的因素。也許對於一些組員而言，把自己份內的工作完成即可，殊不知與駕駛艙保持良好的溝通也是必要工作。例如客艙某處聞到燒焦味，但未到持續一下就消失了，此時有些人會因為味道消失，因此猶豫要不要將剛才感覺到的懷疑報告機長。事實上最安全的做法，就是將在機上所有看到（煙、火）、聽到（爆裂聲）、聞到（焦味）就必須立刻通知機長，縱使這些異常狀況間歇沒有持續，也一定要立刻讓機長了解情況，找出造成異常現象的原因。若是因為猶豫、遲疑就可能耽誤發現問題與處理危機的黃金時刻，讓機上所有人因為你的遲疑陷入可能的危機中。

三、簡單明確、清楚、有效率

　　前面提到當機上發現異狀時千萬不要猶豫，得要在問題沒有擴大前盡快報告，但報告、溝通的方式與內容也務求簡單、清楚、有效率。

(一)簡單明確

　　報告任何事情用字簡單說明不等於隨便說說，比如機艙聞到不尋常燃燒的味道「burnt smell」，味道是電器電線燃燒的味道、紙類燃燒的味道或是燃油的味道。雖然都是燃燒的氣味，但沒有明確說明是什麼樣的味道，機長較無法確定何種物質燃燒，當然也就無法判斷原因為何？該做什麼樣的處理？

(二)有效率

　　當發現客艙內聞到異常味道，與機長溝通時的用字要清楚、明確，要讓接收訊息的人，能在當下就了解被傳遞訊息的內容，除此之外，還要讓溝通的訊息被有效的傳遞。也就是當在溝通報告時，將對方可能對訊息提出的疑問，能在溝通前就做好回覆的準備。

聞到不尋常的燃燒味，什麼樣的味道（電線燃燒味）？什麼時候聞到？味道在哪個位置被聞到（32K乘客座位下方）？目前的狀況如何？也就是What、When、Where、How。異常狀況被發現後，將這些相關問題答案或解釋事先做好準備，報告時可以減少機長提問必須再確認產生時間的浪費，讓溝通更有效率，在最少的時間內找出問題、解決問題。

四、使用適當溝通的方式

溝通是一種雙向有來有往的交際行為，當傳遞訊息時要讓對方能夠確實了解你想要表達意思，而接收訊息時也務必清楚知道對方傳達的訊息，才是有效的溝通。有效的溝通首重我們的表達能力，表達能力不佳就會影響溝通的效果產生障礙。

機、組員在機上溝通方式有面對面的溝通、透過對講系統（Interphone）溝通，面對面溝通的好處是對於無法精準使用口語（中介語）表達時，有輔助的肢體語言和表情可以幫助溝通。但飛機上實際的狀況多半以Interphone作為駕駛艙組員和客艙組員或客艙組員與組員之間聯絡與溝通的工具。狀況緊急對於大型客機（波音777、787）甚至有雙層客艙（波音747、AIR BUS380）機型上執勤的組員，要從5號門到1號門、從第一層客艙（Main Deck）到第二層客艙（Upper Deck）間往返可能就會浪費不少時間，所以Interphone的使用在機上非常頻繁。使用Interphone溝通時，就必須要注意口語清晰，讓機艙駕駛拿起話筒就能掌握你的訊息，對話的當時對內容有疑慮或不確定，尤其是收到機長指示或命令時，可以覆誦一次讓對方知道你要確認所收到的訊息無誤。

(一)口語表達

正確口語表達說的是與人說話溝通時，說話的內容、用字遣詞是否適當？話說得很多但沒有重點，讓人不知道你到底想要傳遞什麼訊息，或是造字遣詞不適當，可能造成誤會讓溝通無效。尤其機上有許多溝通是以Interphone作為駕駛艙與組員間互通訊息的工具，所以口說時內容表達的組織能力就很重要了。

㈡肢體動作

　　大部時間機組人員在機上訊息的傳遞會使用Interphone，在沒有其他肢體語言的輔助，盡可能使用正確的用字、音調、發音讓對方了解訊息內容。但有些時候會是面對面的溝通，而面對面溝通使用肢體語言，就能夠輔助單靠口語表達的不足，比如說話時微笑的表情，會讓對方立即感受到你的善意。善用肢體語言當然能增加溝通的效率和營造適當的氣氛，但一些不自覺較不適當的肢體動作，可能也會成為與他人溝通時的阻礙。像是別人在說話時，臉上有懷疑、不屑、輕挑、不耐的表情出現時，看到這種些表情的人心情很難不受影響。

第四節　資訊來源

　　根據許多飛航安全事故調查，許多因素來自於資訊溝通不良的人為疏失，要改善這個問題，機、組然員就必須要了解，如何有效管理所有獲得的可用資訊。既然名為客艙資源管理，就是把關於影響客艙安全的訊息加以收集、管理，並優化溝通能力與技巧，使得有用的資訊能發揮極大化的功能，為航機、客艙安全做到最大的保障。客艙管理的資訊獲得來自於：

一、駕駛艙組員

　　駕駛艙組員和客艙組員每一次任務都會由簡報的進行而開始互動，彼此的自我介紹、航路天氣資訊、跑道滑行時間、飛行中應注意事項，簡報後機長一定會告訴組員：「有任何問題隨時讓我們知道！」。常常有些組員卻將接收機長訊息的責任都給事務長，這樣的觀念並不正確，機長希望每一個組員在飛行中提供任何可能影響安全的訊息，組員也必須有正向的回饋與互動，透過彼此合作，才能有效維護飛航安全。

二、客艙組員

　　一架飛機會依據機型大、小來配置客艙組員人力，少有3、4名，多則十幾人，大型客機客艙組員資訊傳遞可能不如小型飛機迅速，但若溝通

技巧、方式得宜，傳遞的訊息一樣有效。起飛前從機長、機務、地勤處獲知的訊息，讓組員在問題發生時可以連結並判斷，做出有效反應及處理。例如：地勤在乘客登機前就告知有Sky Marshal隨機飛行，當機上有影響飛安的人、事、物，除了立即報告機長，Sky Marshal就會是客艙組員非常好的協助者。

三、乘客

　　組員起飛後離開座位到降落前回座期間，不是在客艙走道間提供餐飲或提供其他服務，就是忙碌地穿梭於客艙與廚房間，很難時時注意飛機裡外的情況，此時客艙內或飛機機身、機翼有些突發狀況，若非正好經過發現，實在不太容易在狀況發生的第一時間立即掌握。這時坐在每一個位置上的乘客，都會是客艙組員最佳訊息來源的提供者，坐在窗邊的乘客可以透過窗戶外視野，看到跑道上的情形；靠近機翼的位置可以看到、聽到或聞到引擎或機翼異常狀況。當發現飛機異常攸關自身安全，乘客多半會立即向客艙組員反映，組員也必須就訊息內容執行檢查及確認同時通報機長。

　　飛安事故報告裡都不難發現，飛行中的異常有很多時候是由乘客發現，告訴組員後立刻反應處理，在最短的時間內控制狀況，因此降低不少飛航安全造成的生命、財產損失。

　　除此之外，對於機上不理性乘客影響飛航安全的行為，來自於周遭乘客所描述的內容，也都是組員很好的資源，讓組員能有較多的訊息找出最適當的處理方式。

四、機務

　　飛機的維修檢查是為了確保飛機飛行時的安全，執行這個工作的人就是機務，機務在飛航安全中扮演著非常重要的角色。每一次飛行前駕駛艙組員和客艙組員，都會與機務人員接觸了解飛機目前的狀況，客艙裡的設備哪些是不影響飛航安全待修的物品，或是可能影響安全必須修復的項目，都能在與機務交接時獲得訊息。組員執行登機檢查任務時，發現客艙

內有任何設備故障或異常，也都必須在飛機起飛前讓機務了解，務必確實檢查讓飛機在安全無虞的狀況下起飛。

與機務溝通時最佳狀況是能面對面接觸，讓機務可以確實了解問題所在，但並非每一次的降落機、組員都能和機務面對面交接。每一架飛機上都有一本與這架飛機編號相同的日誌（Log Book），這本日誌的功能是紀錄機上大大小小設施，在每一次飛行中發生故障、異常的狀況。當機、組人員降落後無法與機務直接溝通訊息，機上的設備或機械問題可能也必須在下一次起飛前解決，記錄在這本日誌中的故障、異常訊息，就能讓上機檢查日誌的機務清楚，飛機那些設備需要檢查、修復。有別於面對面溝通，日誌書面溝通的文字敘述務必詳盡，機上日誌必須以英文書寫，書寫字跡務必工整不潦草，讓接收訊息者能正確無誤收到訊息。

五、地勤人員（ATC、RC）

塔臺管制人員Airport Controler又稱ATC，塔臺人員與機長關係非常密切，因為提供機長起飛、降落資訊的人就是塔臺（ATC），起、降順序、Run Way、Stand By、空中Holding等，這些訊息都有關航機安全，也會影響機、組員工作程序安排。組員登機時一定會與地勤（Ramp Coordinator）交接訊息，訊息交接是一項每次飛行的例行任務，訊息交接後組員和地勤會依據訊息狀況決定乘客可登機的時間。地勤會有讓乘客準時登機、起飛的壓力，但當客艙實際狀況無法配合準時登機時，例如交接飛機延遲抵達，地勤不能因為時間壓力而忽略組員客艙準備的需求。客艙組員也要在不影響安全的原則下，酌減客艙準備的時間盡速讓乘客知道確切的登機時間，讓地勤可以有效掌握班機的所有旅客。

與RC交接航班搭機乘客的訊息，在航機起飛後組員對乘客資訊的掌握與了解很有幫助，除了對服務品質有一定程度的提升，也能提供相關的客艙安全提醒。例如搭機乘客中有不滿情緒或行為舉止異常，在登機前獲得相關資訊，讓組員在起飛後有適當的處理或應對的依據；或是對有必要注意的乘客多些警覺，確實掌握可能影響客艙安全的因素，讓飛行過程更加順利。

第十二章
安全文化

第一節　何謂安全文化

　　影響飛航安全有人爲及非人爲因素，但絕大多數是人爲因素所致，而飛機能順利起飛、降落，安全有效的完成一次又一次的任務，絕對不會只靠著少數人就能辦到，所有相關人、事、物必須將飛行安全概念深植且確實執行，飛航安全文化才能眞正被落實。當飛機一旦起飛後，對於航機安全的關注，機長、組員甚至是機上所有乘客都責無旁貸，因爲航機的安全關乎機上的每一個人，安全文化便是影響航空公司安全紀錄最優先、也最重要的原因。

　　安全文化是安全整體表現的指標（Guldenmund，2000）。

　　安全文化可以被解釋爲，組織運作及發展模式，特別在風險管理的運作中會有更爲顯著的表現（FAA，2005）。

　　安全文化是指個人和團體對安全承擔責任的態度，確實的行爲及任務執行，了解並發現問題，從錯誤中汲取教訓，持續積極地學習新的知識與技能，並不斷修正並調適以適應不斷改變的外在環境；安全文化也是組織、個人價值與行爲恆久不變的信仰，同時反應在處理安全問題時的一慣方式，並能從這樣的處理模式中獲得維護安全的益處（Von Thadded,.，2002）。

　　從ICAO對飛航安全的規範與建議中了解，安全文化就是指管理並能操作這些安全系統的人，對於飛航安全最新的知識、技術、組織和環境因素了解的所有人共同努力的表現，形成一種了解並確實執行的一種文化。

　　建立安全文化的四個關鍵要素：

1. 報告文化

　　飛航相關組織成員主動報告安全問題並採取適當的行動，養成提出安

全問題，報告可能產生錯誤風險的習慣；並鼓勵提出對安全有影響問題者，人為疏失致災的隱憂發生時，對問題進行分析才能採取適當的預防措施。

2. 靈活有彈性

能夠有效地適應環境不斷變化的需求，從各種提升安全的方式中，找出最適當並符合組織需求的專業模式，當環境需求或外在因素發生變化時，就能迅速改變，也不會因為突然的變化或改變影響安全。

3. 不斷學習

鼓勵機、組及相關人員發展並運用自己的技能和知識，提高組織運作安全，人員對安全知識與技能的更新，安全問題深入、全面了解，透過管理安全報告回饋，相互學習他人經驗；讓人員發展和運用自己的技能和知識，提升飛航安全，而組織有義務提供相關安全問題的最新訊息，並提高人員相互回饋、學習意願。

4. 符合人性維持公正

獎勵提供安全相關訊息避免錯誤所造成損失的人員，安全文化中的容錯理解，並非不能犯錯，但絕不容忍故意違反，而導致生命、財產的損失；所有人員必須了解可接受和不可接受的錯誤，積極避免錯誤的獎勵，符合人性的容錯原則，與絕對不容許犯錯意圖的懲罰，符合公正、公平，安全文化才能被有效執行。

起飛後影響飛行安全的原因有很多，其中一個重要因素就是前、後艙組員與乘客之間的溝通，許多飛安事故調查，飛機發生緊急事故的原因，不少是肇因於駕駛艙和客艙組員與乘客間的缺乏溝通或是無效溝通所致。人員缺乏溝通就是人為因素，因為人不是神，每一個人都會有情緒，雖然人格特質穩定是從事這個工作的必要需求，但多工的工作壓力也會影響溝通時的表現。安全文化並非單一元素所構成，是一個多面向結構，現今航空領域和安全文化是相輔相成且密不可分的關係，其中的關鍵元素有六個，包括承諾、評估、訊息、警覺意識、應變性和行為。這六個關鍵元素也獲得FAA的認可，繼續在安全文化領域中研究，希望在不斷變動的環境

裡，找到持續維持飛航安全的模式（Wiegmann, D.A., von Thaden, T. L., Mitchell, A.A., Sharma, G., & Zhang, H., 2003）。

1. 承諾

　　組織承諾：包括管理階層對於安全的認知、安全的程序的要求、安全價值的重視。

　　個人承諾：工作環境安全的認知、依照執行任務安全程序、安全責任。

2. 評估、判斷

　　安全相關行為的評估。

　　知覺評估。

　　責任、工作交接的評估。

3. 資訊有效性

　　安全資訊與相關資訊的提供與訓練。

　　安全相關資訊的溝通與傳遞。

　　安全問題通報系統。

　　通報意願系統的建立。

　　安全通報後的處理結果。

4. 警覺、提醒

　　注意工作中可能產生危機的認知。

　　對隱而未知風險的態度。

　　對安全問題的關注。

5. 應變、適應

　　當安全事故發生時的反應。

　　積極預防可能的安全問題。

　　相關人員、人力的投入。

6. 行為

　　工作狀況（滿意與否）。

　　工作環境、設施、技能、知識（適當與否）。

工作時對於安全概念的服從。

工作中互相鼓勵與期許。

六個要素的研究範圍會隨著需求損益增減，其目標就是希望建立一個有彈性、有適應性的研究架構，在航空業日新月異航空科技快速的發展中，讓所有人能享受科技帶來進步便利與福祉的前提下，同時享有實質安全的保障。

第二節　搭機安全注意事項

多數的人搭乘飛機時，從Check in開始到登機過程，打卡、拍照絕對是少不了的步驟，在希望別人點讚的同時，若多花些心思注意機上安全設施或說明，會讓飛行經驗的分享更有價值。搭機讓你更安全的方法：

一、注意客艙員的指使與機長的廣播

很多的第一次搭機出國旅遊的旅客，在機上大多時間是好奇、興奮的，可能不停的與人熱烈討論下機後的行程（哪裡好吃？哪處好玩？哪地好逛？），或是拍照、拍照還是拍照。所以當機長或事務長執行安全廣播時，可能也沒在意、沒在聽、沒在怕（還不到怕的時候）。建議上機後就把一些好奇心放在機上組員安全的提醒，或機長飛行天氣訊息的廣播；若聽到沿路天氣不太穩定，有必要起身離座時就要隨注意安全，在客艙內走動最好扶著椅背或是扶手前進，如廁盥洗後如非必要盡快回座等。

二、防止靜脈血栓（經濟艙症候群）

經濟艙症候群的醫學名稱是深度靜脈血栓，只要久坐不動就容易發生，因為長途搭乘經濟艙時，如果沒有起身活動四肢，座位狹小的空間容易引起靜脈血栓症狀的發生，因此有了經濟艙症候群的名稱。

靜脈血栓造成的原因是長時間在狹窄的空間久坐，四肢缺乏活動的狀態下，血液的帶氧量就會降低，使血液無法順暢循環，血液的濃度增加，就容易造成靜脈血管血栓。如果久坐的狀況沒有改變，血栓的影響會從四

肢（尤其是雙腿）延伸至心臟和肺臟，引起的症狀會有呼吸困難、胸悶、胸痛，嚴重可能發生中風或猝死。

　　機上會因需要不同有頭等、商務、經濟艙等的區分，當然票價越高就越能享受搭機時能使用的座位空間。頭等艙的設計除了座位寬敞外，長途飛行時還能將座椅調整，讓乘客幾乎以平躺的姿勢，能在長途旅行時好好躺下休息。反觀經濟艙的空間就顯得狹小許多，座位之間的空間不大，椅背、腳踏的傾斜度更是有限。搭乘一趟十幾小時的飛行，搭機旅客若原本就具有一些危險因子（高血脂、肥胖、糖尿病），旅途中水分攝取不足（有些坐在靠窗乘客不想影響同一排其他旅客，所以會避免攝取太多水或飲料，怕的是增加使用洗手間的次數，進進出出的不方便，降低乘客水分的攝取意願），加上經濟艙較小的空間限制，長時間缺乏水份補充和久坐造成的四肢血液循環不順暢，就會提高靜脈血栓的發生率。

　　為避免經濟艙症候群發生，長途飛行搭乘也要起身活動四肢，在安全（非亂流警示期間）且不影響他人的情況下，可以做一些伸展四肢的動作，以杜絕靜脈血栓發生的可能。

三、隨時繫緊安全帶（亂流）

　　在亂流章節中就已經談到，飛行途中於就坐時，隨時繫緊安全帶是非常重要的觀念，也必定要確實執行，但仍然有許多因亂流導致乘客受傷（因未繫安全帶）的飛安事件不時的出現。顯見，搭機時隨時繫上安全帶，對某些人而言就一種無關痛癢的口號，一如開車繫安全帶已宣導不知多久，車禍事故發生因未繫安全帶受傷或死亡者的數字仍然不低。「預防勝於治療」，乘客自身的搭機安全文化若不深植，搭機遇到亂流就很有可能讓自己受到傷害。

四、注意觀看機上安全簡介與安全說明卡（機型不同）

　　航空公司會因為航路需求使用不同的機型，越洋長途直飛航線會使用

可長距離飛行的機型，中、短程的航線也會使用適合的機型。工作常常得定點搭機來回的乘客，如果習慣搭乘同一家航空公司的飛機，可能都會碰到相同的機型。會因為太熟悉太習慣，這樣的旅客大多上機後就容易忽略機上相關的安全提醒。但有的時候航空公司會因為臨時的調度，同樣的行程可能使用不同的機型，縱使是同一家飛機廠商製造，不同的機型機上緊急逃生出口的數量（777-10、747-12、767-8）不一樣。每一個逃生出口的逃生方式，也會因為逃生出口的所在位置不同而有些差異，你所在位置的逃生出口可能是靠近機翼的位置。如果發生緊急逃生狀況，不論是陸上或是水上逃生，都會和1、2、4、5號門逃離機艙的方式有不同。起飛前只要多花一點時間，再一次的觀看或閱讀你所搭乘機型的安全說明影片或須知，就有可能在非預期的緊急狀況發生時救自己一命。

五、了解最近逃生出口的位置

每一次搭機除了知道機型的不同，緊急逃生口位置可能不同，逃生的方式也會有不同，除此之外必須了解你的座位所在位置，和最近的緊急逃生出口的距離大概是多少？你可以計算你的座位位置，離最近的緊急出口有幾排座位的距離。因為緊急狀況的發生可能造成電力設施的損壞，如果發生時間在夜晚，黑暗之中和視覺狀況不佳的環境，就會增加逃生的難度。

同一個航點可能是同一型飛機，但每一次搭乘未必都坐在同一個位置，就算每一次的位子相同，也都要清楚了解所有出口的方向和位置。因為緊急狀況發生沒有一定的模式，所有的緊急事故造成飛機迫降，也不保證飛機停止後，每一個緊急逃生出口都能正常使用。迫降後可能因為障礙物阻擋、或是逃生出口附近起火，都會讓緊急逃生出口無法使用，如果發生狀況前不清楚其他出口的位置，就會影響離開機艙的時間與速度。

六、搭機時穿著的安全提醒

穿著天然纖維製長袖、長褲、非緊身或太寬鬆的衣物（客艙失火緊急

逃生時適時包覆及保護）穿著包覆腳趾腳跟的鞋、脫掉高跟鞋或尖銳物（避免刺破逃生筏）。有些人搭機爲工作、有人爲探親、有人去旅行，從搭機時的穿著多半可以窺知一、二，當然這裡並非強調搭機時一定要穿些什麼才符合安全。年輕妹妹青春洋溢，不論甚麼季節都一定要穿短褲、短裙，展現年輕的本錢絕對沒有人會說錯，但就安全預防的角度討論，如果搭機時長褲會是比較好的安全選擇。沒有人會希望自己搭乘的飛機，在飛行中發生任何緊急的狀況，一旦發生可能引起火災、可能要從救生筏高處滑下、也可能在不預期的環境下行走，此時穿著長褲就能提供保護的作用。因爲著短褲短裙從高處筏下時，雙腿的皮膚會與救生筏直接接觸，從高處下滑摩擦也會讓表皮受傷。

第三節　緊急狀況發生時

一、保持冷靜聽從指示（救生衣、安全逃生指示）

　　任何緊急狀況的發生，大部分的人都會驚慌、失措，如果又緊張的不會應變就會讓狀況變得更無秩序。這時必須聽從客艙組員的指示，按照指示才能在大家都慌亂的狀況下有逃生的機會。一個合格的客艙組員，接受專業的緊急逃生訓練，是爲了協助乘客逃生，緊急狀況發生時，如果緊急逃生出口無法使用，組員會讓原來可以使用這個逃生口的乘客知道，目前這個逃生口無法使用，會立刻導引乘客使用其他的逃生口。若是當非預期的水上迫降發生，如果沒有按照組員的指示穿上救生衣，或是在沒有開啟艙門前就將救生衣充氣，艙門打開後會被湧進客艙的水，將穿著充氣救生衣的人，因爲浮力的關係將人往上帶至機艙上方，讓人無法逃生而溺斃。

　　客艙失火可能伴隨著燃燒時產生的濃煙，逃生時組員會指示乘客保持低姿勢，原因是採低姿勢重心較穩，發生緊急狀況被其他人碰撞不易摔倒，在失火濃煙密布的環境下，蹲低姿勢也容易看到地面的逃生指示方向，順著方向前進就能找到出口。

二、不要攜帶任何物品逃生

組員在執行緊急疏散任務時，一定會大聲叫喊告訴乘客不要帶行李！（Leave Everything!）機門開啟準備逃生，可能有乘客試圖帶著上機時的手提包、背包一起逃生，這種行為其實是很危險的。在緊急陸上迫降時，會使用救生筏逃生，揹著背包、抱著手提包從逃生筏向下滑時，重心不穩可能讓自己在滑行中受傷，或是異物可能刺破救生筏。如果發生緊急水上迫降，此時救生筏會被當成水上漂浮載具，載具有一定的安全重量限制，你拿包、我帶行李，會讓載具超過重量負荷和平衡，這些因素都會讓救生筏在水上或海上翻覆。

每一次的緊急逃生訓練，組員都會被要求所有的過程必須要在90秒內完成，一般機型載客人數至少一、二百人，每一個乘客多花一秒拿取自己的物品，就會多浪費一些自己逃生的寶貴時間。

三、適合的衣物和鞋子（穿或脫）

前面提到搭機時如果穿高跟鞋，逃生時就必須將高跟鞋脫下，避免由高處下滑時高跟鞋會造成損壞。穿著短褲短裙搭機，當緊急狀況發生，如果有攜帶長袖、長褲，在許可的情況下盡可能換上長袖、長褲，因為降落地點可能低溫，穿著保暖衣物會讓自己不會失溫。

四、用跳滑或坐滑的方式逃生（重力加速度）

當發生陸上緊急逃生狀況發生，組員都知道艙門打開，逃生筏充氣後就必須指引乘客逃生，逃生時狀況都很緊急，逃生的時間也是分秒必爭的，要盡可能在短時間內將乘客從機艙內疏散。組員在接受緊急逃生的訓練中，都知道使用逃生筏時，指示乘客的指令會是Jump! Jump! Jump!或是Jump and Slide!得要先跳起向下滑，因為跳起後的重力加速度會讓速度增加，也可以減少乘客疏散的時間。除非是較大機型雙層客艙設計，上層客艙乘客逃生使用的逃生筏，因為高度較高穩定性也較差，若使用相同方式跳滑逃生有安全的顧慮，必須坐著向下滑（Seat and Slide）。

五、回想最近逃生出口的位置

　　緊急逃生狀況發生，機、組人員是引導乘客逃生的專業人員，但不是每一次的緊急狀況都能在被控制的情況下發展，航機迫降時可能立即造成傷亡，此時指引乘客的組員也受傷失能，乘客就必須要在沒有指引的狀況下逃生。為什麼每一次搭機一定要播放緊急逃生說明指示？除了仰賴組員的專業引導，乘客本身也有責任為自己的安全盡一份心力。如果起飛前的安全指示說明有被記憶，此時如果發生無人指引騷亂的狀況，起飛前的記憶就可以幫助你找到最近的逃生出口。

六、不要回頭尋找（避免可能的爆炸）

　　有時看到火災現場的報導，受災的民眾或住戶在逃出火場後，會因為火場內仍有其他親人或是想要搶救一些家當，都會被消防人員制止。因為建築物會因為持續燃燒隨時有倒塌的可能，或是火場中的濃煙可能讓人致命，所以只要是離開火場就不被容許再進入，都是為了維護人的生命安全。

　　搭機時發生緊急逃生的狀況，也有乘客為了找尋在逃生時，失散的家人或朋友，會衝動的想要回到機艙裡，這樣的方式不但不能幫助別人，也會將自己陷於險處。通常緊急狀況降落，可能伴隨著火勢，而火勢也會引起爆炸，這也是組員被訓練將乘客疏散後要遠離機身的原因。怕的是飛機因為燃燒引起爆炸，爆炸時的機身碎片會造成已疏散旅客的二度傷害。

第四節　安全訊息的溝通

　　「預防重於治療」這幾個字，在航空產業中，是最能表現安全文化的實踐精神，因為所有的人為疏失、錯誤造成的損失，幾乎都在可預防未預防、已發現卻不重視的忽視行為下必然發生的結果。若意外發生前的任何人，都能發揮於不疑處有疑的精神，提出疑問、找出問題並解決，相信很多飛安事故都可以被有效控制。

　　在許多飛航安全的緊急事故發生的案例中，對於傷亡較少或是無重大

傷亡的原因探討，大部分降低緊急事故傷亡最大的原因是人員之間良好的訊息溝通，這些溝通不是單一資訊的提供，而是著重在雙向訊息的互動。所以，任何時間有關安全訊息的傳遞與交流，在行程中都是維護飛安的重要因素。若發生緊急狀況機上組員也必須確實做到安全訊息的傳遞，維護緊急狀況發生後的人員安全。包含：

一、駕駛艙組員與客艙組員之間的溝通

例如：機長了解狀況後決定迫降時會讓組員了解並做必要的提醒
1. 時間（幾分鐘後，將會迫降於陸上/水上）
2. 地點（迫降後周遭可能的環境叢林/湖泊；寒冷/炎熱）
3. 防撞姿勢的訊息（觸地或撞擊前的提示）

二、客艙組員之間的溝通

1. 緊急降落前的安全準備
2. 迫降前準備
3. 降落後緊急疏散準備

三、組員與乘客之間的溝通

1. 緊急迫降前的安全示範
2. 救生衣示範
3. 裝置（哨子、照明）、操作時機
4. 自願協助乘客

根據航空器飛航作業管理規則第四十二條規定：航空器使用人應確使乘客知悉下列裝備之位置及其使用方法，並應提供書面使用說明：
1. 座椅安全帶。
2. 緊急出口。
3. 救生背心。
4. 氧氣裝備。
5. 供乘客個別及共同使用之其他緊急裝備。

航空器飛航作業管理規則第九十九條規定：航空器使用人應明確指示乘客下列訊息：

1. 繫妥安全帶、留置座位及椅背豎直之時機。
2. 使用氧氣設備之用法及時機。
3. 限制吸菸之規定。
4. 救生背心或個人浮水器具之位置及用法。
5. 緊急出口之位置及開啟方法。

航空器飛航作業管理規則第四十二條、第九十九條雖未述明緊急裝備示範應於起飛前完成，然而航機於起飛過程中即可能遭遇緊急情況，是故緊急裝備示範理應於起飛前完成。

航空公司客艙組員作業手冊「起飛前作業程序」摘要如下：……放映緊急裝備示範帶，以確使旅客知悉座椅安全帶／緊急出口／救生背心／氧氣裝備／供旅客個別及共同使用之其他裝備之位置及其使用方法。如影視系統故障，無法放映示範帶，應立即以人工示範代替，且務必於通知駕駛艙【Cabin Ready】前完成示範；如時間不許可，應通知駕駛艙尚未完成緊急裝備示範。現行客艙緊急裝備示範依機種之不同，分為播放影帶或由座艙組員人工示範，一般均於起飛前之滑行過程中進行。

航空旅遊隨著觀光風氣大開，搭機人次年年創新高，但國人的搭機安全文化觀念並沒有相對進步，主管機關安全規定事項的不明確，也沒有相關罰責，乘客因未遵守機上安全規定而造成自身傷害，事後反而歸咎在組員和航空公司的身上，最後就可能導致組員對未來類似問題的處理態度漸趨消極，對搭機安全文化觀念與價值的深植沒有幫助。

第五節　緊急狀況

每一位嚮往成為客艙組員的人，在通過一連串筆試、面試的考驗進入航空公司後，並非此時就能穿上制服執行飛行任務，正式飛行前必須先接受地面課程訓練。地面訓練課程中會有許多測驗，完成地面課程後的機上

實習緊接而來，實習訓練完成後才能掛上象徵飛行翅膀，成為一名合格的客艙組員。在所有的訓練課程中，如果無法順利完成，還是會在過程中被淘汰，因為組員的訓練著重在安全、專業，如果在安全訓練中無法達到要求，在實際的飛行中就無法有效提供乘客安全協助。

在訓練的過程從認識飛機、了解飛機的構造、學習系統使用，到緊急逃生門的操作，都是以安全為優先的學習方式進行，除了使完成訓練的組員在緊急狀況下能專業協助乘客撤離外，深植的安全文化，發現隱而未現的安全問題，對飛航安全更能發揮積極有效的功能。

平時的飛行任務除了登機檢查，起飛、降落的緊急安全裝置的轉換，艙門除了提供乘客登機、下機，地勤人員上、下餐點和備品正常使用外，組員幾乎不太有機會在飛行任務中使用緊急逃生門。當緊急狀況發生時，原來正常使用的艙門要變成緊急逃生出口，開門前裝置的檢查和開門後的使用，都有一定的方法和規範。若平日缺乏訓練就會就會生疏，生疏後的使用過程必定發生錯誤，在安全的前提下，一點點的錯誤都不容許在危急時刻出現。為避免組員對於緊急設備、裝置的不熟悉，造成使用時的錯誤，航空公司除了對新進組員有相關的課程教育，對於經驗組員也有定期複習訓練。當面對不曾經歷的緊急狀況時，組員之前不斷的預防演練成為專業本能反應，能在事故發生後保持鎮定、不驚慌，平日熟稔的訓練讓緊急任務執行零失誤，更能降低過程中的人員傷害。

相異機型緊急逃生出口的數量不會完全相同，不同飛機製造商緊急逃生出口的操作也會有差異，為了不會讓多種不同操作方式互相干擾，客艙組員依照航空安全法規的限制，一人同時不能接受超過三種以上不同機型的操作訓練。要避免因為訓練機種過多，操作方式互相干擾，當緊急狀況發生時容易產生致命的錯誤。

一、何謂緊急狀況

FAA將緊急狀況定義為遭遇影響安全且有迫切危機的狀況「An emergency as a distress or an urgency situation。」航機飛行中有可能發生

設備、裝置故障無法使用，小自乘客座位閱讀燈故障、廁所置物櫃卡榫鬆脫、廚房咖啡機損壞，大至客艙增壓系統故障。一些小小故障不影響飛機安全的運作，都會等飛機到達目的地後通知機務檢修，但如果故障已經影響飛行安全且狀況急迫，就是飛行所面對的緊急狀況。緊急狀況來自許多原因，較多客艙內發生的緊急狀況導致迫降，客艙失火和客艙失壓發生比例較高，航空安全組織和航空公司對於組員，的確非常強調客艙失壓和客艙失火發生時的安全處理和訓練。

《國際民用航空公約》（1944年12月7日，芝加哥）通常被稱為《芝加哥公約》。國際民用航空組織（ICAO）《芝加哥公約》附件12定義了三種緊急狀況階段分別稱為不確定階段，警報階段和遇險階段。這些階段定義如下：

不確定階段（INCERFA）：不確定階段是指飛機及飛行機、組員及乘客的安全存在著不確定性。

預警階段（ALERFA）：對飛機及其機、組員及乘客確實存在安全憂慮的狀況。

遇險階段（DETRESFA）：可以確定飛機及其機、組員及乘客受到嚴重和迫在眉睫的威脅並且需要即刻協助的狀況。

二、緊急狀況的種類

航空公司應建立並定期進行維持其所施予機、組人員之訓練計劃，確保所有機、組人員均受過適當的安全訓練，並有能力以執行其應有的職責。訓練應包括對機、組人員進行正常任務的執行與操作，與異常或緊急程序有關的訓練，對於因動力裝置，機身或系統故障，火災或其他異常引起的各種緊急情況或異常，應確保所有飛行機、組人員都知道他們所負責的任務並確實執行（ICAO))。

(一)客艙失火

客艙失火必須在短時間內找到火源將火勢撲滅，若火勢無法控制或是燃燒時已造成系統危害或影響結構，飛機就必須立即降落，不管降落的地

點是陸地或水上。客艙失火可能產生濃煙，處在燃燒產生濃煙的密閉客艙，會因為吸入過多濃煙而窒息，火勢產生的濃煙造成迫切的危險，也會是機長做出迫降決定的原因之一。

㈡客艙失壓

前面章節談到客艙失壓，了解不論是什麼情況的失壓（緩慢、瞬間），都會影響航機安全，可能的情況下，一定要立刻將航機降至安全高度，以免造成機上人員缺氧；當機、組人員遭遇客艙失壓，就必須立即根據飛航安全規範緊急狀況處理步驟，將人員傷害降至最低。

㈢炸彈威脅、劫機

炸彈威脅與任何異常或緊急情況一樣，機、組人員收到炸彈威脅訊息後，必須立即採取相關措施，所有的飛航安全規範並無標準作業程序，因為這樣的狀況並沒有一定的標準可循，必須利用專業所學根據狀況作出適當判斷，如有必要，可依安全規範執行LRBL步驟。

劫機多半與武器或炸彈威脅有關，處理模式與炸彈威脅相關，與劫機者的溝通也是此類緊急狀況發生時的重要關鍵。

㈣飛機故障（鳥擊、引擎失火、機械故障）

當航機因外力或機械原因無法持續安全飛行，必須立即返航或找就近機場降落甚至迫降，都屬於緊急狀況，要採取即刻的必要措施。飛行途中當飛機受外力致無法正常飛行，下降高度是防止機艙破損造成失壓的重要考量；客艙組員此時必須依照機長指示，執行遇到類似緊急狀況因應的程序與任務。

第十三章
緊急迫降

　　飛機在航行中發生緊急狀況且有降落的必要，像是飛行中失火且火勢無法控制、飛機燃油即將耗盡等緊急事故，機長經過評估所採取必要的緊急措施，緊急迫降根據降落的環境可以分為陸上迫降（Emgerency Landing）與水上迫降（Emergency Ditching），依據迫降當時可知與否分為可預期（Expected）和不可預期（Unexpected）。綜合所有的狀況和條件，包括可預期的陸上迫降、不可預期的陸上迫降、可預期的水上迫降、不可預期水上迫降。發生狀況時的緊急安全的反應、操作和處理，依不同情境、條件調整必要的措施。

第一節　可預期緊急水上迫降（Emergency Ditching）

　　飛機在可控制的狀態降落在水（海上、河上）上叫做水上迫降（Emergency Ditching），水上緊急迫降應該是機長最不願意遭遇的經驗。發生緊急狀況飛機必須緊急降落，飛機駕駛會視當時環境的狀況選擇陸上迫降及水上迫降，除非沒有選擇，機長不會輕易做水上迫降的決定。最有名的例子是發生在2009年美國航空，一架AIRBUS 320機型起飛後遭鳥擊迫降在紐約哈德遜河上，乘客與機、組員奇蹟似的全數生還。會選擇迫降在哈德遜河，就是在確認緊急陸上迫降已是不可能選擇後，最後才會決定緊急迫降在哈德遜河上。

　　模擬飛行的訓練可以讓機艙駕駛，在不同的模擬訓練中訓練適當的反應，但水上迫降卻無法在模擬飛行中被訓練，因為發生緊急迫降時機長的經驗與技術固然重要，飛機入水的角度、水面浪湧的方向、風速等許多不確定因素，也都會影響飛機是否能夠安全的降落在水上。

　　飛機發生緊急狀況無法按照飛行計畫抵達原降落機場，機長認為飛機有採取緊急迫降的需要，時間不容許尋找供飛機降落的跑道，及其他有輔

助降落安全設施的機場時，飛機可能會被迫降落在完全沒有安全設施的地點。地表大部分的區域是海洋，當飛機無法持續在空中飛行，或是持續飛行會有危險時，而這時需要緊急降落，但附近沒有任何陸地可供降落時，水上迫降就可能是唯一的選擇。

2009年哈德遜河無人死亡的例子，也是因為機、組人員降落前訊息傳遞明確，逃生時的緊急步驟也被確實完成，適當反應和正確執行是降低傷亡人數重要的原因之一，這些是當反應與有效執行能力，也就是機、組員不斷被訓練後的表現。

水上迫降有可分為可預期的水上迫降（Expected Emergency Ditching）、不可預期的水上迫降（Unexpected Emergency Ditching）。所謂的可預期的水上迫降，就是當機長因為安全因素必須迫降水上時，決定後會通知客艙組員，讓客艙組員在有限的時間內，盡可能地做到可以保護自己和乘客安全措施的準備。當時間許可，組員在必須確實將機上所有行李廂、置物櫃關閉，廚房內的移動物品、餐車固定並上好安全栓。為的都是避免撞擊後，掉落的物件造成更大的人員傷害。根據時間多寡來增減安全措施執行項目，但最重要且必須的步驟如下：

一、穿上救生衣

水上迫降離開機身之後，可能會在漂浮的救生筏上，也有可能在水中，不管你會不會游泳，救生衣都能提供你在水中漂浮，直到被救起前都能讓你不會沉入水中。如果可預知水上迫降將發生，在有限的時間裡讓乘客穿上救生衣，會比降落後穿戴節省更多時間。組員指示所有乘客、並協助嬰兒穿上救生衣，但一定要提醒乘客，機艙內不要將救生衣充氣，降落後可能有部分機身浸在水中，救生衣如果已經充氣，反而會成為逃生時的阻礙。緊急迫降後的狀況不會在掌握中發展，所有的緊急狀況發生也不會只有一種模式，但在狀況發生時冷靜思考，危急時就可能是幫助你逃生的最好工具。

二、防撞措施

　　飛機可能不會在跑道上執行正常起降，緊急降落時有許多不能預期的撞擊會發生，高速撞擊下客艙內的乘客與組員，如果沒有做好適當的防撞姿勢來抵銷一些力量，可能在撞擊的當時就會受到嚴重的傷害。如果可知在未來幾分鐘後將在水上迫降，事先讓乘客知道降落時要採取的姿勢，就能降低衝擊造成的傷害。

　　緊急迫降防撞措施的積極意義，是希望在不可避免迫降過程中，藉著一些正確動作讓身體在結構中儘量保持穩定，不會因為撞擊讓肢體劇烈甩動造成傷害，或是在受到撞擊後因為正確的姿勢保護而減低傷害。

　　防撞姿勢的適當時間在機長或是組員指示（Brace! Brace!、Brace for Impact!）後，動作時就開始執行，當飛機完全停止前進時才能結束防撞姿勢。因為飛機發生緊急迫降到完全停止，期間碰到阻礙物發生衝撞的機會可能不只一次，為保護自身安全，沒有確認飛機完全停止，必須持續執行防撞姿勢。防撞姿勢執行會因為座位方向或體型而有差異：

㈠組員

圖13-1

背向組員座位
組員座椅安全帶

　　飛機組員座位的配置有分為背向座位（Forward Facing Seat）與面向座位（Rearward Facing Seat）兩種方向，大部分組員的座位位置方向與乘客相反，這樣的方向就是背向機頭，也就是與乘客座位面對面的座向。與乘客面向相同的組員位置就是面向機頭的方向，大部分會設置在機尾或最前方的緊急逃生出口處。緊急迫降前為減低降落時衝撞的力量，所有組員必須要依座位方向做好防撞姿勢（如圖13-1）。

　　背向座位的組員採取的防撞姿勢（Forward Facing Seat）
1. 繫好安全帶和安全肩帶
2. 背部貼緊椅背、雙腳著地、雙膝間距與肩同寬

3. 雙手緊抓住椅子的邊緣或是向下壓在大腿下方。

4. 雙手不可抓住安全帶或安全肩帶，如此可能讓安全帶在發生撞擊無法瞬間停滯，未將身體固定在座位導致傷害。

5. 頭部緊貼頭墊

　　面向座位組員採取的防撞姿勢（Reaward Facing Seat）

1. 繫好安全帶和安全肩帶。

2. 背部貼緊椅背、雙腳著地、雙膝間距與肩同寬。

3. 雙手緊抓住椅子的邊緣或是手掌向下壓在大腿下方（如圖13-2）。

4. 雙手不可抓住安全帶或安全肩帶，如此可能讓安全帶在發生撞擊無法瞬間停滯，未將身體固定在座位導致傷害。

5. 頭部前傾下巴下壓貼近胸前。

　　（與背向座位組員防撞姿勢相異之處）

面向組員座位
繫緊組員座椅
安全帶

圖13-2

(二)一般乘客（Normal Seating Position）

　　一般乘客的防撞姿勢會因為乘客的體型和當時所在位子的不同有一些變化，但有一些共通的原則一定要注意：

1. 乘客的安全帶務必繫緊，若沒有確實繫緊讓身體和安全帶之間仍有空隙，當撞擊發生安全帶就無法將乘客確實固定在座位上，會讓強大的撞擊力對人造成傷害。

2. 採取防撞姿勢雙腳務必確實踏在地板上

3. 頭部採低姿勢臉部向下

4. 雙手環抱頭部保護頭部避免直間受到撞擊

5. 身體儘量向前方傾並盡可能壓低姿勢（如圖13-3）

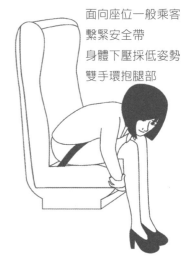

面向座位一般乘客
繫緊安全帶
身體下壓採低姿勢
雙手環抱腿部

圖13-3　座位空間較大可採用的防撞姿勢

一般乘客採取的防撞姿勢是將安全帶繫緊、身體下壓、雙手環抱雙腿，或是雙手抓住腳踝處。適當的防撞姿勢會因為施作者的體型、身高，和所在位置的空間大小（座椅間距），會有個別的差異，如果座位間距較大，繫緊安全帶後將身體向下彎，與前方座位的椅背或是前方隔板仍有一段距離時，可以採取下圖中的防撞姿勢（如圖13-4）。

　　繫緊安全帶將雙腳打開約與肩同寬，身體向前彎曲臉部朝下盡量貼近雙腿，也可以將雙手握住腳踝環抱雙腿讓身體重心更穩，或是雙手護住頭部。

㈢身材高大或座位間距較小乘客

　　如果身材較高大或座位空間較小，無法軀體彎身執行一般乘客的防撞姿勢，若因空間或是體型限制無法將身體彎曲，仍然要將安全帶繫緊、雙腿打開雙手護住頭部，並靠著前方座位的椅背（如圖13-5）。

㈣孕婦（Pregnant Passenger）

　　懷孕婦女無法軀體彎身，將安全帶繫於下腹部（減少撞擊時安全帶對胎兒產生壓迫的傷害），雙手護住頭部、身體前傾並靠著前方座位的椅背。如果坐在第一排前方沒有座椅椅背，身體緊貼座椅將安全帶繫於下腹部，雙手緊握扶手、頭部貼緊座椅椅背、下巴下壓並貼近胸前（如圖13-6）。

圖13-4　前方無座位者可採用的防撞姿勢
No Bulkhead of Seat in Front

圖13-5

面向座位懷孕乘客
繫緊安全帶
身體前傾
雙手護頭緊靠前方椅背

圖13-6

㈤小孩

　　繫緊安全帶雙腳可以著地的小孩，防撞姿勢與一般大人相同，而繫緊安全帶後雙腳無法著地的小孩，將身體彎曲下壓頭部靠近兩腿間，雙手壓在雙腿下固定。若小朋友體型較小，安全帶調整後仍無法讓小朋友貼緊椅背，可使用毛毯包覆將身體與安全帶間隙處填滿，便能增加穩定性減少撞擊時的傷害。

㈥不佔位小孩Adult with Infant

　　不佔位的小孩是指2歲以下小孩或嬰孩，有一歲多有未滿一歲的，不論多大都會被照顧者抱在懷中，所以防撞姿勢會依小孩頸部肌肉強度，作為照顧者採取何種防撞姿勢的依據。若是脖子已能自主轉動的小朋友，和照顧者相反方向抱坐，身體向前傾靠著，跨坐於照顧者腿上，並緊貼胸前，大人一手扶住小朋友的頭部，一手環抱背部，照顧者頭部前傾、下巴下壓（如圖13-7）。

圖13-7

　　如果是脖子強度不夠，無法自主轉動襁褓中的嬰孩，照顧者繫緊安全帶將嬰孩抱坐貼近胸前，一手扶著嬰兒背部軀幹及頭部，一手護住頭部前傾靠著前方椅背，同時向前曲身（如圖13-8）。

面向座位懷抱嬰兒者，繫緊安全帶，身體前傾，一手環抱嬰兒護住頭部，一手護頭緊靠前方椅背

圖13-8

三、飛機停止後

　　飛機停止後，機長或副駕駛會按下緊急逃生訊號指示組員協助乘客逃生，如果因為飛機遭撞擊機長或副駕駛失能，啟動緊急逃生訊號的任務就必須由組員代替機長執行。飛機停止一定要快速離開機艙，飛機在迫降後會有幾分鐘的時間浮在水上，但撞擊後機體可能破損，機艙破損進水後就

會沉入水裡。如果沒有在安全的時間內離開機艙，就有被困住溺斃的可能。

四、逃生指示

飛機在水上迫降機身停止後，組員接到逃生訊號的指示，準備開啟艙門，開啟艙門前要先讓乘客留在原位。因為在緊急狀況發生時，大部分的人都會驚慌失措，飛機停妥後，多數人在求生本能的驅使下，可能會急著要離開機艙，此時若沒有明確的指示，乘客間出現互相推擠、踩踏的狀況不難預見。

開門前組員要確認緊急逃生門外的環境與狀況，是否可以被安全開啟，例如機門的位置在水面下，就表示機門可能因為水的壓力無法被開啟，或是開啟後大量的水會流入反而影響逃生。如果是類似的狀況這個位置的逃生門就無法被使用，必須在其他緊急逃生門被開啟後，指引這個區域的乘客，向其他逃生出口方向逃生。

五、指引逃生

許多飛機迫降後逃生事故發生後的調查報告顯示，乘客在逃生時如果聽不見或沒有組員的指示，在慌亂且欲求生的狀態下，會有推、擠、踩、踏或是越過椅子跨越其他人而搶著逃生的行為發生。當逃生門被開啟且確認安全無慮時，就要立刻指引區域內乘客往已開啟艙門的方向逃生，此時慌亂的狀況也可能影響組員自身的安全。組員在指引乘客逃生的同時，要抓緊急逃生門旁的扶手，避免被推擠的乘客擠下飛機而受傷。

(一)語氣堅定

指引乘客逃生時也必須注意表達時的態度和語氣，才能有效控制混亂的局面。緊急狀況發生指示乘客逃生時的語氣必須非常堅定沒有猶豫，因為逃生的指示只能遵守沒有選擇，所以可能會聽到No Baggage! No High Heel! This Way!而不會是：「請脫下高跟鞋，不要帶行李喔~請走這裡或是走那裡。」堅定的語氣可以降低被協助者的疑慮，當人在驚慌無助的時刻需要的是被確定、堅定的引導。

㈡用字簡單、易解

　　需要逃生的狀況時間一定急迫，節省時間是必要遵守的原則，該有的重要指示不能省，要節省的是表達時贅字冗言的時間。如何在有限的時間傳遞重要逃生訊息，且容易讓接收訊息的人立刻了解，用字力求簡單、易懂，能讓人接收訊息後就立即反應、按照指示逃生。打開緊急逃生門後，希望乘客將安全帶打開，到緊急逃生出口的位置，從救生筏向下跳，就會是：「解開安全帶！到這裡！跳著向下滑！」「Release Seat Belt! This Way!」或是：「Door Blocked! Go Back! Go Across! Go Forward!」。

㈢咬字清楚

　　搭機乘客不會僅限於本國乘客，正常狀況下的機上廣播內容，都有可能是二種或兩種以上的語言交替進行，就是要讓機上大部分乘客能了解想要傳遞的訊息。緊急狀況時更需要立即讓乘客知道安全逃生訊息，所以母語和國際語言（英語）就需要交替使用，讓使用非母語乘客也能在第一時間收到保護自身的安全訊息。除了把握用字簡單易懂的原則，語言交替使用時咬字務必清楚，如果咬字不清楚，無法傳遞有效的訊息，那說了等於沒說。

㈣提高音量

　　緊急狀況發生地當時，緊張、驚慌是大部分人的反應，是因為當下不知如何反應，可能因為害怕大聲尖叫、不知所措地喃喃自語，夾雜著其他聲響，此時組員的指令如果聲音太小無法在嘈雜的環境裡被有效傳遞。所以這時組員要盡可能的提高音量，讓驚慌、無助的乘客得到明確的指示，協助乘客保持冷靜、有秩序，讓逃生過程能順利進行減少傷害。如果增加音量達不到預期效果，可以使用設置在某些組員座位的擴音器（Megaphone）也就是一般的所稱的大聲公，藉著擴音效果就可以讓乘客注意且了解組員指示的訊息（如圖13-9）。

圖13-9　圖片來源：Aircraft Megaphone/ kyArt Aircraft Art & Furniture AIRCRAFT MEGAPHONE - VOICE GUN http://www.skyart.com/aircraft-megaphone/

客艙安全管理——理論實務與案例

PS：緊急狀況用來幫助訊息傳遞的工具有：

1. 擴音器（Megaphone）

　　電力系統損壞，廣播波音系統無法使用，可利用擴音器傳遞重要訊息。

2. 機上通話系統（Interphone）

3. 乘客廣播系統（Public Address)

4. 緊急逃生標示（Emergency Signal）

5. 逃生警報（Evacauation Alarm）

六、提供保護

　　所有人員上筏後脫離機身，多數情況並不會立即得到救援，在等待援助的過程仍有許多問題必須克服，有效利用筏上安全裝載用具，如此才能使所有人員在最好狀態下，保持體力等待救援來到。

1. 防寒

　　安全迫降並且指引人員逃生上筏脫離機身後，在等待救援的過程，所面臨的環境可能風強雨驟，或是氣候寒冷區域，若此時不注意保暖防寒，就有可能造成失溫。筏上有類似帳篷的保護裝置，若遇寒冷氣候多少能保持溫暖；類似水桶的工具，也能再因下雨或湧浪導致筏中進水，這樣的工具可以將水舀出，儘可能保持環境乾燥，減少失溫可能。

2. 水

　　救生筏脫離機身後，在不確定救援何時到來裝載的狀況下，首先得面對的就是人體缺水問題，人如果沒有補充水分，大約3天就會脫水死亡，所以這時包裝飲用水，就能暫時支應等待救援時期水分的供給。若包裝飲用水用罄，就必須收集雨水或露水，再利用筏上裝載的水質淨化片（劑），將收集後的雨水或露水將之淨化後提供人員飲用。

3. 熱量補充

　　為求能將人員迅速安全撤離起見，逃生的過程不會容許攜帶個人行李、物品上筏，當然更不可能有食物供應，在等待救援的過程中，有人可能脫水或有低血糖症狀，救生包內的糖果就能暫時緩解血糖過低的狀況。

4. 救護

組員指引所有乘客緊急撤離後，會依據安全規範需求，各自攜帶必要的緊急設施或用品下機，以備不時之需，有些組員會帶氧氣瓶、擴音器、E.L.T.（Emergency Locator Transmitter）、醫藥箱等，如氧氣瓶、醫藥箱就是為提供過程中受傷後的簡易醫療照護之用。但實際狀況並非如預設的狀況一樣，緊急情況下可能無法帶出任何物品，若有人員受傷，筏上有一些類似醫藥箱的簡易配備，可提供暫時的照護。

七、定位求救

1. 海水染色劑（Sea Dye Marker）

我們會以為救生筏會容易被看見，事實上不然，在許多海上實際搜救的例子中可發現，從空中執行海上救援時，從空中俯瞰，救生筏在海上可能只是小小一點。海水染色劑沿救生筏邊緣倒入水中，可以增加救生筏可視範圍，讓遠處或空中救援，比較容易發現救生筏的所在及位置。

2. 信號彈（Day/Night Flares）

可以根據白晝、黑夜的狀況，使用火焰或煙霧信號彈，讓搜救者易於發現。

3. 信號鏡（Signaling Mirror）

當有太陽的時候，可以利用信號鏡的功能，將光線反射到3公里外的距離，增加獲救的機會。對經過的船隻或飛機，使用反光鏡遠的反射光線，在幾公里以外的距離都能被看見，縱使天氣狀況不佳（非晴空萬里）也能達到一定的效果。

4. 緊急定位發射器（Emergency Locator Transmitter E.L.T.）

裝置在飛機上，緊急情況下會啟動發出訊號讓搜救人員可以追蹤航機的位置，因其可攜帶，在緊急迫降後，可作為人員定位的緊急裝置。訊號發射後可維持100小時，在零下20度左右的低溫，仍能持續發射48小時訊號。

第二節　不可預期的水上迫降（Unexpected Emergency Ditching）

　　不可預期的意思就是沒有預期的心理準備，當沒有預期心理準備的緊急水上迫降發生時，在飛機迫降前可能沒有時間做防撞姿勢或穿上救生衣的指示及解說。如果在起飛前有仔細注意緊急逃生安全說明，就能立即依照自己不同的狀況，採取適當的安全姿勢。當非預期的水上迫降發生，飛機迫降在水上後，客艙組員指引乘客逃生前，一定要先讓乘客按照指示穿上救生衣，如：「解開安全帶、穿上救身衣。」（Open Seat Belt! Life Vest On!）

　　有許多緊急的水上迫降，並不會如預想的狀況一樣，飛機停止後每位乘客或是組員都能順利的將救身衣穿上，有可能因為迫降時發生撞擊，救生衣脫離原來位置、或是飛機進水速度太快將救生衣淹沒。此時組員必須告知所有乘客，以就近可得且能漂浮的物體，作為水上漂浮的工具，像是飛機上椅墊的設計就有飄浮的功能。

　　緊急水上迫降發生，組員開啟艙門指引所有乘客上筏，務必指引乘客上筏時要從筏身中央為定點，向前、後放射延伸就定位（救生筏有長方形、圓形）蹲坐，因為若重量過度集中在一邊救生筏容易翻覆。救生筏若為圓形，也必須以保持平衡的方式一一就定位，避免重心不穩翻覆。上筏後就必須執行下列任務：

一、將救生筏脫離機身

　　救生筏（Life Raft）與機身相連，一旦確認所有乘客安全上筏後，組員就必須盡快讓救升筏與機身分離，因為飛機在水上迫降後，雖然能維持一定的時間持續漂浮在水面，但最後可能因為機身大量進水而下沉。在最短的時間疏散乘客後，就必須按照訓練時的步驟將救生筏與機身分離，避免機身下沉時將救身筏向水下帶，也讓已上筏的乘客與組員置身危險。

二、將救生筏遠離機身

當救身筏脫離機身後，也必須快速地遠離機身，如果仍然靠近飛機附近，就有可能被下沉的飛機造成的巨大渦流影響，可能讓救生筏翻覆人員被帶入水中。

三、連結救生筏

飛機上可使用的緊急逃生出口不會只有一個，少則3到4個多則8到10個，若脫離機身後，筏與筏間可以彼此靠近、聚集，如此可以互相支援協助，將筏身聚集連結也能增加救生筏的面積和浮力，若救援者從空中搜尋可增加識別度，在風浪較大的海上也較不易翻覆。從機上攜出的求救無線電定位發報器（Emergency Locator Transmitter E.L.T.）可能只有一個，救生筏安全遠離機身後聚集在一起，使用定位報器求救會更容易被發現，若在黑暗無光的海上救援也較容易進行。

四、救生繩的使用

機型本身構造不同，並不是所有的逃生出口都有可直接從出口上筏的救生裝置，有些出口設計僅供逃離機身使用（靠近機翼出口逃生筏的設計，大多僅能使用在緊急陸上迫降，無法使用於水上迫降）。若發生緊急水上迫降，乘客有必要從這些出口撤離時，救生衣必須充氣的指示務必傳達。當乘客下水後就要利用救筏上的救生繩，拋丟給在水中的逃生者，盡快將其自水中救起上筏，避免水中低溫讓身體失溫。若不慎落水時，也能利用救生繩讓落水者抓住，不會被較大的湧浪快速帶離船身以利救援。

若發生不可預期或未知緊急水上迫降，無法即時穿上救生衣的狀況下必須下水時，可以使用手邊任何可以漂浮的物品，像是椅墊（Seat Cushion）就是能隨手取得緊急的救生工具。根據許多飛航安全事故水上迫降的生還者描述，迫降撞擊發生時，座位下的救生衣就已經被拋離原來的位置，當水進入機艙時幾乎沒有多餘的時間可以順利穿上救生衣，所以在無法預知的狀況下，能利用手邊工具逃生也是一種自救方式。

五、定錨、定位

　　將救生筏靠近聚集後，使用筏上固定位置的錨丟入水裡，讓救生筏不會因為水流風浪不斷的漂流，無法固定在一定的區域範圍中，讓救援收搜尋工作不易進行。救生筏的位置範圍固定後，就可以使用無線電發報機，發出訊號讓搜救者知道位置的所在。發報器打開後發射訊息的天線會自動彈出，將發報器上連結的繩索綁在救生筏上丟入水中，讓發報器和救生筏有一段距離（避免干擾），而裝置可持續使用大約是兩天也就是48小時的時間。

六、等待救援

　　漂浮在水上等待救援時，可以同時進行許多安全措施

1. 等待救援時刻，組員必須讓所有人盡量靠近，如此可以在低溫的氣候保持體溫，也能讓失溫的人保暖不使情況惡化。若是救生筏有天篷裝置，組員可以指示筏上人員協助裝設，這樣的裝置可以保護人員不受低溫和風浪的吹襲，也可讓失溫者體溫流失狀況不再惡化。

2. 組員上筏前除了會確認所有人員已登筏，還會依照責任區域劃分，攜帶上筏後可能會使用到的緊急裝備，如緊急發報器（E.L.T.）、擴音器（Megaphone）、醫護箱（First Aid Kit）若筏中有乘客在逃生過程中受傷，組員在下機前攜帶的緊急裝備此時便能使用。

　　除了組員攜出的緊急裝備可以在需要時派上用場，每個救生筏都會配備必要的求生工具在需要時使用：

1. 染色劑（Sea Dye Maker）

　　染色劑的使用是將染色劑的塑膠袋綁在救生筏上，使染劑注入水中，鮮綠色的染劑會將救生筏附近區域海水的顏色變色，讓可識別區域更廣提高搜救速度。染劑會受到風浪的影響所以在風浪較大時會影響效果，染劑持續的時間大約是30分鐘左右。

2. 信號棒（Signal Kit）

　　信號棒有兩種功能，一種提供白天使用、一種是供夜晚使用，有些訊

號棒兩種功能同時具備，分別在信號棒的兩端作用。若是白晝使用，將使用端蓋子打開，拉一下控制繩橘色煙霧就會飄出，如果夜間使用，同樣的方式操作另一端，紅色火焰就會噴出，都有標示位置有助被搜尋的功能。

3. 雨水淨化劑（Water Purification Tablets）

雖然現代通訊搜救設施進步，但等待救援無法確定時間的長短，短時間可以不吃東西，但對於水的需求卻遠高於食物，救生筏上有雨水淨化劑可供使用。將筏上收集到的雨水放入一顆雨水淨化劑，就能在這種無法取得飲用水的時候提供水分的補充，一顆雨水淨化劑大約可以淨化1公升的水量。

第三節　可預期的陸上迫降（Expected Emergency Landing）

可預期的陸上迫降和可預期的水上迫降一樣，都是可預期的緊急迫降將發生，當機長決定陸上緊急迫降時會通知客艙組員，在可利用的時間內做好路上迫降的準備。可預期陸上迫降與可預期水上迫降前的準備步驟大致相同（依時間多寡增減步驟），在可預期陸上迫降前的準備中，少了救生衣事前穿戴的步驟。在可預期飛機會發生緊急迫降情事時，機長會告知組員相關的訊息，客艙組員根據機長給予的訊息，視狀況做適當準備工作，以因應緊接而來的狀況面對。機長可能告知的訊息會有：

一、可能迫降的環境

危急狀況發生航機有必須迫降的需要，在所有因素的考量下，機長知道大約會在什麼樣的環境下迫降，水上迫降、陸上迫降，機長會讓組員知道狀況，好讓組員在有限的時間裡做準備。若是可預知水上迫降，組員在許可的時間下讓乘客穿上救生衣，減少迫降後穿戴時間的浪費。若可知迫降地點氣候寒冷，盡可能穿上可保暖衣物，避免順利從客艙疏散後卻因為寒冷失溫。

組員要確認機門外或是逃生出口周圍有沒有安全的顧慮，比如因為撞

擊油箱破裂引起的火勢，或是門外有障礙物阻擋，無法提供乘客作爲安全疏散的出口時，該緊急逃生出口就無法使用。這時該區域組員必須指引乘客向其他逃生出口疏散，同時留在該出口處避免有其他驚慌乘客，不了解機門外危險狀況，將緊急逃生門開啟造成更大的傷害。

二、客艙準備的時間

　　機長在判斷後會讓客艙組員了解大約可利用時間，在可利用時間下，組員應盡可能的將所有會在撞擊時影響安全的設施固定，及人員的安全保護做到完善；若時間不允許逐項完成，就應擇優處理，將最重要的步驟優先預作準備。預知迫降前的準備工作有：

㈠檢查客艙、廚房、廁所

　　確認乘客已繫緊安全帶、椅背豎直、扶手放下、遮陽板打開、餐桌收好、腳踏板收起，客艙內的行李箱、置物櫃都已確實關閉、走道上沒有任何物品（影響逃生時可能造成阻礙）。

　　廚房所有的有輪餐車、飲料車、免稅車車輪都已固定，其他儲物箱門關閉、安全栓均確實鎖上，將使用中的電器設施關閉，檢查廁所中是否有人，確認後將廁所門確實關上。

㈡移除所有尖銳物品

　　不論緊急迫降的地點是水上或是陸地，當緊急逃生門打開後，用做陸上逃生的逃生滑梯（Escape Slide）或是水上逃生的救生筏（Life Raft），都會在10秒內立即充氣完成。逃生筏的材質雖然被強化，但較尖銳的物品仍然會對逃生筏造成破壞，所以此時組員會指示乘客將身上的尖銳物品移除，如高跟鞋、胸針、書寫用筆等，將之取下收集放置在置物箱中，避免上筏（Ditching）、跳滑（Landing）時，將救生筏刺破漏氣而無法使用。

㈢緊急逃生出口說明與防撞姿勢

　　每一次起飛，機上一定會播放或實際示範機上的緊急逃生設備說明，

包括機上緊急逃生出口方向指示、安全帶、救生衣、氧氣面罩的使用方法；但一定會被不注意或不在意的乘客忽略。在有限的時間裡，迫降前要再一次的提醒乘客此時需要的安全訊息，如避免撞擊保護自身安全的防撞姿勢，及逃離機身最近的方向和出口，都是緊急迫降前最重要的提示。

四尋找志願協助者（Able Body）

每一個緊急狀況的發生當時，都無法預知結果如何，組員也許受過專業訓練對於安全的掌握高於一般乘客，但發生撞擊的時刻受傷的不會只有乘客，組員一旦受傷就有可能無法執行接下來的任務。因此降落前如果時間許可，組員可以請求自願協助者，協助組員在艙門開啟前後疏散乘客，或是當組員受傷時代替組員執行緊急疏散乘客的任務。尋求自願者時以下列身分、人士優先：

1. 航空同業者

航空公司每班班機或多或少會有航空同業人士搭乘，若具有這樣的身分、背景，應該是優先尋求協助的對象，因為相關的工作對機門的操作或機上安全設施與裝備，都會有一定程度的認識與了解。一旦緊急狀況發生不需要浪費太多時間解釋、說明，就能了解提供協助與任務執行的時機。

2. 軍、警、消防人員

軍人、警察、消防人員的職業特性就是有紀律、有勇氣，在遇到緊急狀況時，必須要保持沉著才能順利執行工作中具有危險的任務。尋求志願協助者具有這樣的特質，當飛機緊急迫降時，最可能的狀況是乘客驚恐失措且慌亂，這些平日訓練有素的軍、警、消，可以立即協助組員安定驚慌乘客的情緒，也能幫助乘客在混亂的狀況中維持秩序順利疏散。

3. 醫護人員

醫護人員因為職業的訓練，面對創傷流血的患者，冷靜、不會驚慌失措，緊急迫降的狀況，會有人員受傷需要協助，志願協助者中如果是醫護人員，面對緊急狀況能沉著以對，對於受傷者也能適時地提供協助。

㈤需要被協助者

　　自願協助者可能在組員無法執行任務時，代替組員將乘客緊急疏散，如果組員在執行緊急逃生任務時，自願協助者還能幫助當時需要協助的乘客逃生。緊急逃生時，可能需要被協助的乘客有：

1. UM

　　UM是指5歲以上、12歲以下單獨搭機的小朋友，年紀小又沒有家人的陪伴，發生緊急狀況一定會感覺無助，絕對是在緊急時需要協助的特殊乘客。如果可預期的緊急狀況發生，如果有時間做緊急迫降前的準備，若坐在UM附近的旅客願意協助照顧，可以將協助者的位子移至UM旁，當迫降後可以立即提供協助。

2. 老年行動緩慢者。

3. 行動不便乘客（視覺不便、聽覺不便）。

4. 單獨旅行的孕婦。

5. 一個大人帶著2個以上小朋友同行的乘客。

6. 輪椅、擔架乘客。

　　理想的狀況下，每一個緊急逃生出口最好都能夠找到志願協助者，找到協助者後，也必須解說當緊急逃生門打開後，如何幫助組員協助乘客逃生，或是當迫降後組員受傷無法執行任務時，自願者如何代替組員執行任務。這些事前準備每一個步驟都很重要，都能在緊急降落時或多或少發揮安全功能，但是緊急狀況不可能有相同的模式，所以事前可以準備的時間也不一樣。組員從機長提供的訊息中知道可資利用準備的時間，時間較充足可以執行的步驟與說明當然是越清楚越好，若時間有限組員就要將當時最迫切（水上、陸上迫降救生衣的穿戴）且必要（尖銳物移除、客艙檢查）的步驟，在降落前在客艙準備過程中執行。

第四節　不可預期的陸上迫降（Unexpected Emergency Landing）

不可預期的陸上迫降發生，組員沒有多餘的時間做安全預防的準備，如安全防撞姿勢的示範、緊急逃生時的人員協助、或是安全檢查。在就坐準備迫降時，除了要保持專業的冷靜外，還要不斷在心中回想（Silent Review）緊急逃生出口的操作方式、指引乘客逃生的步驟。

從許多飛航安全事故的發生後的傷亡統計，在迫降後可逃生的狀況下，人員多半在飛機撞擊時沒有做好防撞姿勢，遭受撞擊後造成傷亡無法順利逃離疏散。機長在迫降前會指示所有乘客及組員執行防撞姿勢，不能預期迫降的情況發生時，若聽到機長指示：「Brace! Brace!」就要立刻執行防撞姿勢保護自己，因為會發出這樣的訊息應該是非常緊急了！

迫降後一般乘客可以在組員的指示下能自行逃生者，無須在過程中特別照顧，但一些特殊乘客此時就必須加以協助，使其與其他乘客一樣安全被撤離。當飛機停妥後，將一般乘客安全疏散，執行所有步驟完成，組員在未影響自身安全的情況下，必須巡視自己責任區域內，檢查是否仍然有乘客沒有安全離開，像是輪椅乘客、擔架乘客、受傷倒臥在客艙內未被發現的乘客。如果客艙此時因照明系統故障，組員可以使用裝置在每一個組員座位的手電筒輔助照明，確認負責區域內的乘客都已疏散，為了自身安全也必須立刻離開客艙。

緊急逃生時發現需要協助的乘客，組員務必採取正確、有效的方式，將乘客帶離緊急狀況的現場，特殊需要協助的乘客：

一、不佔位乘客

一般乘客中帶著小朋友同行者，在緊急逃生過程中，也要讓帶著小孩隨行的照顧者了解，必須採取何種安全措施，讓大人小孩儘可能在過程中不受到傷害。

1. 二歲以下，脖子能自主轉動者：

這樣的小孩由照顧者面對環抱，讓小朋友雙手環抱大人的脖子，由照

顧者抱著小朋友坐滑至地面。

2. 二歲以下，脖子不能自主轉動者：

如果隨行有嬰孩，寶寶的脖子多半無法自主轉動也不夠強壯，緊急逃生使用毛毯加強頸部固定的方式包覆著寶寶，讓照顧者在快速移動或稍有碰撞時，不會讓寶寶的頸部因搖晃過大受傷，由照顧者將包覆好的寶寶環抱坐滑至地面。

二、聽覺不便乘客

一旦緊急逃生步驟將被執行，機上若有聽覺不便乘客者，務必要利用所有可能方式，不論用手語、唇語或書寫，務必使其了解要做到的安全保護；有隨行者可以代為溝通，若無隨行者，可尋求鄰座乘客或自願者（Able Body）協助逃生。

三、視覺不便乘客與導盲犬

機上若有視覺不便者，逃生方向指示務必解說，迫降前必須請求家人（隨行者）、鄰座乘客或自願者於迫降且飛機停妥後協助逃生；如果視覺不便者有導盲犬，必須同行避免分散，引導視覺不便者使用滑降逃生時，將導盲犬置於視覺不便乘客的腿上一起坐滑至地面。

四、輪椅乘客

這裡的輪椅乘客是指使用輪椅登機行動不便的乘客，而不是因為其他原因（老年人、體力不佳、無法長時間走動者）使用輪椅的人，也就是完全無法自行行走的搭機乘客。緊急狀況下疏散一般乘客後，組員責任區域內有行動不便的輪椅乘客，必須將乘客背起（若有家人隨行，可由家人執行、組員協助）至緊急逃生出口，坐在筏上將被協助者的雙腳搭跨在組員的雙腿上，由組員坐背乘客的方式滑降到地面。

五、擔架乘客

擔架乘客多半全身癱瘓或是無法行動者，緊急狀況發生必須立即疏散

乘客，待一般乘客已疏散完畢，組員必須協助擔架乘客逃離客艙。擔架乘客依照航空公司的搭機規定，一定會有家人或醫護人員隨行，疏散時可以請求家人或隨行醫護人員協助。醫護人員或家人清楚擔架乘客的醫護需求，所以在協助擔架乘客時，就能以不增加擔架乘客身體負擔的情況下移動並迅速撤離。

第十四章

組員作業程序

　　爲了使客艙組員能有效且安全的執行每一次任務，各航空公司都會根據主管機關的飛航安全規範，制定符合需求的客艙組員標準作業程序，提供組員執行飛行任務時，必須遵守的安全標準和可供依循的工作手法與步驟。客艙組員每一次飛行任務的執行，會因爲機型、航點、飛時的不同，組員標準作業程序的守則（手冊），有關的安全設施及服務方式也會作相應的調整；能隨任務航班的不同需求，在安全規範下，工作、任務執行時能發揮適時提醒與參考的作用。

　　針對每一次任務的執行，從組員報到開始至飛行結束，任務中人員工作職掌與權責職司，組員作業程序都會條列並說明；除不可抗拒的天候、人爲因素影響，執行正常飛行任務時，組員都必須遵守作業程序規範，爲的是減少人爲因素的疏失而影響安全。作業規範依照流程步驟，必須在每一次的飛行任務中確實執行。

第一節　組員登機前簡報

　　客艙組員執行飛行任務前，必須了解該趟勤務的所有訊息，組員飛行前的簡報，便是相關訊息獲得及安全注意事項提醒的首要步驟。

一、組員人數

　　組員組成性質或駐在地較單一的航空公司，組員每一次任務執行前，會在航空公司的特定報到地點集合後集體出發至機場，所以實際服勤組員人數與組員名單很容易掌握，並不會有太大的問題。但是有一些航空公司組員招募來自於世界各個國家，組員駐地或報到方式較不相同，這時服勤組員的人數與名單就要多加注意了。

1. 人數是否正確

上機後確認組員人數是否正確，如果必須有8人服勤，只有7名組員上機，而該趟航班機型有8個緊急逃生門的設計，如果缺了一名組員基於安全理由飛機就無法正常起飛。

2. 名單是否正確無誤？

組員和一般乘客通關時的走道不一樣，因為執行任務需求，勢必無法和一般乘客一樣排隊出、入海關。不過組員通道速度雖然較快，但海關仍會檢查組員ID、護照和航空公司提供的組員名單（GD General Declaration），在組員通關處由證照查驗人員一一確認。如果因為組員勤務變動或臨時抓飛，名單就必須依實際服勤人員的姓名變更；若是因為名單變更但沒有立即更改航空公司送交海關的組員名單，在出、入海關時就有可能被擋下，也必須等待正確名單送交，組員才能順利通關，如此都是人力、時間的浪費。

二、航班資訊（Flight Imformation）

除了乘客人數在該航班Check In Counter關閉前，仍然會有些許變化外（例如：Go Show、No Show、Stand By乘客），組員於簡報時獲知的航班人數訊息，在關櫃前還是會有變化的。

(一)乘客人數（Passenger Figure）

航班資訊對於地勤、空勤、駕駛、組員都有不同的意義，一樣是乘客人數，票務會從人數知道這一班是滿載、或剩下多少空位？餐勤會依據人數裝載足夠的餐點，登機門地勤要收到與人數一樣的登機證才能將航機放行。如果有乘客人數和機邊登機口地勤收到登機證數量不一的狀況，就一定要花時間仔細確認，查核直到人數與登機證數量一致，否則基於安全理由飛機無法放行。組員要知道搭機乘客人數，為的是確認備品的供應與機上應提供服務的資源充足外；當發生緊急狀況時，於疏散乘客至安全地點後，必須清楚知道實際疏散的乘客，是否和確實搭載人數相同，便於掌握所有乘客的安全訊息。

某航空公司一次臺北到曼谷滿載的班機，確認乘客全數登機後，飛機關門後推滑行時，組員見到一位站在走道上卻遲遲未入座的乘客，上前關心後卻發現這位乘客要前往馬尼拉，所幸及時發現通知機長，立即通知地勤重新靠橋讓搭錯班機的旅客下機，並且協助他搭乘正確航班。

(二)航機目的地（Destination）

　　這是每一位組員執行任務都會知道的基本資訊，對於機長而言，不同地點代表不同航路，不同的航路有不同的飛行時間和沿路天氣的狀況，基於安全當然就要有不同的因應；不同的國家、不同地點的有不同的機場規定，組員必須了解各航點的入境海關規定，不論是針對乘客提醒應注意的海關相關規定，或是組員自己入境時，都有當地必須遵守的法規，避免因為疏忽而觸法。

　　前一陣子高雄小港出發到鄭州的班機，機上一名旅客下機時才知道搭錯班機，原來這位旅客要去杭州卻走錯登機門，而地勤檢查出現疏失也未及時發覺，直到班機抵達鄭州才知道搭錯機。類似這樣的例子，一般搭機旅客都會覺得很難置信，對於了解狀況的同行而言，這不僅是服務作業流程的疏失，對於任務安全執行的把關鬆散也令人擔憂。這次意外也許只是不小心搭錯班機的烏龍事件，但沒有人能保證下次不會有人利用這樣的疏失，製造飛航安全恐慌。

三、安全簡報（Sefty Briefing）

　　組員出發前的簡報是每一次飛行必要執行的程序，透過簡報可以將這一次飛行任務的訊息，有效的傳遞給每一個組員知曉，在獲得充分的資訊後，每一名組員都必須在執行飛行任務的期間，對乘客的服務與客艙安全做出最適切的表現。一般組員簡報分為兩大部分，包括所有與客艙安全相關的安全簡報，及提供乘客服務的服務簡報。

　　組員簡報時安全簡報是優先於服務簡報的，雖然服務是執行飛行任務中的一部份，但是安全卻是飛行任務的全部，沒有安全哪來的服務？飛安紀錄優良的航空公司，安全的優先順序一定排在第一順位。

㈠複習機型安全操作

　　每一次的飛行任務，組員的安全簡報都是不可少的程序，過程中服勤的組員必須回答有關的安全問題，若因機型的不同，機門的操作就會有不同，緊急安全設施的使用方式也不一樣。全客艙和客貨兩用艙裝置失火時使用的減火器，大小、容量、操作方式不盡相同，若不熟悉操作方式，一旦遭遇緊急狀況便無法有效處理。

　　水上緊急逃生時緊急逃生門如何使用？乘客機上如果需要使用氧氣瓶，氧氣瓶放置的位置在那兒？氧氣瓶使用的方式與應注意事項？……所有與航班緊急設施相關訊息的提醒，除了可以讓飛行組員再一次複習安全裝置、設施的操作方式，也能將這一次又一次的複習變成緊急狀況發生時的即刻反應。

　　登機門於乘客登機、下機正常狀況下操作手法，與發生緊急狀況時，機門操作的緊急逃生步驟就有不同。不一樣的飛機製造商，為求操作簡單、迅速，多半會將逃生門的設計標準化，但大部分靠近機翼位置的機門或逃生出口，會因為機翼的延伸，逃生筏的設計則有別於其他的機門。所以當責任區在機翼附近的組員，也必須熟悉不同的逃生步驟與特殊輔助用具的操作使用。

　　靠近機翼的緊急逃生口，發生水上緊急迫降時，機門的緊急安全裝置模式不會置於開門後逃生筏自動擊發的自動（AUTO）狀態，必須轉換到裝置正常（NORMAL）模式的位置。水上迫降靠近機翼的緊急逃生筏，因為空間及角度可能影響其他救生筏的使用，所以設計操作會因為狀況不同產生差異。在每一次勤務前安全簡報，航空公司對於客艙組員，一而再再而三的複習，為的就是使組員在不斷的訓練後熟悉不同狀況發生時，能有即時、正確、專業的反應，讓災害發生時將人員的損失降到最低。

　　如果組員於安全簡報時無法正確回答問題，代表對任務的專業不熟悉，就有可能在真實的緊急狀況下，無法提供乘客適當的協助。

四、機長簡報

機長簡報就是由機艙組員（多半是機長），將所得到的航路訊息告知組員，其中包括的資訊有：飛行時間、飛行高度、預計起飛降落時間、預知可能的延誤，及一些特殊狀況等的提醒。

(一)飛航天氣狀況

簡報時組員會從機長或駕駛處得知今天航班沿路飛行的天氣，可知的訊息會有當地到達時的天氣狀況、當地的溫度、當然也也包含了沿路飛行的天氣（飛經區域附近氣流是否穩定）。而組員比較在意的是沿路飛行的天氣訊息，原因是天氣狀況的穩定與否，直接影響飛機在飛行時的狀態，氣流如果不穩定，不僅服務過程不順利，客艙內的乘客和組員也都有可能因此受傷。例如靠近日本附近的噴射氣流、東南亞夏季午後旺盛的熱對流產生的雷陣雨，這些天氣型態都會影響飛機在飛行過程及起、降時的穩定。組員了解這些重要的飛航天氣訊息，就能在適當的時間給予乘客安全上的提醒，也能有效利用時間檢查機上可移動設施的安全（是否關閉、固定），不會因為機身晃動造成物件掉落導致傷害發生。

(二)預期延誤

1. 前班次延誤

飛機只要機械運作正常並固定保持良好維修狀態，一個航班結束，重新加油、裝載完成就能執行下一個任務，若沒有特殊狀況，都能按照表定時間準時起飛、降落。但如果等待交接飛行的飛機，在前一個航班因故延遲，就有可能影響下一個航班的起飛時間，這樣的資訊會在組員簡報時就會知道。

2. 天氣狀況不佳

若因類似天氣狀況不佳影響所造成的延誤，組員就必須對延誤時間的多寡做後續任務的調整。消費意識高漲，但消費者的素質並不一定都跟著提升，曾有多次飛機因天氣狀況不佳而延誤的經驗，對於組員來說，在安全的考量下有些延誤絕對必要，也同時能確保起飛、降落的安全。但常有

一些不知修養太差？還是安全意識太差？乘客上機後就因為不滿、抱怨、開罵，認為延誤他下機後談生意的時間，還嚷嚷要航空公司負責。組員通常對這樣乘客的無理謾罵當然得概括承受，但在保障生命安全的前提下，仍然希望所有搭機旅客要有正確的認知。

3. 除冰（Deicing）

　　飛機如果降落在寒冷氣候的機場等待再度起飛時，有可能因為濕度與溫度交互影響，機翼控制昇力的襟翼、機尾控制飛機方向的方向舵發生結霜現象。這些冰或霜會讓飛機增加阻力、降低升力，航機執行除冰作業是為了避免控制飛機起飛的重要裝置，因為表面結冰無法正常運作，使飛機無法安全升空。低溫會讓飛機表面的水氣結冰，或持續降雪也會在飛機表面形成霜、冰，飛機在這樣的天氣狀況起飛前，機務會確認飛機狀況報告機長，由機長決定是否要在起飛前執行除冰作業。

㈢特殊狀況

　　機場如果沒有異常狀況，飛機都會按照正常程序起、降，但有些機場會因為一些特殊狀況發生，讓一般飛機延遲起飛、或降落。例如：有些機場是民用機場也是軍用機場，當有軍機或特殊任務的航機要降落或起飛時，其降落、起飛的順序會優先於一般民航機，若是有這樣的訊息機長也會傳遞給組員知道。

㈣滑行時間（Taxing Time）

　　機長和客艙組員簡報的內容也包括飛機滑行的時間，飛機從關門、退橋、飛機後推（Push Back），引擎啟動開始慢慢滑行到跑道（Run Way）中間的距離叫做Taxing Way，滑行至跑道準備起飛前的時間就是Taxing Time。不同的機場飛機滑行的時間會有差異，同一個機場使用不同的跑道也會有不一樣的滑行時間，滑行時間訊息是用於提醒組員，盡可能於時間內完成起飛前的安全檢查。關上機門後機上會播放安全注意事項的影片，如果沒有影片播放的功能，組員會實際示範救生衣、安全帶、氧氣面罩操作和緊急出口說明，這些必要且不能省略的示範，都必須在短短

的滑行時間完成。如果滑行時間較短，可能會讓檢查的速度加快，但也絕不能因為時間壓力，安全檢查就因此打折扣，若組員沒有確實完成起飛前安全檢查的程序，讓駕駛艙確認的通知未執行，機長就不能逕行起飛。

(五)特殊乘客

　　了解每一趟飛行是否有特殊乘客也是非常重要的工作，航空公司對於特殊乘客的服務提供，會針對性質的不同、需要的不同彈性調整，服務的手法、方式在組員的工作規範中也有詳列。了解特殊乘客的性質、數量和所在位置之所以重要，就是當緊急情況發生時，若在自己的責任區域範圍中，如有特殊乘客，就必須在狀況發生後給予適當的協助。倘若發生水上迫降，負責區域內有小嬰孩時，就必須要提供特殊救生衣，也必須告訴嬰孩的照顧者，救生衣使用時應該注意的事項。區域內有輪椅乘客，如遇緊急逃生的必要，就必須在一般乘客疏散後，立即提供逃生的協助。

　　航班如有押解人犯的特殊乘客搭載，機長也會在簡報時告知組員訊息，提醒組員特殊乘客上機後的處理，也會將押解隨行警察的配槍依照安全規定處理，最重要的是提醒組員在飛行途中，務必隨時注意特殊乘客的行為，避免在運送過程中橫生枝節。

(六)進入駕駛艙

　　早年駕駛艙的安全管制較不嚴格，有時機上乘客因好奇提出參觀駕駛艙的要求，若機長同意就能將提出要求的乘客帶入駕駛艙，國外甚至有航空公司的機長將家人、小孩帶進參觀不說，還讓小孩坐在駕駛座上的離譜事件，最後導致飛機失事墜毀。

　　經歷911慘痛的經驗後，近年來為阻止恐怖組織利用飛行器遂行恐怖活動，駕駛艙門禁管制變得越來越嚴格。進出人員的管制在每一個航空公司安全規範中都有清楚、明確的條列，所有的機、組人員也都必須確實遵守。

　　基於保護駕駛艙的安全，駕駛艙進出的人員有限制，可進出的時間也有明確的規範，也就是駕駛艙淨空（Sterile Flight Deck），為的是讓駕駛

艙的駕駛與副將駛能更專心於他們的任務執行。除非遇到緊急狀況發生，有進入駕駛艙的必要，淨空時段客艙組員禁止進入駕駛艙，也不能使用機上對講系統與駕駛艙通話。這些駕駛艙淨空的時段有：

1. 飛機滑行階段
2. 起飛、降落時段
3. 起飛後、降落前的10分鐘
4. 飛機高度低於10,000英呎

民航公司的駕駛是許多人羨慕的工作，原因是薪水高、福利佳，又能到世界各地遊歷，但這些都是一般人對於這個工作表象的認知。事實上成為駕駛的入門門檻不低外，正式單飛後的所有狀況維持仍要繼續外（身體狀況、精神狀況），更多的工作壓力也隨之而來（定期、不定期的被檢視、考核）。捧著玻璃飯碗是有人對這個工作的戲稱，這樣的說法十分貼切，因為只要稍有差錯（年度體檢未通過、飛行紀錄缺失），捧在手上的玻璃碗可能一個不留神就碎了！機艙組員的工作需要高度的專注力，身體狀況必須維持在一定的水準，每一趟飛行客艙組員除了照顧乘客的餐食外，也需要花些時間照顧駕駛的餐飲。客艙組員多半會依照駕駛艙時間需求，在之前將餐點熱好準時送入駕駛艙，讓開飛機的機長或副駕駛不會因為飢餓，導致血糖下降影響專注力。服務機長的餐食也有一些安全注意事項必須遵守：

1. 正駕駛、副駕駛禁用相同餐點

如果客艙駕駛沒有特別餐的需求，不同種類的餐點會提供給駕駛艙組員選擇，為了安全正駕駛和副駕駛被要求不能食用相同的餐食。一旦某種食物可能被汙染，這樣的做法可以降低正、副駕駛同時發生食物中毒的機率，也能保障飛行的安全。

2. 禁止提供酒精性飲料

我們都知道飲酒開車是違法的，原因是喝酒開車的肇禍率太

高，罰錢吊照事小，造成自己或他人生命財產的損失事大。飛機駕駛任務18小時前絕對進止飲酒，因為操作飛機失誤可能造成的傷亡的責任無人能扛。機、組人員只要值勤時間都禁止飲酒，有時在機場也會對機師進行酒測，酒測標準非常嚴格，因為飛機上乘客的安全都掌握在駕駛手中，所以嚴格的飲酒限制是有必要的。

3. 餐點不離開視線

當機艙駕駛有用餐需求時，組員從準備餐點到送至駕駛手上時，中間的過程都必須保持警覺，提供給駕駛的餐點不要離開視線，避免有心人士汙染飲食，讓機艙組員身體不適影響安全。

4. 注意飲料勿潑灑

駕駛艙內有許多精密儀器，提供飲料給機艙組員時，務必使用加蓋杯子，如果沒有杯子內飲料的容量盡量於2/3，避免搖晃飲料可能潑灑在儀器上，讓儀器、設備發生故障。遞送飲料給正駕駛（左座），必須從正駕駛的左手邊靠近窗邊的位置，將飲料謹慎地交給正駕駛；若飲料需求者是副駕駛（右座），就要將飲料從副駕駛的右手邊靠窗邊的位置遞送，也是怕飲料在不小心的狀況下被潑灑，不會對駕駛艙的操作儀器或裝置造成影響。

五、服務簡報

服務簡報的性質大多是乘客資訊和乘客特殊要求等訊息的傳遞，讓該責任區的組員了解，區域內除了提供對一般乘客的服務外，也會有乘客特殊要求事項的提醒（特別餐點的確認、UM的照顧……）。服務簡報雖然是提高服務品質的作為，所有的提醒也都與安全息息相關。例如：乘客特別餐的需求中，如糖尿病餐（Diabetic Meal）、不含麩質餐（Gluten Free Meal）等，若負責區域中有特殊餐點需求的乘客，就必須依照服務作業程序的規範，採用適當的服務方法應對。

組員責任區域中有特殊乘客UM（5歲-12歲無成人同行搭機者），則要注意有沒有兒童餐的需求外，還要注意UM登機證座位是否在緊急逃生出口區（有時地勤畫位不慎，可能將UM的位置畫在緊急逃生出口區），根據安全規定，此時就有必要將UM立即換至其他非緊急逃生出口的位子。

如果航班機型有兩個以上的艙等（經濟艙、商務艙、頭等艙），服務簡報的執行多半會分艙執行，依據各艙人數和乘客需求提供服務。責任區內有嬰兒，起飛後就要提供嬰兒床；責任區有特別餐的需求，廚房組員就必須確認特殊餐點是否裝載確實；責任區域內有視障乘客，餐點擺放位置就要仔細說明。諸如此類服務相關的提醒，都會在服務簡報中執行，務必讓乘客有賓至如歸的感覺，但提供服務的前提下仍然要以安全做最優先考量。

第二節　組員登機

一般正常狀況下，組員登機時，客艙內清潔、服務用品及餐點的裝載均已完成，機、組員上機後，必須就個人工作職掌規範執行登機檢查。其狀況與大致的程序如下：

一、自我介紹（視情況）

前面提過，組員的人數與名單都必須正確無誤，當有個別報到如外籍組員駐地如果在東京，從臺北起到東京的班機就有可能在此交換組員，這時原來從臺北執勤或PNC（Positioning Crew）回東京駐地的日籍組員可能下機，另外會有從東京上機的組員直接在機上報到。如果有這樣的狀況，組員通常會向機長和事務長報到並且自我介紹，自我介紹是要讓事務長確認變更後的組員名單是否正確無誤；個別登機的組員上機後，也必須執行上機後責任區域的檢查，為的是避免前一趟飛行可能造成的疏失繼續延續。（PNC是指因班機、人員調度的需求，著制服坐於乘客座位的客艙組員，也有DT【Duty Travel】、DH【Deadhead】的稱呼）。

二、放置組員個人物品

乘客登機除了大件Check In下貨艙的行李外，每一位乘客容許攜帶一個登機箱及一件隨身行李，除了登機的行李箱外，許多乘客也都有隨手提著的手提包，或是在機場購買的物品。組員在登機時也有行李箱和肩包（Shoulder Bag）的配備，上機後必須將個人物品放置妥當後再開始執行機上勤務，這個擺放個人物品的位置則必須符合安全規範。

機上的空間有限，乘客載量超過八成，就會讓座椅上的置物廂空間難求，為提供客人更多空間，組員多半不會占用乘客座位上方行李廂的位置。組員放置個人物品的區域多半是組員使用的儲物間，不放置在乘客座位上行李廂的理由之一，是不要擠壓乘客置物空間的使用；第二，則是基於安全上的考量，飛行過程組員因為忙於勤務，個人物品如混置於乘客使用的行李廂內，可能被不肖乘客翻動或拿取，如有不法居心（曾有乘客將不法物品放入組員行李箱，意圖蒙混闖關、組員長途飛行輪休後發現肩包失竊）會讓組員產生很大困擾。

三、安全區域檢查

機上的每一名組員，執勤時都有其所屬的責任範圍區，檢查內容會因為所在位置不同有些許的差異，如果責任區域內有洗手間，就必須執行洗手間內標準安全檢查程序，責任區域內包含廚房，也要依照標準程序執行安全檢查，登機時的區域檢查不確實，就容易成為安全上的隱憂。

㈠緊急逃生門

依照機型的設置安排，大部分組員的責任區域內，都會有一個緊急逃生出口或逃生門，上機後也必須依照所在位置（1號、2號、3號……），依據緊急逃生門的種類執行檢查，同一架飛機上機門或緊急逃生口的位置不同，使用操作的方式也可能改變。例如：波音747有12個緊急逃生出口，主客艙（Main Deck）的1、2、3、4、5號門，正常狀況時的操作相同，上層客艙（Upper Deck）艙門設計則與主客艙相異。組員上機後的登

機檢查，責任區域在上層客艙的組員，執行機門安全檢查的方式與重點就會有差異。

　　組員登機後，除了乘客使用的登機門（Boarding Door）是開著的，正常狀況下其餘的緊急逃生門都應該是關閉的狀態，例外的狀況是空廚裝載乘客餐點所使用的服務機門（Service Door），可能會因為需要而在此時開啟。組員對於緊急逃生門的檢查步驟必須按照每一個標準步驟一一執行，絕不能因為熟悉而大意輕忽。

　　上面提到組員登機時，登機門（Boarding Door）和提供乘客餐飲裝載的機門（Service Door）有可能因為需要開啟，除此之外，其他的機門或緊急逃生口都必須保持關閉。上機時呈關閉狀態機門位置的組員可以立即執行檢查，對於機門因需要開啟（Service Door），該區域負責的組員，也必須在機門關閉後執行相同程序的檢查。檢查時會因為不同機型、不同位置有所差別，但所有的檢查都少不了的基本重點：

1. 確認開啟機門的把手是在正常關閉的位置。

2. 用手去觸摸門與門框相連的接縫處，實際感覺接縫處應該是平順的、沒有異物突起感，這樣的檢查是為了避免關門不確實，可能有異物夾在門縫中，使得機門與機身密合不完全。飛機起飛爬升到一定的高度後，機艙可能因為縫隙會有洩壓的危險，發生客艙失壓的機率也會提高。所以這個動作必須確實執行，也是執行機門檢查之所以重要的原因。

3. 確認機門的緊急安全裝置是在正常（NORMAL）的模式。飛機在地面作業時正常狀況下（除了加油與乘客登機時，緊急安全裝置必須轉換到自動模式），機門的緊急安全裝置會在正常（NORMAL）模式，這個模式能使機門在正常狀況下開啟、關閉。但當乘客登機完畢，準備關門起飛，此時機門緊急安全裝置就必須轉換到自動模式（AOUTO），而自動模式的功能就是在飛機發生狀況，緊急逃生過程被開啟時，作為緊急逃生用的逃生筏會自動從機門下方的連結處掉出，經過擊發後充氣，提供陸上迫降（乘客由緊急逃生門使用逃生梯

滑出）、水上迫降（乘客由緊急逃生門使用逃生筏漂浮）時，人員疏散與逃生之用。

(二)組員座椅

客艙設施的章節提到，每架飛機會依載量需求設置相應的組員座位，所以每一個緊急逃生門都會配置至少一名組員，而組員的座位一定會緊鄰在緊急逃生門或逃生出口的附近。登機檢查重點中的緊急逃生門檢查完畢後，就要接著檢查組員座位和附近的相關緊急設施。

組員座位有單座與雙座的設計，單座組員座位一定是一名組員坐於該區，但雙座的組員座位有時因為人力的安排，也只會有一名組員坐在雙座區域。不論單座和雙座，組員座位的檢查都必須確實，按照標準的安全檢查規範執行。

1. 組員安全帶使用功能正常

組員坐椅安全帶的設計並非只有一種形式，形式雖然有不同，但是組員座椅安全帶的功能，都是為了加強保護組員在飛機經過撞擊時，減少外力對組員的傷害並保護安全，如此才有餘力協助其他乘客逃生。除了腰間安全帶的保護，組員安全座椅還多了雙肩安全帶（Shoulder Harness），為的就是確保組員於撞擊發生時，保護重要的肩頸部位，能降低衝擊的傷害。檢查繫於腰際的安全帶時，要注意有沒有破損，因為破損可能會在強大的撞擊力下斷裂，讓安全帶失去應有的功能。

雙肩安全帶和開車時所繫的安全帶一樣，扣上安全帶時不會有阻礙，但當緊急煞車時，安全帶會因為突然的外力而固定，讓駕駛不會因反作用力衝出而受傷，撞擊發生時，雙肩安全帶也會有相同保護的功能。因此檢查時將雙肩安全帶抓住，再將肩帶瞬間用力向外拉，這時安全帶必須立刻停止固定。如此，雙肩安全帶的功能才算正常，如果沒有這樣正常的反應就必須告知機務檢修（Four Point Seat Belts，雙肩兩點、腰際兩點）（如圖14-1、圖14-2）。

圖14-1　圖片來源：UTAS Finding Buyers for Expanded Attendant Seat Line/By: Sean Broderick/November 9, 2017, 1:00 PM/https://www.ainonline.com/aviation-news/air-transport/2017-11-09/utas-finding-buyers-expanded-attendant-seat-line

圖14-2　圖片來源：BOEING AIRCRAFT CREW SEAT/https://skyart-japan.to-kyo/en/product/boeing-aircraft-crew-seat/

2. 組員座椅能正常回彈收起

　　組員特殊安全座椅是為節省空間而設計，使用時將組員坐墊的坐墊向下壓，形成一個L型可供組員在飛機起、降時入座。坐墊設計可以在組員起身時反彈，組員坐椅沒有使用時，位子的坐墊收起呈1字型。組員座位檢查時必須確認，坐墊下壓鬆手後可以正常自動回彈，如果回彈功能失效必須請機務檢修。每一個緊急逃生門都會有一個組員負責，所以門邊都會有組員座位的配置，如果組員座位無法正常回彈，緊急狀況發生須要疏散乘客，突出的坐墊就有會影響逃生的動線，乘客在慌張奔跑時可能被突出的組員坐椅絆倒，增加乘客逃生的時間和受傷的機率（如圖14-3）。

圖14-3　圖片來源：pxhere/https://px-here.com/zh/photo/919565

四、區域內的緊急逃生設備

㈠救生衣

每一個座位都必須有救生衣,包括乘客座椅下和組員座位下都有配置,如果區域內有嬰孩救生衣的裝載,組員必須在檢查時確認裝載位置和數量無誤。若區域內有額外救生衣的裝載(Extra Life Vest),也一定要確實確認裝載的位置和數量是正確的。這些額外救生衣裝載的目的,是為避免當有任何一位乘客的救生衣破損、故障時,這些救生衣便可以立即替換。

乘客救生衣會放置在座椅下方或隨手可得處,組員的救生衣也會放置在組員座位下或是附近立即可得的位置。

㈡手電筒

手電筒的功能是當緊急狀況發生,機上失去照明電力時,昏暗的客艙必須有照明協助乘客,或是最後利用手電筒在客艙內尋找、確認沒有受傷、昏迷待救援的乘客。每一個組員座位下都會配置一個手電筒,手電筒必須是充滿電力的狀態,登機檢查時就必須確認區域內手電筒電力是否充足,手電筒沒有一般的按鈕開關設計,只要從架上取下後便可立即使用。

㈢氧氣瓶

每一班從駐地起飛的班機,機上的緊急安全設備都被要求必須是完好且未使用的狀態,所以組員登機檢查就必須依照標準執行檢查步驟,和檢查時的應注意事項。區域內如果有氧氣瓶的配置,檢查的步驟就包括(如圖14-4):

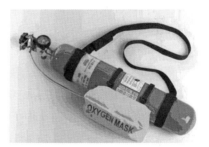

圖14-4　圖片來源:AIRCRAFT OXY-GEN SYSTEM / PORTABLE/ https://www.aeroexpo.online/ prod/collins-aerospace-rockwell-collins/product-170410-20210. html

1. 氧氣瓶是放置在應有的位置

氧氣瓶被標示在左側3號門組員座椅下方的儲物櫃,上機檢查就必須在

這個位置看到氧氣瓶，如果沒有就一定要立即通知機務重新裝載。通常從駐地起飛，發現氧氣瓶短少的狀況幾乎不可能；但在交接航班的飛機上就有可能發生，原因是氧氣瓶被使用後，組員沒有放回原來的位置，雖然與原來的位置相去不遠，但仍然不是符合標準的作法。

2. 確認氧氣容量的壓力指示位於正確的位置

機型不同配置氧氣瓶的大小也不同，飛機上配備的氧氣瓶容量大多是310升（Liters）、202升（Liters），依氧氣瓶容量大小檢查。

3. 從氧氣量標示確認氧氣量充足

確認氧氣瓶沒有被使用過，如果使用過的緊急安全設備，依照標準必須掛上或貼上容易識別的標示卡。在機上氧氣瓶若被使用過，就必須掛上或貼上使用過的標示，這樣狀況會出現在交接組員登機檢查，一般從駐地起飛的班機，每一個氧氣瓶的氧氣量一定是完好、充足的並未使用過的狀態。

每一個氧氣瓶都附著一個氧氣面罩，使用氧氣瓶時要將氧氣面罩連接後，面罩罩於使用者口鼻才能使用。責任區裡有氧氣瓶裝置，就必須確實檢查，檢查氧氣瓶的同時，也要檢查氧氣面罩有沒有附於瓶身。如果航班從駐地出發後有使用過緊急安全設備，就必須在設備上標示已使用的日期、時間、航段，讓交接的組員知道此項設備已被使用。當航機飛回駐地時，機務檢查交接日誌後，就會將使用過的設備換新，確保每一個從駐地起飛的航班，機上所有的緊急安全設備與裝置都是完好且可立即使用的狀態。

(四)滅火器

組員檢查區域中如果有滅火器，也必須執行登機時安全設備的檢查，而機上滅火器的種類依功能需求會有區別，靠近洗手間的位置可能會有H_2O滅火器的配置、廚房區域範圍可能配置海龍滅火器、客貨兩用的機型，組員負責區域可能就有較大型滅火器的裝載。

區域內負責不論是哪一種滅火器，安全檢查都必須照標準程序一一確

認，不同型式的滅火器，檢查細節會因為裝置的差異而有些許不同，但大致的檢查重點都會包含：

1. 確認滅火器是放置在應有的位置

　　如果滅火器應該放在左側三號機門組員座位旁的置物廂內，但發現滅火器是放在置物箱外，發現位置有變動，應該有一些警覺，要確認位置變動的原因安全無虞，讓安全檢查落實而不流於形式。

2. 滅火器的安全插銷或是固定的安全線圈是否完好

　　一般的滅火器為避免不慎誤觸，於使用把手和噴嘴處，有一種類似安全插銷或安全線圈的設計，使用時必須將插銷拔除才能按壓使用。如果沒有這個全插銷，只要不慎有外力碰觸就可能噴濺，所以這是檢查滅火器的重點之一。

3. 滅火器的壓力指示顯示在標準範圍

　　滅火器雖然有分大小、容量，但製作的原理大致相同，海龍滅火器或是 H_2O 滅火器，都是將滅火的物質置於鋼瓶中，而鋼瓶同時也灌入加壓的氣體。也就是利用壓力將鋼瓶中的滅火物質，以高速從噴嘴中噴濺，增加滅火的效能，如果鋼瓶內的壓力不足，滅火器就無法正常使用。滅火器的在按壓把手和噴嘴處，有一個顯示壓力的裝置，從壓力顯示裝置上可以辨別這支滅火器的壓力是否足夠，如果壓力顯示裝置顯示壓力不足時，滅火器可能無法使用，也就必須立即通知機務置換。

4. 滅火器的使用期限

　　天然食物保存有使用期限，滅火器的製造的原料雖然是人工化學合成，但仍有一定的使用期限，滅火器有製造日期和有效日期（EASA、GAA），超過使用期限表示有可能在需要的時候無法作用，若是在緊急失火狀態下滅火器無法正常使用，就可能釀成更大災害。滅火器使用後的置換或更新檢查會是由機務人員執行，也許一般組員機上設施檢查並不包含使用期限的確認，但在檢查滅火器的位置、容量、壓力指示是否合乎規範時，也可以同時檢查滅火器的使用期限。發現有超過使用期限的滅火器，應立即通知機務置換，雙重的確認機制可以降低錯誤發生的機率，因

為起飛以後的所有狀況是由組員面對。機上失火的機率雖然很低，若不幸一旦發生，人員、財產的損失可能難以估計，事前的預防和所有檢查都是為了保護所有乘客與機、組人員安全而為。

五、區域檢查

飛機上的所有區域，都會按照組員人力的配置劃分責任區，依照組員負責區域的不同，區域內包含的設施或裝置也不一樣。有些組員負責的區域可能會有廚房、有廁所、有儲物間，大型長程的飛機也會有組員休息區。組員檢查範圍中有這上述的區域，就必須依照標準檢查程序執行檢查。

㈠區域內的廁所

廁所設置是提供乘客在飛行當中使用，廁所內會有衛生紙、擦手紙、洗手乳等服務消耗用品，檢查廁所時，廁所內是否清潔？消耗用品是否足夠？水龍頭設施和馬桶沖水功能是否正常？都是針對服務需求檢查的重點。但對於機上安全要求的檢查，其目的就是要預防這空間，沒有被放置一些不該有的危險或可疑物品。區域中有廁所時，組員檢查的重點有

1. 廁所內所有放置物品的空間沒有放置其他物品。
2. 垃圾桶內沒有可疑物。
3. 廁所內的組員呼叫按鈕功能正常。

廁所內設置組員呼叫按鈕，其目的是避免乘客在使用洗手間時，如有不適需要協助時，按下這個按鈕組員就能從聲響和廁所門上亮起的燈號，知道廁所內的乘客有這樣的需求。

㈡區域內的儲物間（Closet）

飛機設計除了要滿足乘客座位、行李的安排外，仍然會根據需求，規畫一些貯物空間，在空間有限的情況下，這些儲物區大多用來放置機上使用備品，有時也會依乘客要求掛放外套、大衣，或較大行李的放置。登機檢查責任區若包括儲物間，就必須確認空間內沒有可疑物品，開、關門的Latch功能正常，如果故障也必須請機務檢修。

㈢區域內的廚房

負責廚房（Galley）作業的組員，登機檢查多半包含廚房範圍內的區域，Galley內電力系統開關、電器用品是否有故障；確認置物箱（Standard Unied、Container）的門栓（Latch）、餐車的固定器（Breaker）功能正常；廚房垃圾桶、其他置物空間有無可疑物等，都是負責該區域組員應該確實檢查的項目。

㈣區域內的組員休息區

較大的飛機會有組員休息區的設置，組員休息區的位置也會因為機型不同有所差異，波音747組員休息區在五號門的上方、777組員休息區在3號門上方、787 AIR BUS 380機身大、載客量多、組員人數也多，所以光是組員休息區就多達3處。如果組員責任區域內有組員休息區的設置，就必須一一確認休息區內應檢查的設備是否齊備、完好。

1. 檢查休息區無閒雜人

組員休息區說大不大，但總能同時擠進好幾個組員入內休息，所以這樣的空間如果被有心人士利用，會是一個很好藏匿的地方。檢查休息區時一定要確認無閒雜人在這個區域內，若是有入內清理的清潔人員，組員也必須在人員離去後再次確認。

2. 休息區內無可疑物品

組員休息區僅提供組員休息使用，休息時所需隨身物品可以在使用休息區時攜入，除此之外組員休息區不應有任何不屬於休息區內的物品，也不可因為空間需求（乘客行李較多），當作放置乘客物品或登機行李的空間。若是在這個區域發現任何不屬於這個區域該出現的物品，將會被當作可疑物或交由地勤處理。

3. 檢查休息區內的緊急安全設備

組員休息區依照需求裝置的緊急設施，都要依照安全標準規範執行檢查，確認每一個休息椅或床鋪的安全帶有無損壞、能否正常使用。檢查區域內滅火設施是否裝置在正確位置、裝置沒有被使用過、所有讀數都在正常範圍內。

六、系統檢查

客機為提供服務保障安全，依據功能有許多不同的系統，這些系統也都包含在組員登機檢查的範圍。

(一)廣播系統檢查

登機後負責檢查廣播系統的組員，必須確認廣播系統功能是否正常，透過廣播系統可以將訊息有效、直接的傳遞給機上所有的乘客（包括組員）。廣播系統可以提供服務訊息的傳遞，但比較重要的還是安全警告的提示。飛行途中若正值提供餐飲服務的時段，組員大多忙碌於客艙間，如果此時機長有亂流警示通知，廣播系統就能立即、有效的傳遞機長提供的安全訊息。

一般人搭機時在機上聽到不管是機長或組員的廣播，都是經由機上廣播系統播放，藉由廣播搭機乘客可以了解機長或組員要告知的訊息，這些訊息不只提供機上服務簡介，比較重要的功能是當緊急狀況發生時，可經由廣播立即讓乘客知道，讓乘客了解狀況後，能依照指示做出適當或相應的反應。例如機艙失壓氧氣面罩落下時，機內廣播系統會告知機上乘客戴上氧氣面罩，若乘客未及時戴上氧氣面罩，就會因為缺氧造成傷害。此時廣播系統如果失效，就不容易做到即刻且有效率的通知。

1970年五月一架DC-9機型編號980的飛機，從美國紐約甘迺迪機場起飛，目的地是飛往荷屬安的列斯的聖馬丁，途中因為天氣狀況不佳，幾次進場降落都告失敗，燃油即將耗盡之際，機長做出水上迫降的決定。機、組人員和乘客共63名，此次的水上緊急迫降有40人倖存者，無法生還的人多半是因為強烈的撞擊所致。在事後的安全調查結果中發現，當時飛機上的廣播系統失效，讓機長在做緊急降落決定時，沒有辦法透過廣播立即有效的讓所有乘客獲得安全訊息。在迫降前有許多乘客並沒有做好緊急降落前的防撞姿勢，死亡乘客大多是因為受到強烈撞擊，在撞擊發生前並未清楚接收到作好防撞措施的訊息，沒有做到防撞保護，導致許多乘客撞擊後傷重不治。機長事後懊悔的表示，如果在即將迫降前，能夠清楚的告訴乘客相關的訊息與防護措施，傷亡的情況應該不會如此嚴重。

㈡影音娛樂系統檢查

隨著時代改變飛機上的影音娛樂系統也越來越進步，機上每一位乘客都有一臺自己可以操控的影音設施，當然也提升了機上乘客的影音服務品質。但影音系統檢查的目的絕對不只是爲了滿足每一位乘客機上影音服務的需求而已，重點當然是與安全脫不了關係。以往機上緊急逃生安全說明和示範，都是由組員實際在乘客面前操作，如今大多改由機上的影音系統播放。負責影音系統檢查的組員，除了在乘客登機前確認功能完好，當播放緊急安全說明影片時，還必須確認每一個位置前的螢幕都能正常播放，務必讓每一位乘客都能清楚接收安全示範說明的訊息。

一次從臺北出發的班機，登機前已經確實執行影音播放系統的檢查任務，但當飛機關門、退橋、後推後，飛機啟動引擎後機上所有的系統被重新啟動。播放機上安全示範影片時，突然有一塊區域的個人螢幕完全沒有畫面，此時便即刻指派區域負責組員至該區做實際安全說明示範。爲的是讓每一位乘客都能清楚了解安全說明的內容，和必須了解安全說明的重要性（如圖14-5）。

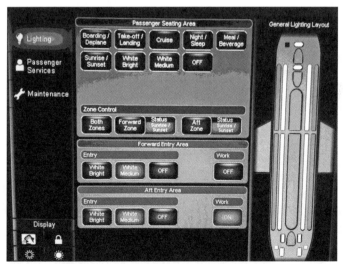

圖14-5　圖片來源：What can the Flight Attendant Panel do?/https://aviation.stackexchange.com/questions/2699/what-can-the-flight-attendant-panel-do

(三)監看系統檢查（水量、廢水量、溫度）

飛機起飛需要裝載所需的燃油，所以每一次起飛都要將油箱加入所需飛行的燃油量，每一趟的飛行為提供全機組員、乘客飲水、清洗，機上也必須裝載需要的水量供給飛行所需。如果沒有裝載可用水量或是水量不足，起飛後的用水就會受到影響，為了方便組員確認，在機上某些位置會有檢查面板或螢幕的功能，使用檢查水量功能的檢查鍵，就可以得知水量是否已加至足夠使用的量。

當然有乾淨的水可以使用，就一定會產生使用後的汙水，檢查廢水量也有相同的功能鍵，鍵入後會在面板或螢幕上顯示。與可使用水量不同的是，汙水量在起飛前的檢查一定是和可用水量讀數相反，滿水量時汙水槽一定是空的或少量，汙水量讀數高時可用水量必定減少。

(四)逃生訊號系統檢查（Evacuation Signal Check）

緊急逃生訊號是機上非常重要的裝置，這個裝置的功能是當緊急狀況發生，機長對組員下達緊急逃生指令的一個訊號裝置。機上逃生訊號按鈕裝置，一個在駕駛艙內由機長決定啟動，另一個相同的裝置在1號門（事務長或資深組員所在位置），緊急狀況發生飛機停妥後，沒有任何訊息從駕駛艙傳出（駕駛員可能受傷、失能、昏迷或死亡），裝置區域負責的事務長或資深組員，就要負責按下緊急逃生訊號，指示其他組員執行緊急逃生任務。

裝置按下後會在每一處逃生出口，聽得到急促的嗶嗶聲響和閃爍的燈號，當組員接收到這樣的訊息，就要立刻執行緊急逃生步驟。

駕駛艙和客艙都有一個逃生訊號裝置，檢查裝置是否正常時，所有的組員都須站在各個負責機門區域的位置，要確認從駕駛艙和客艙的訊號裝置的功能都正常。也就是不論從駕駛艙或是客艙按下裝置的按鈕後，每一個位置的組員都能清楚地聽到訊號聲，若有任何一處的裝置故障，就得立即通知機務修復，如果功能無法修復，根據航空安全規定這架飛機就無法放行起飛。

七、高原、高高原機場安全裝備檢查（如果必要）

高原機場是指起飛、降落的機場所在位置，海拔高度在4,922英呎以上、8,000英呎以下稱之，而所在位置高於8,000英呎以上的機場就是高高原機場（例如：祕魯‧聖拉斐爾機場、西藏‧邦達機場、玻利維亞‧奧爾托機場）；這些高海拔機場的特色就是空氣較稀薄，空氣帶氧量低容易導致人員缺氧不適，也就是一般所知的高山症，或是高山症引發的頭痛、心悸、胸悶、疲倦、嘔吐現象，嚴重者可能有肺水腫、腦水腫等急性反應。

國際民航組織對高原機場的定義（ICAO，2016）：根據CAAC的標準，高原機場是指位處於海拔或超過1,524米（5,000英尺）以上的機場；而海拔1,524米（5,000英尺）到2,438米（8,000英尺）被定義為高原機場，而2,438米或以上的機場（8,000英尺）稱為高高原機場。

全世界約有45個高原機場，這些高原機場主要分佈在亞洲，美洲和非洲，其中包括中國，尼泊爾，墨西哥，埃塞俄比亞，秘魯，玻利維亞和厄瓜多爾等國家。高原機場處於高海拔的地區，機場通常位於山區，飛機起、降環境不佳，因地勢較高空氣稀薄，地形障礙影響訊號傳輸，導航設施通信困難，容易導致飛機性能受損；不同於一般地形的機場，飛行計畫有更復雜必須考量的因素，增加了飛機起、降的條件與限制。

高原機場的特殊地形影響，常常導致天氣多變，晴空萬里瞬間可能雲霧壟罩，以及山岳地形氣流擾動造成氣流的不穩定，都讓機艙駕駛起、降難度增加。高海拔氧氣稀薄，在缺氧的狀態下，人的思考、動作的速度都會降低，若當飛行出現突發狀況，就有可能無法及時做出適當反應而釀災。

根據民航局要求，各航空公司應依照機型，對於高原、高高原機場飛航班機氧氣瓶裝載規範配置，而客艙組員登機後，也就必須依標準執行該區域氧氣瓶裝載數量及狀態的檢查。

第三節　乘客登機前檢查

組員登機安全檢查過程結束，隨即要檢查機上服務備品裝載是否足夠？服務設施裝備是否完善？所有事項確認無誤就能歡迎乘客登機了！而在此之前，為提升服務品質及維護飛航安全，客艙環境再一次的確認也是非常必要的任務。

一、乘客座位

乘客登機前除了要確認每一個座位是乾淨、清潔之外，還要檢查乘客座位前的椅袋內，是否有裝載安全說明卡。較大的商用客機乘客座位動輒兩、三百人，在有限的人力、時間限制下，要每一個座位翻開檢查，在實際狀況下可能不太容易執行。為減少時間、人力的浪費，航空公司根據安全規範會要求配合的航勤裝載人員，將安全說明卡置於椅袋明顯的最外層，如此可以讓乘客一坐下來就能看到安全說明卡，增加乘客安全注意的提醒。乘客登機前的檢查，組員可以以行走方式逐排確認，檢查每一個乘客座位前是否已正確擺放，如果沒有按標準擺放也必須立即補充。

二、行李箱檢查

一般而言，組員登機後客艙大多是客艙清潔結束、服務備品裝載完成、機務維修完善妥當（Ready）的狀態，乘客座位上方的行李廂也應該不會有其他物品；如果有人存心破壞或造成恐慌，就有可能在行李廂的任何角落放置爆裂物，若組員上機後因疏忽或沒有注意，這些區域就會成為安全死角。

乘客登機前組員務必將所有行李廂開啟，除了方便乘客登機後放置行李外，當然，最重要的就是檢查並確認沒有任何可疑物品，保障航機飛行安全（如圖14-6）。

圖14-6　圖片來源：Upgrade: Travel Better/Huh?? FAA rule bans storing anything in seatback pockets https://www.upgradetravelbetter.com/huh-faa-rule-bans-storing-anything-in-seatback-pockets

第四節　乘客登機檢查

一、組員就登機位置

　　登機進入機艙前，迎接你的一定會是站在門邊帶著微笑的客艙組員，對於搭機乘客登機時的協助，可能是協助他們確認座位、行李空間的尋找、設施使用的解說或是其他相關問題的說明，多半屬於機上服務範圍等性質的功能。但之於航空公司和組員，乘客登機時門邊登機的服務，並不只是爲了提供乘客登機時的協助而已，重要的是在登機時經由打招呼、問候（GREETING），可以和乘客近距離的互動，藉由肢體、眼神和口語表達中發現異常狀況。常常在門邊迎接乘客登機時，可以發現一路搖搖晃晃的酒醉乘客，靠近時就會聞到濃濃的酒味，或是注視到對方迷茫渙散的眼神。這時爲了起飛後安全的考量，這樣的乘客多半在航程中會被特別注意，如果登機時的行爲已經影響其他乘客或組員，就有可能被拒絕上機。組員在乘客登機時的機門迎接服務，除了能讓乘客一上機就有好印象、好心情，也能在這個時候觀察所有乘客的狀態，能及早發現一些預期可能對

客艙安全產生影響的因子，在起飛前就做好妥善的處理。

二、協助特殊乘客登機

對於特殊乘客登機的服務，航空公司會照需求提供協助，但為求登機有更好的品質與效率，特殊乘客的登機時間會與一般乘客區隔，特殊乘客多半會先於一般乘客登機。一些特殊乘客像是12歲以下單獨搭機的旅客（UM）、被遣返旅客（Deportee Passenger）……登機時都會有一些隨機的必要文件，需要由地勤人員和機上組員交接。交接時隨行的地勤人員會將乘客和文件，交由機上組員確認搭機者和登機文件是同一人無誤。待文件簽收組員引導就座後，至此都必須要隨時照看區域內的特殊乘客，直到相同程序交接地勤處理下機作業完成，對於這些特殊乘客的照看責任才告結束。

輪椅乘客先行登機也是為了讓行動不便的乘客，不需要和其他乘客一起排隊等待，也無須在眾目睽睽的情況下坐著輪椅上機，讓輪椅乘客有更好的登機品質。特殊乘客登機後也必須按照不同需求，要有緊急逃生安全示範的說明和解釋，例如機上有視覺不便乘客，播放或執行安全示範時，這樣的乘客沒有辦法由視覺接收必要的安全訊息：此時，組員就要在視覺不便乘客坐定後，向乘客口述安全帶的使用方法，和緊急逃生出口的位置。

1. 安全帶的使用方法

乘客就座後必須告知安全帶裝置所在，引導乘客用手實際觸摸安全帶的位置，繫上和解開安全帶的方式，也要帶領乘客配合口述，讓視覺不便者實際操作直到動作全完正確為止。

2. 指示緊急逃生出口的方向

一般人有視覺的輔助，機上播放緊急安全說明事項，從文字說明動作表示，就能很快了解傳遞內容的意思，一般乘客可以清楚知道，當緊急狀況發生時，離自己最近的逃生出口的位置；而是視覺不便乘客少了最重要的視覺功能輔助，組員必須用口述說明緊急安全出口的位置，讓這樣的乘

客得到相同的安全相關訊息。口述表達時用字肯定、精準，可能、大概、差不多的字句在描述距離、方向時儘量不要出現。例如：最近的逃生出口的位置，在您左邊十點鐘方向和右手邊兩點方向。

三、一般乘客登機

　　一般乘客魚貫而進登機開始，就會是組員地面工作最忙碌的時段，協助登機找尋座位、乘客行李安置空間的安排與安全提醒……除了忙找座位或尋找空間放置行李外，可能會因為上機後發現與同伴座位被分隔，而向組員提出換位需求。

　　旅行團客登機時，常會因為位置安排不滿意，上機後就忙著自己換位或是請空服員幫忙換位，互相換位的情形只要不影響其他乘客，組員多半會盡量提供有換位需求乘客的協助。但如果乘客載量較少，有為數不少的人是移往原為空位的位置，就必須要和機長確認是否會影響載重平衡，若許多乘客移動後會影響載重平衡，也就是起、降落時平衡，就必須告知乘客起飛後換位的安全原因。或是當機長為平衡載重，希望組員調整乘客座位至機長要求的位置，為的是平衡起飛、及降落時的重量，組員就必須依照指示請乘客協助，起飛前回到原來的位子，如果降落時仍有需要，就必須請乘客再次協助達到機長的安全要求。

　　登機作業完成後機門關閉，要求必須在所有乘客完全就座後，才能執行或播放安全設施示範，要讓所有的乘客在登機後就坐並繫上安全帶，對組員來說時間的壓力不小。前面提到的許多原因，都有可能讓客艙裡的乘客無法在短時間內完全就坐，所以組員在登機時的服務，如何執行的有效、迅速、安全，也是至關重要的。

四、緊急逃生出口解說

　　組員責任區域內有乘客坐在緊急逃生出口位置的範圍，於乘客登機就座後就必須向坐在這個區域的乘客，解說緊急狀況發生時協助義務等事項。當然，首先必須確認該區域的乘客當發生緊急逃生狀況，在必要時操作逃生門有願意協助組員，或是協助組員在門邊引導其他乘客逃生；如果

該區域的乘客沒有提供協助的意願，組員可以依據安全規範要求乘客換至其他非緊急逃生出口的位置。

確定該區域的乘客有協助組員的意願後，就必須一一解釋當緊急狀況發生需要使用機門、緊急出口逃生時，如何正確的操作機門緊急逃生裝置。清楚解說完畢後，也務必請協助乘客複誦說明一遍，以此確定乘客對於實際操作的方式已清楚了解。

第五節　起飛前的安全檢查

乘客登機作業完成、關上機門後播放機上緊急安全事項說明後，每一位組員就必須執行負責區域起飛前的安全檢查，這些檢查會因為區域範圍的不同，檢查的項目和重點也有不同。

一、客艙

機上的責任區域劃分的非常清楚，但執行起飛前安全檢查任務時，基於安全，組員多半在自己的責任區域完成檢查後，行有餘力會替相鄰或責任區域重疊的組員檢查。檢查的項目：

(一)乘客座位安全帶、餐桌、腳踏、遮陽板檢查

飛機起飛前執行安全檢查的目的，是為了確認所有乘客是在安全的環境，乘客坐在位子上等待起飛前，組員必須要仔細檢查乘客有沒有確實的將安全帶繫上。檢查時不能只是口述的訊息傳達：「待會飛機就要起飛，為了您的安全，一定要確實將安全帶繫好！」還必須用眼睛確認，如果因為外套遮住檢查的視線，讓自己不能百分之百確定乘客的安全帶繫妥與否，也要不嫌麻煩地再次確認。

繫好安全帶並不是將安全帶的扣把扣上就可以了，安全帶繫上後安全帶的帶子必須是要平整沒有扭曲，帶子和腰部接觸面要密合沒有空隙，依照這樣的方法操作，當發生緊急事故外力衝撞時，才能達到安全固定的效果。

1. 佔位的2、3、4歲的小朋友，身高在100公分以下，體重在20公斤以下，一般座椅上的安全帶繫緊後，也沒有辦法將小朋友固定在安全帶下，安全帶如果沒有辦法確實貼合在小朋友的腰部，就無法發揮其應有的功能。有些航空公司會提供 幼童照護雙肩安全帶（Cares harness）給符合上述條件的小乘客使用，爲的是讓這樣的小朋友獲得更安全的照顧。若沒有類似雙肩安全帶，可以利用毛毯包覆小朋友的腰部，再以安全帶調整適當的貼合度，使安全帶能發揮正常功能。

2. 抱著2歲以下不占位的小孩，起飛前應提供特殊的安全帶，將抱在手上的小朋友套上特殊安全帶後，再與照顧者的安全帶連結固定，如果遇到外力衝擊，就不會讓小朋友飛出造成傷害。飛機若遭撞擊，其衝擊力道更大於汽車數倍有餘，所以提供照顧者和抱在手中的小朋友這樣的安全帶是有其必要的。許多抱著小朋友發生事故的汽車意外，繫著安全帶的照顧者在意外發生時，因爲撞擊發生的瞬間無法控制，讓抱在手中的小朋友衝出車窗外而受傷或致死。

3. 如果身材體型較大的乘客，入座後座椅上的安全帶無法扣上時，必須使用加長型的安全帶，將之與座位上原有的安全帶結合後，提供給身型較大的乘客使用。

4. 乘客座位起飛前安全帶是首要檢查項目，逐一檢查安全帶的同時，還要檢查乘客的用餐桌（Tray Table）有沒有收好，座椅的椅背有沒有完全豎直，腳踏有沒有收起。沒有收好的餐桌、腳踏和傾斜的椅背，在緊急狀況發生時，都有可能成爲搭機旅客逃生時的阻礙，所以這些乘客座位起飛前的檢查重點務必徹底執行。

5. 起飛前基於安全理由，座位靠窗邊的旅客，一定會被要求必須將遮陽板打開，當緊急狀況發生時可以查看飛機外的狀況，若乘客因陽光刺眼不願配合開啟則是不被允許的。最近較新型的飛機，已經沒有需要手動開啟、關閉的遮陽板，窗戶下方的按鈕設計操作，及組員可操作設施面板，都能毫不費力的調整窗戶明暗的遮光效果。

㈡行李廂

　　客艙內區域包含行李廂的檢查，檢查方式是由前至後或由後往前逐排檢查，檢查乘客座位時，也要同時檢查位於乘客座位上方的行李廂。行李廂不管是下引是或是上掀型式，都會有一個卡樺裝置使行李廂蓋關閉後能確實固定，檢查行李廂是否關閉完全，除了眼到一定要手也到。眼睛看到關閉好的行李箱，有八成也許關閉完全，但可能有一到二成的機率沒有確實關閉，起飛滑行時因為飛機爬升傾斜讓鬆動的行李廂蓋打開，會使得廂內的物品掉落造成人員傷害。在執行安全檢查時對每一個行李廂的檢查，都有必要動手實際觸摸卡樺處，讓行李廂檢查視覺所及是關閉的、觸覺所感也是安全卡樺實際扣上的標準狀態。

㈢遮陽板（Window Shade）

　　機上每一個靠窗的乘客，坐定位如果因為陽光刺眼將窗戶遮陽板拉下，在起飛前安全檢查時刻一定會有組員對你說：「再過幾分鐘後飛機即將起飛，麻煩您將遮陽板打開。」遮陽板可以遮住刺眼的光線，但緊急狀況發生也有可能遮住由機艙內向外觀察環境的視線。如果發生陸上或水上迫降，這些視線阻礙會讓你無法判斷機門外的情形，增加開啟緊急逃生門的風險。

　　最新型的民航機機型少了一般傳統遮陽板設計，是以座旁按鈕調整光線明暗，而起飛前執行安全檢查，也會要求乘客調整至起飛模式的亮度，若乘客無配合意願，組員可以由機上設施的控制系統強制調整，以符合起飛檢查的安全規範。

二、廚房（Galley）

　　國內線航班因為飛時短，機上不會提供熱餐服務，原因是飛機爬升到安全高度後沒多久，航機就要開始下降高度了。一趟熱食服務從食物加熱後，將一個個熱好的餐食擺進餐車，再一位位旅客的派送，乘客用餐速度不一，短時間完成餐食服務又要兼顧安全的考量，在較短飛時的航段提供熱食服務，並不符合實際安全要求。超過一定飛時的航班，機上會提供

熱點，廚房內許多空間是要放置餐車（Meal Cart）、飲料車（Beverage Cart）或是其他餐飲服務用品的收納。除此之外還有一些電器設備，是為了提供搭機乘客餐飲服務而設置，如：烤箱（Oven）、煮茶／咖啡器（Tea/Coffee Maker）、冷藏室（Chiller）、保溫箱（Warmer）……在日常生活居家設施是很常見的用具，但所有可移動裝置設施如果要安裝在飛機上，就一定要被固定，不會因為飛機起降、轉彎或傾斜讓這些設備跟著移動。因此，起飛前在廚房（Galley）裡大大小小為固定設施或裝置的安全栓（Latch）、鎖（Luck），就是安全檢查的重點。為了達到提醒的功能，固定設施裝置的安全栓、鎖都是鮮明的紅色，讓檢查者會很容易就發現錯誤並立即修正（如圖14-7）。

圖14-7　圖片來源：Rear galley/This is the rear gallery of the 787 Dream-liner./Updated: Sept. 25, 2011Caption:Daniel TerdimanPhoto:Daniel Terdiman/CNET/https://www.cnet.com/pictures/inside-boeings-787-dreamliner-photos/29/

廚房檢查重點：

1. 每一個儲物空間（Stowage、Closet、Contianer），只要有可開啟、關閉的門，都務必檢查是否確實關閉。
2. 車門關閉確實，包括餐車（Meal Cart）、飲料車（Beverage Cart）、

免稅物品販賣車（Duty-Free Cart），而固定車體的煞車（Brakes）要踩下（Tied Down），使其固定無法移動（如圖14-8）。

3. 廚房工作臺上沒有放置任何可移動物品，也就是工作時放置在檯面上可移動物品必須收納、放置妥當。

4. 廚房窗簾已收起、固定。當機上的餐飲服務時間開始，負責廚房工作的組員會進入廚房開始準備，爲了讓廚房工作不會影響乘客，有區隔廚房與客艙的窗簾。當使用時可以鬆開束帶將簾子拉上，當飛機準備起飛前，就必須將簾子收起以束帶固定（如圖14-9）。

圖14-8　圖片來源：Meal Cart/ https://www. directaviation. aero/airflow/ galley-inserts/ trolleys/alu- flite-full-size- trolley

三、廁所

　　組員檢查區域範圍有廁所，起飛前的安全檢查必需先確認廁所內無人使用，如果檢查當時有乘客有使用廁所的必要，也要提醒乘客使用的速度，待乘客離開洗手間後執行檢查，回座後的乘客，也要再一次確認是否繫妥安全帶。廁所檢查的重點：

1. 廁所無人使用。

2. 廁所內的放置備品的抽屜必須關閉。

3. 廁所如有尿布置換臺，檢查置換臺的安全栓確實固定。

4. 洗手槽和馬桶內沒有積水、馬桶蓋蓋上。

圖14-9　圖片來源：Even galley curtains aren't off limits to passengers looking to score a freebie. Picture: File image (not of Qantas plane)/ https://www.qt.com.au/ news/qantas-flight-atten- dants-reveal-weird-things- theyv/3568857/

第六節　巡航中的安全注意

　　組員會在機長的指示下，開始執行機上乘客的餐飲服務，機長指示的時間一般會是在航機飛到安全高度後，大概是在20,000英尺以後的高度。有時因為天氣狀況不太穩定，機長判斷有安全上的顧慮時，起飛後可以執行客艙服務的指令，就有可能延遲到機長認為安全的狀態後發布。

　　飛機起飛爬升到一定高度，到準備降落開始下降前，這一段飛行的時間稱作巡航（Cruising）。組員在收到可以開始提供服務的指令，就可以解開安全帶離開座位準備服務工作，但執行所有的服務時，仍然要嚴格遵守飛機巡航安全的注意事項。組員巡航過程除了依照安全規範提供服務外，安全任務的執行也包括：

一、駕駛艙

1. 駕駛艙與客艙聯絡規範

　　機艙駕駛和客艙組員各有其司，但如果有聯繫的必要，駕駛會從駕駛艙使用飛機上的對講系統（Interphone）和組員聯絡；相同地，組員要和機長報告或聯絡時，也會使用這個系統傳遞訊息。依據安全守則的規範，起飛後航機高度未達10,000英呎、降落前高度已低於10,000英呎，組員若非有緊急狀況需要聯絡機長，這個時間禁止使用對講系統連絡駕駛艙。

2. 進出駕駛艙規範

　　恐怖份子利用客機執行恐怖行動，讓所有的航空公司都加強了駕駛艙的保護措施，駕駛艙飛行期間都要上鎖，一般乘客均不得進入。進、出駕駛艙的組員，必須先使用對講系統告知機長，再鍵入已設定的密碼，機長解鎖開門前也能利用駕駛艙門監看系統，確認沒有可疑人、事、物，最後開啟艙門讓組員進入駕駛艙。組員進入駕駛艙前必須確認周遭沒有可疑人員跟隨，進入駕駛艙如果機師忙於無線連絡，務必稍作等候以免打擾駕駛正在進行的工作。

3. 遵守機長安全指示

　　一般的天氣狀況起飛後抵達安全高度，組員接到機長指示就會起身開

始準備乘客的餐飲，但是如果天氣狀況不佳，縱使可能因此延遲或省略一些服務流程（因氣流不穩定，熱茶熱咖啡的服務可能暫時不提供），客艙組員都必須依照機長的安全指示執行。

二、客艙

1. 客艙組員聽到指示解開安全帶離開座位時，安全帶必須收好不要掉落在椅子外，確認座椅收妥沒有產生角度，造成阻礙之虞。

2. 依照需求調整客艙內燈光白晝

   若起飛、降落，客艙內外的亮度相差不遠，組員會將起飛、和降落客艙的燈光的亮度會調高，起飛後乘客用餐結束以後，為提供一個舒適休息的環境，客艙的照明會根據需求調整。如果起飛、降落的時間是晚上或機外環境明顯較暗，客艙的亮度會調低，因為一旦發生緊急迫降情況，必須要從客艙內觀察機外的狀況，如果客艙內此時客艙內亮度太高，就會無法清楚辨識機外的狀況。所以在安全的考量下，夜間起飛、降落的客艙照明調整與白晝是有區別的。

3. 安全廣播

   當機長將繫緊安全帶燈號亮起時，同時使用廣播（Public Address）系統告知乘客及組員要將安全帶繫上，是為了避免因機身搖晃組員必須就坐同時，無法執行檢查確認的任務，對機上乘客的安全提醒。

4. 安全燈號指示時的檢查必須確實

   巡航時機長將安全帶燈號亮起，組員必須立即提醒乘客將安全帶繫上，也同時要逐一檢查確保乘客的安全。

5. 嬰兒床使用的安全規範

   起飛爬升至安全高度後，乘客提出嬰兒床使用需求，組員應將嬰兒床固定，寶寶使用前必須確認嬰兒床確實固定。向乘客說明嬰兒床的重量限制，以及遭遇亂流時，照顧者必須將寶寶抱起，確保嬰兒的安全。

6. 行進客艙走道使用餐車或免稅販賣車，停止期間務必將車輪的固定器固定（Brakes Tied Down），讓車身不會傾斜移動，或是非預期的亂流

滑動造成衝撞。

7. 長程飛行組員輪休有組員休息區可供利用，唯使用休息區時仍須提高安全警覺，進、出休息區隨手關門，以免乘客誤入。

8. 長途飛行組員需要定時巡視客艙狀況，乘客行為如果有違客艙安全規範，必須立即制止。經濟艙座位空間較小，長途飛行要有舒適的睡眠幾乎不太可能，所以只要當天載客較少，就會看到有乘客橫躺在座位上卻沒繫上安全帶。期間如果機長因為安全的考量將安全帶的燈號打亮，為了乘客安全組員就必須請躺在位子上的乘客繫妥安全帶，此舉雖然擾人清夢，但為了安全是絕對必要提醒。曾經有乘客想要躺著休息，找不到可平躺的空位，索性就躺在機門附近的地板上，為了安全的理由，組員當然就立即請他回座，但過程仍少不了對組員的抱怨。

9. 組員巡視客艙時，如發現走道上有乘客掉落的毛毯、枕頭或乘客物品，都要立刻撿起，以免其他乘客在昏暗視線不明的狀況下被絆倒受傷。

10. 乘客若因長途飛行途中起身走動、伸展、站立，最好在飛行平穩的狀態下進行，若飛經亂流區安全帶警示燈亮起時，為了安全，都必須要讓乘客暫時回到位子上並且繫好安全帶。

三、廁所

1. 飛機上有許多個洗手間提供乘客與機、組員使用，為提供舒適、清潔的使用空間，組員在乘客用餐結束後休息的時段，每20～30分鐘左右要檢查廁所裡的空間是否乾淨、清潔？衛生用品是否需要補充？最重要的安全檢查也要一併執行。檢查廁所有沒有人吸菸？垃圾桶有的蓋子是否完全密閉？如果人在廁所抽菸菸蒂丟入垃圾桶，就有可能引燃垃圾桶中的紙類造成災害。

2. 如有繫緊安全帶警示，廁所仍有乘客在使用中，組員務必在客人使用完畢回座時，提醒回座繫上安全帶，和執行乘客入座後安全帶繫妥與否的安全檢查。

3. 組員必須隨時注意乘客使用洗手間的狀況，如果使用時間過長，要注

意乘客是否可能入內抽菸，務必有安全的警覺。若有乘客進入廁所時間過長，必要時要敲門詢問確認狀況，如果無人回應就有可能發生狀況必須立即處理。曾經有搭機乘客飛行途中使用廁所，但許久沒見乘客出來，組員覺得有異敲門詢問，但久久沒有回應，將門解鎖後打開發現乘客倒臥在廁所，因為未按時服藥而昏倒，所幸同行家人立即提供藥物，才讓身體不適的狀況獲得控制。

四、廚房

　　亂流章節談到組員因為工作無法隨時繫上安全帶，當有亂流發生受傷的都是未繫安全帶的乘客及工作中的組員，其中廚房工作組員受傷的比例不低，是因為廚房的設施、裝置多半金屬製而且重量不輕，如果沒有固定好因搖晃砸在組員身上，組員很難有不受傷的。不管是不是負責廚房工作的組員，都要養成隨手固定安全栓的習慣，在廚房工作的組員自身的安全一定要保護，其他組員的好習慣也能讓工作夥伴有較大的安全保障。

　　長途飛行多半有2次以上的熱餐服務，第一次餐點結束到準備第二次餐食間，組員會將烤箱的餐食置換，置換過程必須留意包覆乘客餐食的錫箔紙，沒有掉落在烤箱中未取出。因為這些掉落物都有可能捲入烤箱風扇中，當風扇轉動時產生故障有失火的可能。

第七節　降落前的安全檢查

　　降落前的安全檢查項目和內容基本上與起飛前的檢查一樣，些許的差異可能會是區域電源使用開啟或關閉。起飛時廚房可能有正在使用的電器，加熱餐食的烤箱（Oven）、冰鎮飲料的冷藏室或冰箱，提供乘客起飛後熱食、冷飲服務，不會浪費太多讓乘客等待的時間，所以起飛時這個區域的電力開關（Power Switch）多半開啟。飛機降落乘客下機後，所有用完、沒用完的食物、飲料或備品，都會由空廚、航勤卸下飛機，再依下一段的行段裝載新的餐食、飲料和備品。但降落前的安全檢查，廚房電氣設備不會有起飛後相同的使用需求，所以確認廚房的電力系統開關關閉，

會包含在降落前安全檢查項目的執行範圍裡。降落前的安全檢查的執行：

1. 乘客已確實繫緊安全帶、椅背已豎直、餐桌收好、腳踏收妥。

2. 乘客座位上方的行李箱，一一確認是否關閉（以手直接觸摸檢查）。

3. 沒有放置在行李廂的背包或手提袋，已經確實放置在乘客前方的座位下。

4. 所有的電子用品都已關機並放置妥當。

5. 航程中使用的嬰兒床在此時必須收起，使用嬰兒床的嬰兒也必須請照顧者安全抱起。

6. 二歲以下不占位的嬰孩，由照顧者抱在膝上，使用適當的安全帶連結固定於照顧者的安全帶上。

7. 緊急逃生出口乘客協助說明，和起飛前的安全檢查說明一致。

8. 關閉廚房裡的所有電器設施開關，關閉開關同時，也必須檢查使用中的指示燈是否熄滅。

9. 廚房工作臺上沒有任何可移動物品。

10. 工作使用時的布簾必須收妥、固定。

11. 關妥所有餐車、飲料的車門，安全栓（Latch）、固定車輪的安全閥均已固定（Tied Down）。用腳確實踩下踏板，同時推動車子車身不會移動，才能確認車子已經固定。

12. 確認洗手間內無人使用，如果仍有乘客使用，必須提醒使用者盡速回到座位上，確認乘客回到位子後，執行乘客安全帶、椅背、餐桌、腳踏的檢查。

13. 廁所內的放置備品的抽屜必須關閉。

14. 廁所如有尿布置換臺，檢查置換臺的安全栓確實固定。

15. 洗手槽和馬桶內沒有積水、馬桶蓋蓋上。

　　執行檢查完畢組員回到組員座位時執行靜默安全複習，組員在起飛和降落前回到座位時，都必須執行靜默安全複習，靜默安全複習是要讓組員於起、降的時刻，提醒自己當緊急狀況在此刻發生時要如何因應，而靜默安全複習的內容有：

1. 安全姿勢

　　當組員回到座位就必須再次回想，當緊急狀況發生或感覺狀況不對時，能否立即在反應的當下做出適當的安全姿勢，組員座位面向不同安全姿勢也有差異。面對機首的組員頭部前傾、下巴壓低貼近胸前；面向機尾的組員頭部緊貼椅靠、下巴下壓靠近頸部。有時狀況的發生能反應的時間太短，最能自救的辦法就是立即做好防撞姿勢，所以起飛降落前組員的靜默安全複習的必要，就是要讓自己意外發生的瞬間能立即反應保護自己，減少因為撞擊產生的傷害。

2. 緊急逃生門的操作步驟

　　機型不同、操作方式不同，所在位置不同也可能有不一樣的操作方式，也許前一天執行任務班機的機型是AIR BUS-330，今天任務機型卻是波音747。靜默安全複習就是要再一次提醒自己，若狀況發生要如何操作此次任務機型的安全裝置？組員擔任位置的機門是否有不同的操作方式（747水上迫降3號門操作不同於其他機門）？是否有必要轉換到其他的模式，起飛前的靜默安全複習都能提醒組員，在緊急狀況發生的當下，做出最適當的反應。

3. 迫降後的狀況確認與判斷

　　迫降狀況發生，飛機停妥後等待機長逃生指示，若機長失能無法下達指令該如何動作？操作緊急逃生門前務必確認門外狀況是否安全？迫降在水上或是陸地該如何確認艙門開啟標準？

4. 指引乘客逃生

　　如果緊急逃生門開啟後如何指引乘客逃生？緊急逃生門無法使用如何指引乘客至其他逃生口？水上迫降與陸上迫降指引逃生的口令為何？

5. 撤離

　　指引乘客逃生後，確認沒有其他需要協助者留在機上，提醒自己必須攜帶的緊急逃生用品，但當情況危急已不容許執行必要任務時，組員必需立即離開機艙逃生。

第八節　飛機抵達登機門

　　飛機降落滑行到停機坪完全停止前，機上的乘客和組員都必須坐在座位繫緊安全帶，不可因爲飛機滑行速度較緩慢，而離座拿行李或起身上廁所。飛機完全停妥後，組員要依照安全規範執行任務：

1. 當飛機完全停妥，機長將繫緊安全帶燈號熄滅後，組員要執行緊急逃生門裝置轉換，將裝置由緊急自動（AOUTO）模式，轉換到一般（NORMAL）模式。模式轉換後，組員交互檢查裝置轉換是否確實執行（避免疏失導致意外），交互確認後傳遞執行完成報告。

2. 事務長或執行裝置轉換的最後確認者，收到所有安全裝置轉換完成的訊息，報告機長所有緊急安全裝置轉換執行完畢，與駕駛艙裝置轉換裝置的顯示儀器相互確認，確認無誤就能等待空橋定位後執行乘客下機作業。

3. 等待空橋定位開啟艙門前，所有的組員務必在該負責區域的機門邊，除了與下機乘客道別，也要隨時留意乘客下機狀態。

4. 根據機場設備或是機型需求，乘客下機可能會使用一個或兩個門，國內線較小型的飛機不會有空橋（Boarding Bridge），多利用車梯（Boarding Ramp）下客，可能左側第一號門或是機尾後方的艙門。大型飛機利用空橋下客，會開啟左側1或2號門，有時左側1、2號門同時開啟。使用下客艙門所在區域的組員，必須負責執行地勤開啟艙門前的安全檢查與確認。

根據民航局航務檢查作業規範：

1. 機門應按使用人的程序由負責的航空器使用人之人員開啟。

2. 一旦用於下客的裝備就定位後，地勤人員藉由溝通過的合適信號（例如敲機門或是行李車出現時），向客艙組員表明他們已了解可以開門。

3. 一收到開門信號後，即以適當的信號（如經機門觀景窗以豎起姆指爲信號）指示地勤人員開門。有些使用人政策允許客艙組

員輕啟機門，然後退後，再由地勤人員打開。

航空公司的客艙組員與地勤人員在執行艙門開啟、關閉操作時，就要依據上述安全作業規範執行：

1. 與地勤相互確認無誤，由地勤人員執行操作，組員同時必須淨空艙門附近區域，使艙門能順利開啟和避免人員碰撞。

2. 艙門開啟後，事務長或資深組員，會將交接文件交與門邊負責的地勤，相互確認無誤後，才能讓機上乘客下機。

3. 一般乘客離機後，需要組員與地勤協助的旅客（UM、YP、輪椅、擔架乘客），此時由組員交接與地勤人員，提供下機後的相關協助（轉機、通關）。

4. 所有乘客離機後，組員必須按照安全檢查規範執行乘客離機檢查。

第九節　乘客下機後檢查

飛機降落乘客下機後，組員不是收拾行李就跟著下飛機了，這時組員會在負責區域執行乘客下機後的檢查：

1. 乘客座位

乘客搭機會帶上機的有登機行李、背包、手提行李、上機前購買的物品……下機後總會有人在機上遺失物品。有許多時候遺失物件的地點就在乘客座位周圍，而乘客座位最常發現的物品大多體積較小，像眼鏡、化妝包、手機、皮夾……可能在座位袋（Seat Pocket）內、也可能在座位的下方。長途飛行班機每一位乘客都會有一條毛毯可以使用，有時候乘客的遺留物也會被使用後的毛毯遮住無法察覺，組員檢查時必須將毛毯座椅上拉起，確實檢查毛毯下沒有乘客的遺失物。

2. 行李廂

行李廂是乘客搭機時放置隨身行李的空間，上機時被塞得滿滿的，下機後就應該一件不留，但常常有乘客會在下機時遺忘自己的隨身物品，檢

查行李廂就是爲了及早發現乘客遺留物品，檢查行李廂的重點和方法和乘客登機前檢查一樣。

　　因高度限制和視線死角的障礙，行李廂內有一小片反射鏡面裝置，從鏡子的反射可以輔助組員，檢查行李箱確實沒有任何物品。完成乘客下機後的任務執行，遺失物、可疑物的檢查也確認完成，各艙組員也會依照溝通鍊（Communication Channels）清楚回報負責區域的檢查狀況，事務長收到最後回報一切狀況OK，就表示組員的飛行任務結束可以準備下機。下機後的任務簡報，也會根據實際該趟飛行中，所有與客艙服務及安全相關的問題提出討論，其目的就是要有更好的服務品質、提升客艙安全文化並落實，使每一趟的飛行都能順利起飛、安全抵達。

第十節　其他安全事項

　　客艙組員這個行業之所以吸引人，其中一個原因就是可藉工作之便，能飛到許多國家不同地區，有機會認識體驗異於自己國家的傳統文化與生活習慣。工作上的小小福利的確令人羨慕，但在過程中若沒有足夠的安全觀念、危機意識，就有可能將自己置身於危險當中。一趟外站停留的任務，從整裝出發前往機場登機服勤，航程結束到下機後至休息飯店入住，每一個階段都有必須注意的地方：

一、個人配備勿離開視線

　　組員進、出航站通關，爲減少時間的浪費，都會由機、組員專用證照查驗道通關，一般組員在證照查驗結束後，不會耽擱直接進登機，會有可能讓組員等待無法直接上飛機的原因可能是班機臨時調度、前班飛機Delay造成的延誤等。飛機延誤狀況下，組員可能有短暫時間可以利用，像是在機場免稅店購物、用餐或使用洗手間，這個時候不論在做什麼，都一定要注意身邊背包、手提型行李不要離開自己的視線。下機後有一些機場對於組員手提行李的查驗不似一般乘客嚴格，這個時間手提行李離開視線，就有可能會被不法分子利用，將違法物品放置在組員的行李中闖關，

如果被發現受影響的就是被栽贓的大意組員。

二、不接受陌生人轉託物與信件

常有案例顯示，在機場會有人藉故與組員攀談後，請求組員代為轉交郵件或物品，這些行為都有可能違反飛航安全規範並且觸法。

三、個人訊息不隨意透漏

組員個人行李通常會被集中處理下貨艙，如有標示牌是為了辨別之用，若有書寫的必要寫上名字應該就足夠了，不要在組員行李上書寫太多個人資料，避免有心人士利用，怕有遺失有連絡之必要，書寫公司聯絡電話、地址較為妥當。飛行經驗中機上常有乘客會與組員聊天，知道組員任務結束後下榻的地點，下機後也不知道這位乘客如何得知組員的房號，不斷的打電話騷擾組員們，讓人不堪其擾。

四、外站停留注意安全

入住飯店進入房間後，要先了解室內安全消防逃生的向，確保飯店有消防火警意外時，能在最短時間離開建築物。組員入住飯店發生緊急消防意外的狀況雖然很少，但多一分警覺就能保護自己少受一分傷害。組員進出飯店房間要注意身邊有無可疑人士尾隨，盡可能結伴同行減少單獨行動的時間，如果必須一個人行動也要避免深夜時間。

五、隨身攜帶必備藥物

如果上機前有就醫行為，記得將藥物帶在身上，或是害怕所到國家衛生條件不好，腸胃敏感的要帶一些暫時可以減緩症狀的藥物，以免需要時得求助當地醫療。各國醫療的收費標準不一樣，但若在國外旅遊不幸生病需要就醫，看病不但花時間醫藥費更貴得嚇人，應該是生在臺灣享受健保醫療照顧的人無法體會的。

一次西雅圖的航班，組員服勤前因為尿道炎就醫後，卻忘記攜帶醫生開給他的抗生素，機上症狀出現感到不適，下機後因發燒需要就醫。抵達當晚已經深夜又逢假日，美國可不像臺灣一年365天24小時想看醫生就看

醫生，當地地勤帶我們找到醫院後，掛了急診等待驗血驗尿，花了將近4個小時，開出的處方簽一樣是抗生素。準備刷卡結帳時，看到帳單數字時吃驚的我嘴巴半晌闔不起來，不包含藥物（必須持處方簽自己到藥房購買）就是驗血、驗尿加等待，兩千多塊！請注意是美金不是臺幣。那一刻我深深覺得臺灣人好幸福，大部分的人生病都能獲得很好的醫療照顧，也正因為如此造成臺灣人不知珍惜醫療資源，尤其近年來一些人對醫療人員的不尊重與惡行惡狀，對醫護人員動輒興訟，在這島上的我們要好好珍惜我們擁有的，一旦消耗殆盡非你、我之福！

組員工作不輕鬆，飛行時感冒或身體不適也是常有的事，工作性質在生病時無法按照醫囑好好休息，就得帶著醫生處方藥物按時吃藥。將醫生開的藥品和藥袋放在一起，或是將藥物置於原包裝的容器內，因為各個國家對藥物的管制標準不盡相同，藥袋上的藥品種類、成分說明，可以減少國外通關不必要的困擾。曾經有組員上機前將醫生開的感冒藥分裝在市售格裝藥盒中，為的是方便省時一次搞定，到了美國海關抽查行李，問她盒子裡是什麼東西，組員回答是醫生開的感冒藥，海關要求明確的藥物名稱，但組員卻不知道藥物的真正名稱，因為藥品品名都些在處方簽或藥袋上。雖然最後經過地勤和其他組員證明、解釋，組員最後是順利通關了，但也花了1個多鐘頭，讓熬了大夜飛行的組員更是疲累不堪。

結語

民用航空發展從1919年簽訂《巴黎公約》至今已有一個世紀，飛航安全在世界局勢變化與科技日益進步的浪潮中，也必須不斷的修正、更新，才能跟上時代改變的腳步，落實飛航安全、客艙安全文化。

2018年國際民航組織年會中，針對科技的躍進為現今民航發展帶來衝擊與改變提出討論，例如：無人駕駛、極音速（hypersonic）、次軌道飛行等等……，或許等待這些新航空科技真正商業化還需要時間，但屆時面臨系統、安全、文化的挑戰將更為艱鉅。搭飛機已經是前往世界各地最快、最安全的交通工具，客艙安全議題關乎搭機的所有乘客地勤和機、組員，本書就專業建議及經驗分享，祈望於客艙安全領域中略盡綿薄。

參考資料

JAL-國際線免費託運行李規定
https://www.tw.jal.co.jp/twl/zhtw/baggage/

交通部民用航空局
https://www.caa.gov.tw/ContentAndMorefiles.aspx?a=663&lang=1

交通部民用航空局民航通告主旨：出口座位安排計畫出口座位安排計畫(Exit Seating Program) 2018, 06, 15
https://www.caa.gov.tw/Article.aspx?a=1176&lang=1

飛航安全調查委員會全球資訊網
https://www.asc.gov.tw/main_ch/index.aspx

行李注意事項
https://www.evaair.com/zh-tw/managing-your-trip/other-information/excess-baggage-other-optional-fees/excess-baggage/

航空氣象學，蕭華；蒲金標，2008，秀威出版。

航空器飛航作業管理規則
motclaw.motc.gov.tw/Law_ShowAll.aspx?LawID=J0046011&NO=325-340&Mode=2&PageTitle=%E7%B7%A8%E7%AB%A0%E7%AF%80%E6%A2%9D%E6%96%87%E5%85%A7%E5%AE%B9

航空器飛航作業管理規則
https://law.moj.gov.tw/LawClass/LawAll.aspx?PCode=K0090041

國籍航空公司航機客艙安全之探討

交通部運輸研究所2008
https://www.iot.gov.tw/Modules/Publication/PublicationDetails?node=3598166a-c839-4f0d-8beb-33c093e49de0&id=a067ec0ca7d14268-bbe9-719ebd84d2ef

2017 safest year for air travel as fatalities fall BBC NEWS, JAN 2 2018
https://www.bbc.com/news/business-42538053

A319 320 321 flight deck and systems briefing for pilots
https://www.slideshare.net/FernandoNobre1/a319-320-321-flight-deck-and-systems-briefing-for-pilots

AC 20-168-Certification Guidance for Installation of Non-Essential, Non-Required Aircraft Cabin Systems & Equipment (CS&E) Document Information
https://www.faa.gov/regulations_policies/advisory_circulars/index.cfm/go/document.information/documentid/315695

Aft Fire Extinguishing Systems Regulation (EASA、FAA)

    https://www.skybrary.aero/index.php/Aircraft_Fire_Extinguishing_Systems#

    Portable_Extinguishers

AIR CRASH INVESTIGATIONS: LOST OVER THE ATLANTIC, The Mysterious

    Disappearance of Air France Flight 447 (English) May,30, 2010

    George Cramoisi (Author)

Air Transportation: A Management Perspective (English) 7th

    John Wensveen (Author)

Airbus a320 aircraft operation manual

    AIRCRAFT CHARACTERISTICS AIRPORT AND MAINTENANCE PLANNING

    http://nicmosis.as.arizona.edu:8000/ECLIPSE_WEB/TSE2015/A320_

    DOCUMENTS/Airbus-AC-A320-Jun2012.pdf

Airbus, 2006,Sep,Flight Operations Briefing Notes

    Cabin Operations Managing In-Flight Fires Airbus

    https://www.slideshare.net/syedviquarahmed/media-object-file-flt-ops-cab-ops-

    seq07-presentation

Airbus, a leading aircraft manufacturer | A320, A330, A340, A350 XWB & A380

    Families of passenger and freighter aircraft | Airbus, a leading aircraft manufacturer

    https://www.airbus.com/aircraft.html

AIRCRAFT ACCIDENTS AND FATALITIES

    https://cdn.aviation-safety.net/airlinesafety/industry/reports/IATA-safety-report-2017.

    pdf

Aircraft Cabin Interior Emergency Furnishing

    https://www.slideshare.net/partyrocka99/2aircraft-emergency-equipments?related=1

AIRCRAFT SERIOUS INCIDENT INVESTIGATION REPORT

    EMERGENCY EVACUATION USING SLIDES ALL NIPPON AIRWAYS CO.,

    LTD. BOEING 787-8, JA804A TAKAMATSU AIRPORT AT 08:49 JST, JANUARY

    16, 2013

    https://www.mlit.go.jp/jtsb/english.html

Airline Seat Testing Soars to New Heights

    Jeremy Cailleteau 2009

    https://www.scribd.com/document/74965304/Soar-to-New-Heights-C2R-Spring-

    Summer

Airplane design, Part 3

    Jan Roskam

    Design, Analysis and Research Corporation,E-book 2017

Airplane pilot mental health and suicidal thoughts: a cross-sectional descriptive study via anonymous web-based survey

Alexander C. Wu, Deborah Donnelly-McLay, Marc G. Weisskopf, Eileen McNeely, Theresa S. Betancourt & Joseph G. Allen

Journal of Translational Medicine 2016

Airport and Aviation Security: U.S. Policy and Strategy in the Age of Global Terrorism (English) 1st 版本 Bartholomew Elias (Author)

Airport Passenger Terminal Planning and Design: Guidebook Landrum & Brown, 2010 Transportation Research Board, Washing,D.C.

An empirical analysis of the causes of air crashes from a transport management perspective Stephens & Ukpere, 2014

Mediterranean Journal of Social Sciences.

An Ergonomic Evaluation of Aircraft Pilot Seats YN Andrade-2013-commons.erau.edu

An Error Approach to Aviation Accident Analysis The Human Factors Analysis and Classification System

DOUGLAS A. WIEGMANN & SCOTT A. SHAPPELL 2016

Routledge Taylor & Francis Group

ANALYSIS "Is there a doctor on board?": Practical recommendations for managing in-flight medical emergencies

D Kodama, B Yanagawa, J Chung, K Fryatt, AD Ackery

CMAJ | FEBRUARY 26, 2018 | VOLUME 190 | ISSUE 8

Analysis of Ditching and Water Survival Training Programs of Major Airframe Manufactures and Airlines Cosper & Mclean, 1998

Analyzing human error in aircraft ground damage incidents Wenner & Drury, 2000 International Journal of Industrial Ergonomics

Arrest after Bali plane hijack alert in Indonesia

BBC NEWS, Apr 25 2014

https://www.bbc.com/news/world-asia-27154139

ATR AIRCRAFT

http://www.atraircraft.com/

Aviation Food Safety (English) 1st

Erica Sheward (Author), Sara E. Mortimore (Foreword)

Aviation Safety Training at SCSI

https://www.scsi-inc.com/Human-Factors-in-Aircraft-Accident-Investigation

Aviation Safety: evolution of Airplane interiors

https://www.boeing.com/commercial/aeromagazine/articles/2011_q4/pdfs/AERO_2011q4.pdf

Aviation Security Management [3 volumes] (Praeger Security International) (English)
Andrew R. Thomas (Editor)

Aviation mental health: Psychological implications for air transportation
R Bor & T Hubbard
ASHGATE 2006

Basic Ozone Layer Science
https://www.epa.gov/ozone-layer-protection/basic-ozone-layer-science

Boeing and the aviation industry: A culture of safe
https://www.boeing.com/features/innovation-quarterly/2019_q3/thought- leadership-safety.page

Bombardier Commercial Aircraft-CRJ Series
https://www.bombardier.com/en/aviation/commercial-aircraft.html

Cabin Interior System: Lavatory
https://www.slideshare.net/partyrocka99/cabin-interior-system-lavatory?related=2

Cabin Safety
https://www.faa.gov/about/initiatives/cabin_safety/

Cabin Safety Program
https://www.tc.gc.ca/eng/civilaviation/standards/commerce-cabinsafety-program-200.htm

Cabin Safety seminar / Singapore 19 21 November 2013 .How an aircraft cabin is certified and what are the related safety aspects to take into account? (Presented by Jean-Paul VIEU/ Cabin Operation Engineer)
https://www.icao.int/APAC/Meetings/2013%20Cabin_SAF/11.%20Jean-Paul%20VIEU-%20Cabin%20Safety%20Certification.pdf

Cabin Safety Subject Index-Federal Aviation Administration (2015.07.04)
https://www.faa.gov/about/initiatives/cabin_safety/media/cabinsafetyindex.pdf

Civil Aviation Authority (2018) Disruptive Passengers.
https://www.caa.co.uk/Passengers/On-board/Disruptive-passengers/

Civil Aviation Authority . The UK's specialist aviation regulator
Civil Aviation Accident and Incident Investigations
https://ec.europa.eu/transport/modes/air/safety/accident_investigation_en

Communication and Coordination Between Flightcrew Members and Flight Attendants
https://www.faa.gov/documentLibrary/media/Advisory_Circular/AC_120-48A.pdf

CRASH INVESTIGATIONS: DISASTER IN THE EVERGLADES The Crash of ValuJet Airlines Flight 592 (English) Dec, 25, 2009 Allistair Fitzgerald (Author)

Dangerous Goods Regulations

https://www.iata.org/contentassets/90f8038b0eea42069554b2f4530f49ea/dgr-61-en-appendix-h.pdf

Decompression and Hypoxiz

M Wolff,2006

PIA Air Safety Publication

Deportee and Inadmissible Passengers The carrier perspective ICAO Regional Facilitation Seminar October 14-16, 2014-Paris

https://www.icao.int/EURNAT/Other%20Meetings%20Seminars%20and%20Workshops/2014%20FAL%20Seminar%20Paris/Day3%20PPT21%20E.pdf

Direct carbon dioxide emissions from civil aircraft

M Grote, I Williams, J Preston-Atmospheric Environment, 2014

ier

Ditching-SKYbrary Aviation Safety

https://www.skybrary.aero/index.php/Ditching:_Rotary_Wing_Aircraft

EATC Ground Operations Manual (EGOM)

Standardized Procedures for Handling Passengers and Cargo EATC, Functional Division

https://skybrary.aero/bookshelf/books/2738.pdf

ECFR — Code of Federal Regulations

https://www.ecfr.gov/cgibin/retrieveECFR?gp=&SID=96b1d9e0892e8b350f92a6079190ff81&n=pt14.3.121&r=PART&ty=HTML#se14.3.121_1805

Effect of stratosphere troposphere exchange on the future tropospheric ozone trend W. J. Collins. R. G. Derwent, B. Garnier, C. E. Johnson, M. G. Sanderson, D. S. Stevenson Wiley Online Library, 2003

EMBRAER-ERJ

https://www.embraercommercialaviation.com/

Emergency flotation means.

https://www.ecfr.gov/cgi-bin/text-idx?SID=d76dd4705cd85ab30509c2d9bb6344d6&mc=true&node=pt14.3.121&rgn=div5#se14.3.121_1340

Error and Commercial Aviation Accidents: An Analysis Using the Human Factors Analysis and Classification System

S Shappell, C Detwiler, K Holcomb, C Hackworth, A Boquet, DA Wiegmann.-Human error in aviation, 2017

FAA to test whether fliers can evacuate safely as people get bigger and seats get smaller CNN News,2nd October 2019 Rory Sullivan

https://edition.cnn.com/travel/article/faa-test-bigger-people-smaller-seats-scli-intl/index.html

Fatigue Risk Management Systems-IATA/ICAO/IFALPA
 https://www.icao.int/safety/fatiguemanagement/FRMS%20Tools/FRMS%20
 Implementation%20Guide%20for%20Operators%20July%202011.pdf
Federal Aviation Regulations-Emergency lighting.
 https://www.faa.gov/search/?omni=MainSearch&q=Sec.+25.812+%E2%80%94+Em
 ergency+lighting.
Ffects of age, sex, ethnicity, and sleep-disordered breathing on sleep architecture.
 Redline, S., Kirchner, H.L., Quan, S.F., Gottlieb, D.J., Kapur, V., Newman, A.
 Archives of Internal Medicine 164:406–418,2004
Fire Protection
 https://www.boeing.com/commercial/aeromagazine/articles/2011_q4/4/
Flight and Cabin Crew Member Security Training Strengthened, but Better Planning and
 Internal Controls Needed
 https://www.gao.gov/assets/250/247624.pdf
Flight Crew Fatigue V: Long-haul air transport operations.
 Gander, Philippa H. Gregory, Kevin B. Graeber, R. Curtis Connell, Linda J. Miller,
 Donna L. Rosekind, Mark R.
 Aviation, Space, and Environmental Medicine. 1998
Flight Crew Member Rest Facilities
 https://www.faa.gov/about/office_org/headquarters_offices/agc/practice_areas/
 regulations/Part117/Part117_AC/media/AC%20117-1%20final.pdf
Flight Operations Support & Service-AIRBUS Getting to Grips with Cabin Safety
 https://www.slideshare.net/FernandoNobre1/cabin-safety
FLOOR PROXIMITY EMERGENCY ESCAPE PATH MARKING SYSTEMS
 INCORPORATING PHOTOLUMINESCENT ELEMENTS
 https://www.faa.gov/search/?q=AC+No%3A+25.+812-2+&bSubmit=Search
How IATA is addressing the issue of unruly passengers
 https://www.iata.org/en/policy/consumer-pax-rights/unruly-passengers/
Human error can cause a plan cras
 CNN NEWS, May 22 2013 By Husna Haq
Human factors considerations in the design and evaluation of flight deck displays and
 controls. (M Yeh, YJ Jo, C Donovan, S Gabree, 2013) Green Aviation
 https://www.nasa.gov/subject/7564/green-aviation
IATA Safety Report 2017
 https://aviation-safety.net/airlinesafety/industry/reports/IATA-safety-report-2017.pdf
ICAO Annex 6-Operation of Aircraft Part 1.

https://studylib.net/doc/18629598/icao-annex-6-operation-of-aircraft-part-1

ICAO-Endorsed Government Safety Inspector Training Programme

https://www.icao.int/Safety/gsi/Pages/default.aspx

In Flight Smoke

http://www.boeing.com/commercial/aeromagazine/aero_14/inflight_story.html

Inadvertent Slide Deployment

3rd Triennial International Aircraft Fire and Cabin Safety Research Conference Atlantic City Oct. 22-25, 2001

https://www.fire.tc.faa.gov/2001Conference/files/OpsEquipmentFirefightingRescue/DReisingerSLIDE.pdf

Increased Light, Moderate, and Severe Clear-Air Turbulence in Response to Climate Change

PD Williams-Advances in Atmospheric Sciences, 2017 Sringer

Increased shear in the North Atlantic upper-level jet stream over the past four decades

SH Lee, PD Williams, THA Frame nature.com 2019

In-Flight Fire: Guidance for Flight Crews

https://www.skybrary.aero/index.php/In-Flight_Fire:_Guidance_for_Flight_Crews

IN-FLIGHT FIRES

https://www.faa.gov/regulations_policies/advisory_circulars/index.cfm/go/document.information/documentID/1026526

Initial FAA Studies Project Methodology Neck Injury Criteria Literature

https://www.yumpu.com/en/document/view/9147912/presentation-no-video-19-mb-fire-safety-branch-faa

JAPAN TODAY

National 32nd anniversary of JAL jumbo jet crash observed Aug. 13, 2017 06:40 am JST 19 Comments

https://japantoday.com/category/national/32nd-anniversary-of-jal-jumbo-jet-crash-observed

Lithium batteries and portable electronic devices

https://www.iata.org/en/programs/safety/cabin-safety

Logic Decompression Sickness Following Cabin Pressure Fluctuations at High Altitude

Auten, Jonathan D.; Kuhne, Michael A.; Walker, Harlan M.; Porter, Henry O. Aerospace Medical Association,2010

Methodology for Dynamic Seat Certification by Analysis for Use in Parts 23, 25, 27, and 29 Airplanes and Rotorcraft

https://www.faa.gov/search/?q=seat+Date%3A+06%2F29%2F2018+Initiated+By%3A+AIR-600+AC+No%3A+20-146A&bSubmit=Search

Minimum equipment list/permissible unserviceability procedures manual

https://www.casa.gov.au/publications-and-resources/publication/minimum-
equipment-listpermissible-unserviceability-procedures-manual

Mission of communicable diseases on aircraft

https://www.who.int/ith/mode_of_travel/tcd_aircraft/en/

Motor Vehicle Traffic Fatalities and Fatality Rates, 1899-2017

https://www.nhtsa.gov/search?keywords=Motor+Vehicle+Traffic+Fatalities+and+Fat
ality+Rates%2C+1899-2017

National Civil Aviation Organization

WORKING PAPER ASSEMBLY — 39TH SESSION TECHNICAL COMMISSION
Agenda Item 35: Aviation safety and air navigation standardization
OPERATIONS AT PLATEAU AIRPORTS
https://www.icao.int/Search/pages/results.aspx?k=A39%2DWP%2F3361%20
TE%2F144%202%2F9%2F16%20Revision%20No%2E%201%2014%2F9%2F16#k
=OPERATIONS%20AT%20PLATEAU%20AIRPORTS

New ETOPS Regulations 2007

https://www.faa.gov/other_visit/aviation_industry/airline_operators/airline_safety/
info/all_infos/media/2007/info07004.pdf

Pilot Safety Brochures

https://www.faa.gov/about/office_org/headquarters_offices/avs/offices/aam/med_
pilots/safety_brochures/

Press Release-FAA Sets New Standards for Cockpit Doors

https://www.faa.gov/search/?q=Press+Release+%E2%80%93+FAA+Sets+New+Stan
dards+for+Cockpit+Doors&bSubmit=Search

Principles of Airport Economics P. S. Senguttuvan 2007 EXCEL BOOK

Proposed Special Condition on "Crew Rest Compartments" Applicable to Airbus A350-
941

https://www.easa.europa.eu/sites/default/files/dfu/SC%20D-04%20Consultation.pdf

Public health and aviation

https://www.icao.int/safety/aviation-medicine/Pages/guidelines.aspx

Qantas flight attendants will no longer help passengers with their bags after airline
brings in new 10kg luggage limit Mail Online News 23 March 2019 By:Thomas Duff
https://www.dailymail.co.uk/news/article-6840959/Qantas-flight-attendants-banned-
helping-passengers-bags-new-10kg-limit.html

Regional FAL Seminar Nairobi, Kenya 18-21 February 2014 Persons with Disabilities
21 February 2014

https://www.icao.int/ESAF/Pages/fal_feb2014.aspx

參考資料

321

Risk analysis for unintentional slide deployment during airline operations S Ayra, DR Insua, ME Castellanos, L Larbi-Risk analysis, 2015

Safety First
https://safetyfirst.airbus.com/category/magazine/

Safety Management Systems for Aviation Service Providers.
https://www.faa.gov/documentLibrary/media/Advisory_Circular/AC_120-92B.pdf

Safety Study Emergency Evacuation of Commercial Airplanes (English) Feb, 19, 2014 National Transportation Safety Board (Author)

Special Conditions: Boeing Model 777 Series Airplanes; Overhead Crew Rest Compartments
https://www.federalregister.gov/documents/2003/04/17/03-9505/special-conditions-boeing-model-777-series-airplanes-overhead-crew-rest-compartments

Stowage of Items in Seat Pockets
https://www.faa.gov/search/?omni=MainSearch&q=+Stowage+of+Items+in+Seat+Pockets

Stress, cognition, and human performance: A literature review and conceptual framework MA Staal-2004-ntrs.nasa.gov

Studying Earth's Environment From Space-Stratospheric Ozone
https://www.ccpo.odu.edu/SEES/ozone/oz_class.htm

System and method for prevention of inadvertent escape slide deployment for an aircraft HG Giesa, M Weidel, V Renauldon-Dumain-US Patent 9,789,970, 2017

Team training in the skies: does crew resource management (CRM) training work? E Salas, CS Burke, CA Bowers, KA Wilson Human factors, 2001

The Development and Deployment of a Maintenance Operations Safety Survey Marie Langer & Graham R. Braithwaite, 2016

The Regional Aviation Safety Group Asia and Pacific Regions
https://www.icao.int/APAC/Pages/RASG-APAC.aspx

Transportation Safety Board of Canada-Aviation Investigation Report A98H,0003
https://www.tsb.gc.ca/eng/rapports-reports/aviation/1998/a98h,0003/a98h,0003.html

TRAVEL GUIDES & RESOURCES / AIRPORT GUIDES BY CHRISTY RODRIGUEZ-UPDATED: SEPTEMBER 18, 2019
https://upgradedpoints.com/most-pet-friendly-airports-in-the-us/

Traveling with children and infants
https://www.aa.com/i18n/travel-info/special-assistance/traveling-children.jsp

Unruly passengers threaten your safety?
Safety Promotion
https://www.easa.europa.eu/easa-and-you/safety-management/safety-promotion

Using random forests to diagnose aviation turbulence JK Williams-Machine learning, 2014 Springer

Volution of Crew Resource Management Training in Commercial Aviation1 Robert L. Helmreich, Ashleigh C. Merritt & John A. The international journal of aviation ,1999

Yaroslavl Lokomotiv: Disaster on Take-off YAK 42 (Air Crash Files Book 2) Kindle Edition Kinney Juniore, John (Author)

https://www.msn.com/en-ca/news/canada/air-canada-to-provide-protective-gowns-eyewear-to-flight-crew-amid-covid-19-pandemic/ar-BB129aJg

https://www.msn.com/en-ca/news/canada/air-canada-to-provide-protective-gowns-eyewear-to-flight-crew-amid-covid-19-pandemic/ar-BB129aJg

https://www.middleeasteye.net/news/coronavirus-dubai-emirates-qatar-airways- staff-lay-off-covid

https://www.iata.org/en/programs/safety/health/diseases/

https://aci.aero/about-aci/priorities/health/documentation/

參考資料

附錄一
客艙安全航空專業常見縮寫及意義

以下縮寫依照英文字母順序排列：

ABP Able-Bodied Passenger協助者

AC Alternating Current交流電

A/C Aircraft飛機

AED Automatic External Defibrillator心肌震顫消除電擊器

AFA Association of Flight Attendants空服員協會

APU Auxiliary Power Unit輔助動力裝置

ASR Air Safety Report航空安全報告

ATA Air Transport Association航空運輸協會

ATA Actual Time of Arrival實際降落時間

ATC Air Traffic Control飛航管制

ATD Actual Time of Departure實際起飛時間

BLND Blind Passenger視覺障礙乘客

CAA Civil Aviation Authority民航局

CAIR Confidential Aviation Incident Reporting（Australia）飛安自願報告

CASA Civil Aviation Safety Authority澳洲民航安全局

CCM Cabin Crewmember客艙組員

CRD Child Restraint Device兒童防制裝置

CRM Crew Resource Management組員資源管理

CRS Child Restraint System兒童防制系統

CSR Cabin Safety Report客艙安全報告

CVR Cockpit Voice Recorder駕駛艙通話記錄器

DEAF Deaf Passenger聽覺障礙乘客

DEPA Accompanied Deprotee Passenger有人護送被遣送出境乘客

DEPU	Unaccompanied Deportee Passnger無人護送被遣送出境乘客
DG	Dangerous Goods危險品
DGR	IATA Dangerous Goods Regulations危險品規範（IATA）
DTL	Duty Time Limitation服勤時間限制
DVT	Deep Vein Thrombosis靜脈血栓（經濟艙症候群）
EASA	European Aviation Safety Agency歐洲航空安全局
EDW	Electronically Dimmable Windows電子調光視窗
ELT	Emergency Locator Transmitter緊急定位發報器
EMK	Emergency Medical Kit緊急醫療箱
EP	Emergency Procedure(s)緊急逃生步驟
ETD	Estimated Time of Departure預計起飛時間
ETA	Estimated Time of Arrival預計到達時間
FA	Flight Attendant空服員
FAA	Federal Aviation Administration聯邦航空總署（美國）
FAR	Federal Aviation Regulations聯邦航空法規
FAK	First Aid Kit急救包
FDP	Flight Duty Period飛行組員服勤時間
FDR	Flight Data Recorder飛行資料記錄器（俗稱黑盒子）
FL	Flight Level飛行高度
F/O	First Officer副駕駛（機師）
FRMS	Fatigue Risk Management System疲勞風險管理系統
FTL	Flight and Duty Time Limitations飛行服勤時間限制
GADM	Global Aviation Data Management（IATA）全球飛航資訊管理（IATA）
GAIN	Global Aviation Information Network全球航空資訊網
GMT	Greenwich Mean Time格林威治時間
GPS	Global Positioning System全球定位系統
GPU	Ground Power Unit地面電源車
HF	High Frequency高頻

IATA	International Air Transport Association國際航空運輸協會
ICAO	International Civil Aviation Organization國際民用航空組織
IDQP	IATA Drinking-Water Quality Pool國際航運輸協會飲用水品質標準
IEF	In-Flight Entertainment機上娛樂系統
INFT	Infant嬰兒
INTA	International國際
IOSA	IATA Operations Safety Audit國際航空運輸協會作業安全審核認證
ISASI	International Society of Air Safety Investigators國際飛安調查學會
ISD	Inadvertent Slide Depolyment機門不當操作
LAV	Lavatory廁所
L/D	Landing降落
LH	Long Haul長程
LJ	Life Jacket救生衣
LT	Local Time當地時間
MAAS	Meet and Assist需要協助旅客
MEDA	Medical Clearance健康證明書
NOTOC	Notification to Captain告知機長特殊物品裝載訊息
NTSB	National Transportation Safety Board國家運輸安全委員會
OFSH	Operator's Flight Safety Handbook使用人飛航安全手冊
O2	Oxygen氧氣
OHB	Overhead Bin行李廂
OM	Operations Manual操作手冊
PA	Public Address廣播
PAU	Passenger Address Unit乘客座位系統裝置
PAX	Passenger搭機乘客
PBE	Portable/Protective Breathing Equipment防煙面罩
PIC	Pilot-In-Command機長
PIL	Passenger Information List乘客資料表

POB	Portable Oxygen Bottle攜帶式氧氣瓶
PRM	Person (Passenger) with Reduced Mobility行動不便乘客
PRSN	Prisoner 罪犯
PSU	Passenger Service Unit乘客個人服務裝置
PWD	Persons with Disabilities行動不便者
SCCM	Senior Cabin Crewmember資深組員
SH	Short Haul短程
SMS	Safety Management System安全管理系統
SOP	Standard Operating Procedure標準作業程序
SPI	Safety Performance Indicators安全績效指標
SPML	Special Meal特別餐
SSR	Special Service Request特別服務要求
STA	Scheduled Time of Arrival表定降落時間
STCR	Stretcher Passenger擔架乘客
STD	Scheduled Time of Departure表訂起飛時間
STU	Standard Unit手提箱
TCAS	Traffic Collision Avoidance System空中交通防撞系統
T/O	Takeoff起飛
TTL	Taxi, Takeoff and Landing滑行、起飛、降落
TUC	Time of Useful Consciousness缺氧有效意識時間前（客艙失壓）
UMNR	Unaccompanied Minor單獨旅行孩童
VCC/VCI	Video Control Center / Video Control Insert
VDU	Video Display Unit影像顯示器
VHF	Very High Frequency較高頻
WCHR	Wheelchair Ramp輪椅椅乘（行動緩慢但可以行走）
WCHS	Wheelchair Steps輪椅乘客（行動緩慢但可以行走但無法上、下階梯）
WCHC	Wheelchair Carry輪椅乘客（全程無法行走者）
YP	Young Passenger單獨旅行的青少年

機內特別餐點名稱及縮寫

　　機上餐點因為航段（飛行時間）不同，可能有一至兩次餐點服務，近幾年來超長程航班飛行，有超過16、17小時甚至有19小時（新加坡—紐約）的直飛航班，機上餐點有可能提供三到四次，其中可能包括早餐、中餐、晚餐及輕食。航空公司為能儘量滿足機上乘客的飲食喜好，讓消費者可以在起飛前到官網中選擇喜好的餐點；對於搭機乘客因為身體健康需求或是宗教原因，航空公司也提供了特別餐的服務，使得這些特殊飲食需求的乘客，在長時間飛行中的飲食狀態，一樣能照顧健康、保持信仰。特別餐的種類縮寫、代號及定義，從1970年經過國際航空組織（IATA）協商後漸漸統一，為的是維護並監督機上特別餐的安全；但2011年後這個功能因為許多原因而停擺，在2016年後由QSAI（Quality and Safety Alliance）接手，除了維持原有功能的運作，也會隨市場求需求變動更新。

　　以下縮寫依照英文字母順序排列：

AVML　　Asian Vegetarian Meal亞洲素食餐

BBML　　Baby Meal嬰兒餐

BFML　　Beef meal牛肉餐

BLML　　Bland Meal溫和餐

　　　　　針對消化腸胃系統不適者提供的餐點。

CHML　　Child Meal兒童餐

CKML　　Chicken Meal雞肉餐

DBML　　Diabetic Meal糖尿病餐

　　糖尿病患者有飲食糖分攝取量控制的需求，搭乘飛機尤其是長程飛行時，就可以事先預訂糖尿病餐，機上一般餐點製作過程並沒有特別注意，食物中糖分含量可能超過糖尿病患者可以攝取的量，就會讓患有糖尿病的乘客身體狀況出現問題。

DKML   Duck Meal鴨肉餐

FLML   Full Liquid Meal全流質餐

FPML   Fruit Plate Meal水果餐

FSML   Fish Meal魚肉餐

GFML   Gluten Free Meal無麩質餐

HFML   High Fiber Meal高纖餐

HNML   Hindu Meal印度餐

IFML   Infant Meal嬰兒餐

指0-9個月的嬰兒。

IVML   Indian Vegetarian印度素食

JAML   Jain Meal耆那教餐

KSML   Kosher Meal猶太餐

猶太教餐中對於可食肉類依照教義有一定的限制之外，對於可食動物的屠宰方式和屠宰過程必須誦念經文也有嚴格的規範。機上的猶太餐點都是一盒一盒彌封好的，必須由乘客確認後再將餐盒取出加熱。

LCML   Low Calorie Meal低熱量餐

LFML   Low Fat/Low Cholesterol Meal低脂低膽固醇餐

有心血管疾病的人多半血液中膽固醇和三酸甘油酯偏高，要或降低含量除了有藥物控制，正確的食物攝取是非常重要的，低脂低膽固醇餐就能提供高血脂乘客搭機健康的選擇。

LPML   Low Protein Meal低蛋白質餐

LSML   Low Sodium Meal低鹽餐

低鹽餐採用的食材含鹽量低，在烹煮調製的過程中也不添加鹽份，這樣的餐點適合高血壓或肝、腎代謝不佳的人。

MOML   Moslem meal回教餐

我們一般對於回教餐點的初淺認識，大約就知道回教教義中認為豬是不潔的，所以食物中不含任何豬肉製品。但事實上回教餐點除了不含任何豬肉外，對於食物的選擇都必須要完全符合回教律法規定的來源製作。食

物中除了不含豬肉或任何豬肉製品，不能使用沒有鱗片或無鰭的魚類，食物中也不能有酒精成分。這些有宗教信仰的餐點，食材的準備有必須在一定的規範下製成，有一定的前置作業時間，如果搭機的旅客有特殊宗教餐點的需求，一定要在搭機前24小時前提出需求（以往特殊餐點需求必須在搭機72小時前提出）。

MTML　　　Mutton Meal羊肉餐

NAML　　　No Dairy Meal不含乳製品餐

NBML　　　No Beef Meal不含牛肉餐

NCML　　　No Chicken Meal不含雞肉餐

NDML　　　No Duck Meal不含鴨肉餐

NEML　　　No Egg Meal不含蛋類餐

NFML　　　No Fish and No Seafood Meal不含海鮮餐

NGML　　　No Garlic Meal不含大蒜餐

NHML　　　No Mushroom Meal不含蕈類餐

NLML　　　Non-Lactose Meal不含乳糖餐

NMML　　　No Mutton Meal不含羊肉餐

NNML　　　No Nuts Meal不含堅果餐

NOML　　　No Onion Meal不含洋蔥餐

NPML　　　No Pork Meal不含豬肉餐

NTML　　　No Starch Meal不含澱粉餐

NUML　　　No Sugar Meal不含醣類餐

NWML　　　No Wheat Meal不含麥類餐

ORML　　　Oriental Meal東方（亞洲）餐

PKML　　　Pork Meal豬肉餐

PRML　　　Low Purine Meal低普林餐

PWML　　　Postweaning Meal斷奶餐

　　　　　　指9個月到2歲幼兒的斷奶食物。

RVML　　　Raw Vegetarian Meal不經烹煮素食餐

SFML   Seafood Meal海鮮餐

SHML   Shellfish Meal甲殼海鮮餐

SMML   Semi Fluid Meal半流質餐

SOML   Soft Meal軟質餐

SPML   Special Meal特別餐

STVG   Strict Vegetarian 嚴格素食餐

嚴格素食餐顧名思義就是比一般素食餐要求更爲嚴格，餐食製作雖然以素爲主要材料，但不得使用刺激性（如：大蒜、韭菜、洋蔥）、根莖類的蔬菜。

VGML(VOVG)　Vegan Meal一般素食餐

VJML　　　　　Vegetarian Jain Meal嚴格印度素食餐

這樣的餐點食材的限制要求非常嚴格，依照印度耆那教素食的規定，食物中不能有任何肉類、海鮮、蛋製、乳製品、根莖類、蕈類食物。

VLML   Vegetarian Lactoovo Meal奶蛋素食餐

VOML   Vegetarian Oriental Meal東方素食

WVML   Western Vegetarian西方素食

Note

Note

國家圖書館出版品預行編目資料

客艙安全理論實務與案例／曾啟芝著. -- 初
版. -- 臺北市：五南，2020.07
　　面；　公分
　　ISBN 978-957-763-915-8（平裝）

1.航空安全　2.航空運輸管理

557.94　　　　　　　　　109002635

1LAT　觀光系列

客艙安全管理
理論實務與案例

作　　　者 ― 曾啟芝

發 行 人 ― 楊榮川

總 經 理 ― 楊士清

總 編 輯 ― 楊秀麗

副總編輯 ― 黃惠娟

責任編輯 ― 高雅婷

插　　畫 ― 楊涵婷

封面設計 ― 王麗娟

出 版 者 ― 五南圖書出版股份有限公司

地　　址：106台北市大安區和平東路二段339號4樓

電　　話：(02)2705-5066　　傳　　真：(02)2706-6100

網　　址：http://www.wunan.com.tw

電子郵件：wunan@wunan.com.tw

劃撥帳號：01068953

戶　　名：五南圖書出版股份有限公司

法律顧問　林勝安律師事務所　林勝安律師

出版日期　2020年7月初版一刷

定　　價　新臺幣450元

經典永恆・名著常在

五十週年的獻禮——經典名著文庫

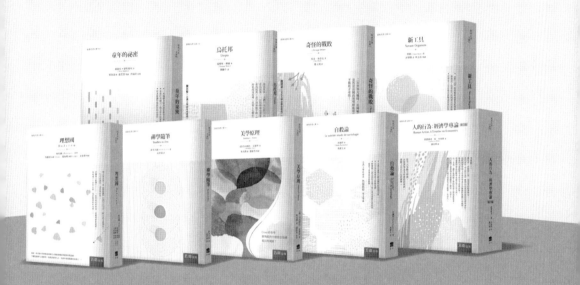

五南，五十年了，半個世紀，人生旅程的一大半，走過來了。

思索著，邁向百年的未來歷程，能為知識界、文化學術界作些什麼？

在速食文化的生態下，有什麼值得讓人雋永品味的？

歷代經典・當今名著，經過時間的洗禮，千錘百鍊，流傳至今，光芒耀人；

不僅使我們能領悟前人的智慧，同時也增深加廣我們思考的深度與視野。

我們決心投入巨資，有計畫的系統梳選，成立「經典名著文庫」，

希望收入古今中外思想性的、充滿睿智與獨見的經典、名著。

這是一項理想性的、永續性的巨大出版工程。

不在意讀者的眾寡，只考慮它的學術價值，力求完整展現先哲思想的軌跡；

為知識界開啟一片智慧之窗，營造一座百花綻放的世界文明公園，

任君遨遊、取菁吸蜜、嘉惠學子！